河合隼雄著作集

物語と科学

12

JN149889

岩波書店

序説　物語の自己実現

お話好きの変遷

「趣味は何ですか」と訊かれて、「雑談」と答えることがある。気の合う人と雑談するのは実に楽しい。それに適当な酒と食事があればなおさらである。考えてみると、子どもの頃から「お話好き」であった。いろいろなお話を読むことも、聴くことも、それを語ることも好きだった。子どもの頃に読んだ昔話などは今もよく覚えている。

当時の小学校では、先生がおそらく自分のするべき仕事があるときなのであろう、子どもに好きな話をさせる時間、というのがときどきあった。そんなときはクラスの一同から指名されて、得意になって「お話」をしたのをよく覚えている。偉そうに「長いのがいいか、短いのがいいか」などと尋ねたり、授業時間中に終らなかった話の続きを休みの時間にまでしたり、この点では私は同級生に絶大な人気があった。

田舎の小学校で、読書好きで話をよく知っている子と認められて喜んでいたが、中学入学あたりから、少しずつ様相が変ってくる。「国語」の時間に習う文学的なものが、面白くない。文法がよく出来るし、先生の考えをそのまま記憶することは出来るので、国語の点はいいのだが、自分に「文学的才能」がないこと、文章表現がうまくないことなどをだんだんと自覚しはじめた。そして、私が好きでたまらない『モンテ・クリスト』などは、文学的でないと思われていることもわかってきた。

日本が戦争に敗れたときから、私の合理精神の方が前面に出てきて、自然科学への傾倒が非常に強くなる。従って、物語への疑問も強くなった。日本軍閥が神話を戦争のための道具として用いたことは、私にとって大きい傷として残った。合理的、科学的判断こそが正しいという気持が強く、意識的にはそれを支えとしながら、「お話好き」の傾向はそのまま存続していたので、矛盾をかかえて生きていたことになる。文学もE・T・A・ホフマンなどのファンタジーが大好きであった。宮沢賢治も大好きであった。なんだかおかしい、と我ながら感じつつも、自然科学とファンタジーの愛好は両立すべきもの、させるべきもの、というようなことを漠然と感じていた、ということができる。このジレンマをずっとかかえ込んだまま生きてきて、京大を退職するころになって、やっとこの両者をひとつに結びつけて語れるようになった、と言っていいであろう。

大学を出て高校の教師になったときは嬉しくて仕方がなかった。私の「話好き」は存分に生かされることになった。授業をするのが楽しくて、たくさんの時間数をものともせずに張切っていた。しかも嬉しいことに、同僚の教師間に雑談を楽しめる仲間ができた。雑談だけでは物足らぬので、一週に一度フランス語を読む会をつくり、フランス語三分雑談七分の楽しみをもった。このときに読んだメリメの『マテオ・ファルコーネ』は、その後、父性について考えるとき常に心に浮かんでくるほどの強いインパクトを受けた。

教育に対して情熱をもち、それを生徒にぶっつけ、それについて仲間の教師と「語り合う」ことのできた、よき時代であった。僅か三年間であったが、このときの経験はその後私が教育のことにかかわってゆく上での強い支えとなった。

心理療法を専門にするようになると、「語り」が重要になるのは当然である。と言ってもまず最初の第一歩は、相手の話すことにひたすら耳を傾けることである。多くの場合、クライエントの訴えは「語り」になっていない。あるいは、必死になって無理な「語り」をするが、それはあちこちで崩れかかっている。こんなとき、私の家族や仲間との語り合いの体験が大いに役立った。はじめは形をなしていない話でも、それに協調して聴いていると、だんだんとひとつの物語になってゆく。そして、うまくゆくときは、それがこちらの内部に物語を誘発し、互いに語り合えるようになるころは治療は終りに近づいている。このように心理療法の過程を了解することも可能なのである。

私の「語り」の修行は「講演」のときにも役立った。文章はうまくないが講演はうまい、と我ながら思っている。しかし、すぐに講演の怖さに気がついた。それは不思議に語る人を「型」にはめる力をもっており、それにはめられてしまうと、個人を相手にし、ひたすら個人の世界を尊重する心理療法家の仕事にとってはマイナスになる。

このことに気づいたので対策としては、まず講演の依頼はできる限りお断りすることにした。と言っても浮世の義理でお引受けすることもある。そのときは、何も考えずに行って聴衆の反応を見ながら思いついたことを即興的に話す。こうすると一発勝負で、心理療法の場面と似た状況になる。そうなると「語り放し」ではなく、心のなかで「語り合う」ことになる。従って私の講演はそのときその場でそこに居る人との間に起こることなので、録音したり、テープ起こしをして後で他の人に示すのはナンセンスであり、それは厳禁することにした。

「講演」ではなく「講義」となると、聴衆との関係もさることながら、自分の言いたいことが明確にあるので、これは記録して出版することも可能である。本書に「物語と人間の科学」として収録されているものは「講義」もしくは、講義に近い「講演」であり、私としては、最初から文字化されることを意識して話をしたものである。と言っても、それが「語り」に近くなっているのは、話題の性格上致し方のないことである。

語り合いの学習

自分のこれまで生きてきた軌跡を振りかえると、「語り合う」ことによって学んだことが実に大きいと思う。なによりも、その原体験となったのは、親兄弟との間のそれであり、それは自分の結婚以後は、妻子との間で続けられた。「語る」ことは「話す」ことと異なって、語り手の思い入れとそれを他に伝えたいという意志とをもっている。そして、それは聞き手との関係によって微妙に変化する。よい聞き手を得たときは、語り手は語りつつ成長する。もちろん、聞き手もその語りから得るところは大きい。

親密な関係における語りは、時にまったく二方向のはたらきをもつ。下手な語り手でも聞き手の無言の支持や、適切な表現の供給などがあって、助けられながら上達してゆく。逆方向にはたらくときは、少々面白い語りをしても、鋭い野次や半畳でつぶされるので、これは語り手を厳しく鍛えることになる。それと、お互いの生活の在り方をよく知り合っているので、ごまかしがきかない、というところもある。私はこのような素晴らしい「語りの道場」をもったために、語り手としては相当になったと思っている。

幸いなことに、この語りの道場は他へ拡大され、「道場破り」などは出来なかったが、あちらこちらに出稽古をすることが出来た。「都市の会」のことについては、既に他に述べたので省略する。ともかく、まったく専門を異にする人が集まって「語り合う」のだから益するところは大きい。私は書物をあまり読まないが、このような「語り」のグループのあちこちに顔を出したり、主催したりしたことが非常に役立って、いろいろな知識を吸収できた。生きた言葉によって語られるのを聞くと印象が深く、心に残ることが多い。これも語り合い学習の効果のひとつである。

いつだったか、子どもの成長や育成について研究会をしていたとき、講師として招いた鶴見俊輔さんが、自分は「思い出話」をするのではなく、「一人の人間の個人的体験が普遍性につながる」という意味で、自分の子ども時代のことを話したいと言われた。そして、その内容も凄かった。私は胃袋が心臓を押しのけて出てくるのではないかと感じるような感激を味わった。このときの鶴見さんの一言は、私が「物語と人間の科学」をその後に考えてゆくための出発点となっている。

退官する前に国際日本文化研究センターに勤められたことも、好運であった。ここではコモンルームという語り合う場が設定されており、昼休みなどに専門を異にする一流の人たちと気軽に接触できたのは、私の「語り合いの学習」を促進する上で大いに役立った。後に述べるような「日本人の物語」を考える上で参考にすべきことを、その場から多く得ることができた。

「語り合う」ことは、私の仕事にそのまま役立った。相談室を訪れる人は各自の悩みを話される。それらの話に耳を傾けていると、その背後に「私とは何か」という問いが存在しているのが感じられる。私という人間はいったい「どこから来て、どこへ行くのか」という問いと言ってもいい。本人が意識する問いは、「どうして酒をやめられないのか」とか「なぜうちの息子は学校へ行かないのか」ということであり、誰もがそれに対する解答を早く得て解決しようと望んでいる。それに協力することも大切だが、それらすべてにわたる通奏低音のように、前記のような根元的な問いが存在しているのを感じる。そして、われわれはそちらの方に目を向けることも忘れない。

人間の生死について自然科学は詳細に説明してくれる。しかし「私」の生死については、私自身が納得する

「物語」を見出すことが必要になってくる。アメリカとスイスと五年近い自分の分析体験のなかで、私は自分自身の「物語」探しをしていることに気づいてきた。そして、その素材が「日本神話」であることが夢分析を通じて明らかになってきたとき、驚きと抵抗を感じざるを得なかった。私の日本神話に関する傷については既に述べた。それでも、私が日本人であることは否定できない事実であるし、私がいくら西洋の精神に憧れていても、事実を曲げることはできない。ただ、日本神話から得られる私の物語は、欧米人に対しても「語り」得るものにならなくてはならなかったのだ。

日本神話を素材として、ユング研究所での資格論文を書き一九六五年に帰国したとき、私は日本神話について語るのには機が熟していないのを感じ暫く沈黙を守ることにした。当時の日本人の「科学信仰」は頂点に達していた、と考えられる。論理に対しては論理で戦えるが、信仰の火が燃えさかっているときは、火の勢いが衰えるのを待つより他に方法はない。私は火の勢い加減を見ながら少しずつ自分の考えを発表し、幸いにもそれは徐々に受けいれられていったと思う。時には火傷をしそうなときもあったけれど。

こんなわけで、私は私自身が生きてゆく上において日本人としての自分の物語を見出し、それを語ることの重要性に気づきはじめたが、それは最初に思っていたのとは異なる発展をはじめた。

日本人の物語

自分のために自分の物語を探索しているうちに、それが来談される日本の人たちに対しても意味があることがわかってきた。誰もが日本人としての課題を背負っている。その上、来談される人のなかにクリスチャンが意外に多いことにも気がついた。私の場合、西洋の自然科学に惹かれたのだが、これらの人は自分の物語を見出す過程でキリスト教にコミットした人たちであった。しかも、なお自分が日本人であるということをどのように受けとめるのか。これらの人も日本人としての自分自身の物語をつくりあげるという課題を背負っていることが認められた。

日本神話については、帰国後十数年を経てＮＨＫテレビで放映したが、このころになるとあまり抵抗なく広く受けいれられたと思う。ただ、日本神話について一書を書くことはまだ完成していない。

日本人としての自分の物語を見出してゆく上で、明恵上人という「師」を得たことは望外の幸福であった。まず西洋で学び、日本神話に注目し、考えをまとめてゆくのでさえ、西洋人の師に助けられたので、何とか日本人の師を得たいとかねがね願っていた。それがかなえられたお蔭で、私の日本の物語に対する関心は一挙に拡大した。昔話の研究からそれははじまっていたが、明恵上人の導きで、日本の豊富な「物語」の世界や、思いもかけず、仏教の世界にまでつながっていった。

ところで、一九六五年にスイスより帰国以来、私はもっぱら日本人としての自分の生き方、およびクライエントの人たちのそれにかかわってきて、なかば意図的に外国との接触を断ってきた。ユングの述べたことを「正しい」こととして日本人に適用するのではなく、ユングが生きたように、自分の無意識を大切にし、それとの関係から生まれてくる自分の物語を生きようとしたのである。

このようにしながらも、もちろん欧米の人たちの動きのことも気になっていた。ひょっとして私は「ユング派」という範囲から外に出てしまっているのではないかと思ったりしていた。一九八二年に外遊する機会があり、最初の分析家シュピーゲルマン博士をはじめ旧友たちに会い「語り合う」ことができた。そして、私の大きい驚きは、私の考えが彼らに通用するどころか、彼らがそれに強い関心をもち、私に講義をすることをすすめたりすることであった。若いころの憧れに発して、私の西洋崇拝は相当根深くあったので、自分が欧米人に講義をすることなど考えられもしなかったのだが。

井筒俊彦先生の推薦というお蔭もあって、一九八三年にエラノス会議で発表し、それ以後は続けて発表することができた。この体験は大きかった。何よりも私の「語り合い学習」の輪が欧米人の間へと広がったことは、その後の私の人生に強い影響を与えることになった。

エラノス会議で話をしたことが自信となり、私は、チューリッヒ、ロスアンゼルス、ボストンなどのユング研究所で講義をし、日本の神話、昔話、物語、夢などについて語った。これらとの関連で、箱庭療法の講義もあちこちで行なった。これらの経験を通じて明らかになってきたことは、私が自分自身の物語ということから出発して、日本人としての物語として考えてきたことが、欧米人にとって彼らの物語を考える上においても相当な意味をもつ、ということであった。つまり、個より普遍に至る道はだんだんと深められてきた、と考えられる。

欧米人は私の講義を日本の不思議な、あるいは、奇妙な考えや伝統を聞くためにではなく、自分たち自身の生き方を考えるために聞きにきている。このことがだんだんと実感されてくるにつれて、私も欧米で講義をする意義が明確に感じられるし、それは「語り」の方に近づいていると思う。最近では日本でと同じように、原稿なしで「語り」をしている場合も多い。

私が「日本人としての物語」というとき、それは「日本人による日本人のための」という意味ではなく、自分が日本人だから、その事実を回避することができないので、それを通って物語の形成に努力することなのである。そうすると、それはだんだんと世界に通用するものとなるし、そうなるべきなのである。

新しい科学論

ここに私の「お話好き」傾向として述べてきたことが、私のもうひとつの傾向としての合理性・科学の愛好などということと最近になって結合し、「新しい科学としての物語」ということを考えるようになった。このことは、私が心理療法を行いながら、常に心理療法の科学性ということを考えてきたことから生じてきた。それを強化する上で、清水博、中村桂子、多田富雄などの自然科学の先端的な研究者の説に触れ、しかも直接に「語り合う」機会をもったことも大きい。また、類似の問題意識をもつ、哲学者の村上陽一郎、中村雄二郎の両氏とも何度か同様の機会を得て、多くの示唆を与えられた。

ヨーロッパの近代に生まれた自然科学は、まずものごとを切断するところから出発している。何よりも観察者としての自分というものを他と区別して立て、それが現象を観察するという立場をもつ。この背後には、唯一の神がこの世を創造したという神話が強力に作用していると見られる。そこで、自然科学がキリスト教と補償し合っているうちはよかったのだが、自然科学の成果はむしろ唯一の神を否定する方向に作用する。ここで、現代人は無意識のうちに自分が「神」になって世界を操作し得ると錯覚したのではなかろうか。神は一人だが人間はたくさんいるのでうまくゆくはずがない。現代人の悩みの多くは「関係性の喪失」という様相をもつようになった。自分と世界とが切れてしまう。その上、精神と身体も切れてしまうのだ。

来談する多くの人たちが「関係性の回復」へと向かうとき、「物語」が重要な役割をもつ。従って、心理療法においては来談された人が「自分自身の物語」を見出してゆくことが重要な課題となり、われわれ心理療法家は、その物語の発見、あるいは形成の過程を共にする役割をもつ。そのような過程を適切な言葉によって「語る」ことも、新しい科学として考えられないだろうか。それを敢えて科学と呼ぶのは、その「語り」ができる限りの多くの人に受けいれられるように、つまり普遍性をもつようにする。「語り」の素材としては実際に生じた現象を用いる(つまり、うそはつかない)。語りの構成に当って、何らかの絶対者の存在を前提とはしない(絶対的な教義によって語らない)。以上のような要件を満たしているからである。しかし、あくまで「関係性」を前提として出発するところで、従来の自然科学とは異なるのである。

　しかし、目を自然科学の先端的研究に転じると同様のことが生じているのがわかる。故今西錦司博士らによって発表され、国際的評価も得ている日本の霊長類学の研究は、観察者の人間と観察される動物との「関係」を前提として成立したものではなかろうか(この点は本書のなかに詳しく述べられている)。

　最近、生体物性学の先端的研究者である、清水博さんと対談したが、そのとき、「自己と世界の関係の複雑性をもう一回取り込むこと*」と言われて感激した。「関係性」を出発点として新しい科学をつくりあげようとする意図がそこに認められるのだ。話を聞いていて非常に印象的だったのは、清水さんの語られる「世界のマップ」というのが、華厳経の提示する世界と極めて類似していることであった。華厳哲学は「関係性」の上に立っていると言っても過言ではない。

　このような類似性が生じるのは、従来の自然科学が自と他の区別を明確にする方法論をあくまでも洗練させていったのに対し、仏教はむしろ、自と他の区別のない世界観を洗練し体系化しようとしたものであり、新しい科学は後者のような立場を取り入れようとするからだと思われる。ただここで「類似性」があるからと言ってすぐに「同等」と言えるわけではないことを認識しておかねばならない。さもなければ、宗教と科学の接点に生まれてくる新しい科学について、仏教が貴重なヒントを与えてくれるのを認めるにしても、仏教の説くところは即ち「科学的」であると主張したり、新しい科学としてのモデルを仏教が提供すると即断したりする誤りを犯すことになると思われる。

仏教の縁起の思想に見られるように、継時的のみならず、事象の共時的関係に注目することは非常に大切である。この点については本書にも論じているが、共時的事象の把握を継時的に「語る」ときは「物語」になるとも考えられる。このような点から考えても、物語が新しい科学において果す役割は大きいと思う。これらのことを考えてゆく上で、仏教教典が多くのヒントを与えてくれるので、その研究も今後の課題として取り組んでゆきたい。

考えてみると仏教の研究など思いがけないことばかりつぎつぎと起こってくるようだが、これも生まれたときから出来ていた「物語」を私が生きるようにされているとも感じられる。そして有難いことに私の「物語」もまだしばらくは続きそうである。

＊ 清水博／河合隼雄「規定不能性」、『河合隼雄対話集――科学の新しい方法論を探る』三田出版会、一九九四年、所収。

河合隼雄著作集第12巻　物語と科学　目次

序説　物語の自己実現

I

II

I

物語と人間の科学

第一章　物語と心理療法

はじめにちょっとお断り申し上げますが、本来ならばこういう学会の特別講演は、学会以外の方から著名な人をお招きして講演をしていただくことになっておりまして、大会の委員長がこういう講演をするというのは非常に異例なことであります。しかし、私が理事長を任期満了で辞めさせていただくということと、京都大学も退官することになりますので、その両方のことを考えてくださって、準備委員の先生方が、最後に話をする機会を与えてやろうということになったわけです。まことに光栄なことと思ってお引き受けいたしまして、あつかましいですけれども、話をさせていただくことになりました。

題は「物語と心理療法」であります。このごろ物語ということに関心をもっておりますので、そういう点から心理療法のことを考えたいと思います。はじめに私が心理療法をどう思っているかということを、もう皆さんご存じと思いますけれども、ごく簡単に申し上げていきたいと思います。

「リアライゼーション」

心理療法にこられる方は、だいたいの方はなんらかの問題を、あるいは悩みとか症状とかをもって来談されるわけですが、私がそういう方にお会いしていちばん関心をもっているところは、一人の人間、その個人の内的に存在するリアライゼーションの傾向、そういうものだと思います。わざわざ英語の「リアライゼーション」ということばを使いましたのは、私はこの英語はいい英語だと思っているからです。それは「何かがわかる、理解する」という意味と「何かを実現する」という意味との両方をもっているのです。

つまり、われわれが生きているということは、自分が実現しているということと、わかっているということを両方うまくやっているのだと思うのです。それがまさにリアライゼーションであって、個人は生まれてきたかぎりはなんらかの意味で個人としてのリアライゼーションをするのではないか。それが残念ながらなにかの理由でうまくいっていないのではないか。それを、その方が自分自身のリアライゼーションの傾向を十分に生きられるようにできるかぎり援助する、そういうことではないかと思っています。

ただし、これは一人ひとりがそうだということは、私が何かをリアライズするということと私の周囲の人たちが何かをリアライズするということが全部重なってきますので、たんに自分のことだけを考えていたのでは、それはどうしてもできない。つまり他人との関係を無視することはできない。だから、われわれ心理療法をしているものは、自分の前に座られた方のリアライゼーションということを考えるわけですが、その方を取り巻く周囲の状況、あるいはなによりも治療者自身のリアライゼーションも考えて行わねばならないということだと思います。

これは非常に困難なことでありますから、心理療法をするものは、人間のリアライゼーションはどう起こっていくのか、どのように進展するのか、どういう危険性を伴うのか、どういう意味をもつのかということについて、ある程度の知識をもっていなければならない。その知識をもっているということ自体がさきほど言いましたリアライズでありまして、自分が実現して知っている、つまり体感として知っているということがだいじだと思います。そういうことを知るうえにおいて、私は物語というものが大切ではないかとこのごろ考えはじめました。それで物語ということに関心が向きまして、このような題を出したのです。

その個人のリアライゼーションというときには、もちろん身体のことも入ってくるし、いろいろなことが入るわけですが、きょうは物語るというテーマですから、主に言語的なほうに関心をもってお話いたします。

「語る」ということ

そこで物語を考えていこうという場合に、「語る」という動詞が関係していますが、この「語る」ということはどういうことなのかしばらく考えてみようと思います。このことをいろいろ考えていましたら、ちょうど哲学者の坂部恵さんが『かたり』という本を弘文堂から出版されまして(一九九〇年)、この本が非常に参考になりました。坂部さんが『かたり』で書いておられることをベースにして、すこし「語る」とはどういうことかということについて話をしたいと思います。

「話す」ということばがあるし、「語る」ということばがあるし、「言う」ということばがありますが、われわれは「話す」と「語る」を分けています。「昔を語る」という言い方をしますが、「昔を話す」とはまず言わない。「それじゃお話にならんじゃないか」という言い方をしますが、「それじゃ語りにならんじゃないか」とは言いません。そのように考えますと、「話す」と「語る」とはうまく分けて使われている。

「言う」というのは一般的な表現だと思います。そのなかで「話す」と「語る」を分けている。そのために、坂部さんはまず「話す」と「告げる」とを対照させています。「〜を告げる」、あるいは「告知する」というと、いまだったら皆さんすぐに連想されるのは、がんの告知だと思います。お医者さんが「あなたはがんですよ」と告知する、そういうときに使います。そういう「〜であることを告げる」。「告げ口をする」という表現がありますが、「話し口をする」という表現はありません。だから、「告げる」と「話す」はちがう。どうちがうかというと、坂部さんが書いておられるのでは、「告げる」という場合は、告げる側と告げられる側のあいだにちょっと差がある。たとえばお医者さんであれば、自分は先に診断してこの人はがんだということがわかっている。患者のほうはそれを知らない。だから、知っているものと知らないもののあいだで、知っているものが知らないものに告げる、こういう上から下という感じがある。

　ところが、「話す」という場合は、「話し合い」ということばがありますが、同等に話をしているわけですから、むしろ水平に動いている。「告げる」の場合は告げるものと告げられるものの上下関係が生じてくる。この「告げる」の上下関係がもっとはっきりしますと、「宣《の》る」ということばがあります。これは神のことばを告げるわけです。だから「宣《の》る」ということば、「告げる」ということばは、垂直移動をしていることばです。ところが「話す」というのは水平移動している。そう考えますと、「語る」というのも水平移動に近い。上下関係ではない。しかし「話す」とはちがうところがある。同じ水平移動ではあっても、「話す」と「語る」はちがう。

　どうちがうのかというと、「語る」という場合は、たとえば「昔を語る」とかいう場合に、話をする私がなにかそのことについて筋みたいなものをもっている。プロットといいますか、そういうものをもっている。そういう意味で、「物語」を英語に訳すときになにがいちばんいいか考えまして、英語も日本語もペラペラにできるバイリンガルの人に聞いてみますと、「ストーリー」ということばがいちばんぴったりくるそうです。ところが

「語る」という日本語にぴったりの英語はどうもないようです。というのは、皆さんおわかりだと思いますが、「語る」ということばには「だます」にちかい感じがあります。「理事長をかたってしゃべっている」とか、そういうときに使います。英語でそういうニュアンスをもったことばがあるかどうか聞いたのですが、それはないと言っておられました。

私はいろいろ考えてみて、「リレート」という英語もちょっとおもしろいなと思いました。たとえば「夢を言ってください」というときに、「プリーズ・テル・ミー・ユア・ドリーム」というだけでなしに、「プリーズ・リレート・ユア・ドリーム」という言い方があります。それはなぜかというと、その人と関係しているという感じがあって、リレートとリレーションというのはつながっていくから、これはちょっとおもしろいなと思ったのです。が、その方は、物語というほどの感じはあまりもたないと言っておられました。だから英語ではぴったりのことばがないのですが、「物語る」というほうを名詞にすると、それは「ストーリー」になる。

ストーリーは筋をもつ

ストーリーというのは筋をもっています。「話にならない」と言うのは、話をしていても筋もなにもないではないかという意味で言うのです。「おまえのは語りにならない」と言わないのは、「語り」は初めから筋をもっているのであって、むちゃくちゃ言っている場合には語りとは言わない。

筋というのはどういうことかというと、ユング派の分析家のジェームス・ヒルマンがおもしろいことを言っています。フロイトはケース・スタディということをすごくだいじにして発表してきましたね。ところが、あのケース・スタディというのは本来ならばストーリーなのだと。この学会でも発表されてきたケース・スタディというのはほんとうはケース・ストーリーではないか、ということを言っているのです。

そのなかでおもしろいのは、たとえば「六歳の子どもが死にました。そしてその後五日たって母親が死にました」と言うと、ただ子どもが死んだ、五日後に母親が死んだ、という事実が並んでいるだけです。ところが「六歳の子どもが死にました。そして五日後、悲しみのあまり母親が死にました」と言ったら、つながってくる。それが筋だというのです。だから、事実と事実のあいだをつなぐものが出てきて、〝ああ、心配のあまりなんだな〟ともっていくのがプロットというものだと考えるのです。

これはケース・スタディのときのものの言い方とすごく関係してくるおもしろいことだと思います。「悲しみのあまり」というのをケース・スタディのとき入れるのか入れないのかというのはむずかしい問題ですが、ともかく「語り」というのはそういう筋をもっている。

考えてみますと、われわれ心理療法家はクライエントと話をしているのですが、クライエントの話をわれわれは「語り」として聞いている場合が多いように思います。たとえばクライエントが「このごろ学校へ行っていないんです」と言いますね。べつに何の関係もなく、「父親が大学の教授をしておりますねん」と言われると、パッとこちらは、父親が大学教授やったらやかましいんじゃないかな、そういうやかましい父親をもったら子どもは学校へ行けないのではないかな、と思ったりしてしまう。としたら、相手が話した事実を私は「語り」として聞いてしまっている。つまり筋を見つけていることになります。そういう筋を思わず知らずこちらが見つけようとしているときもあるし、クライエントはクライエントのほうでなにか筋をつけようとしていることもある。そういうところが心理療法のおもしろいところですが、それはともかく、「語り」のひとつの特徴としてプロットが入っている、筋が入っているということがあります。

次にだいじなことは、そのように「私」が語るとなると、自分で筋をつけているということ自体、私という人間が入っているのです。私の考え、私の感じ、私の思想、そういうものが入るから筋がついてくる。それは単に事実を記述しているのとはちがうと思います。「語り」の場合は、「私」がそこに組み込まれてきているというところがだいじではないかと思います。

私自身のいろいろな思いとか、そういうものが「語り」のなかに入っていく。しかも、その語るときに、一人語りはだめで、相手もいることですから、相手にわかってもらうようにしなければならない。そうすると、相手に通じるように話をしなければならないという面と、自分の思いをそこに入れねばならないという面があるわけです。そう考えると、私が私のことを語るとき、「事実」という点では少しあいまいになります。これは皆さんいろいろな方が話をされるときに、それが「語り」になっているかどうか聞いておられると、よくわかると思います。たとえば自分が入ってくると、自分がこういうすごいことをやったとか、自分がどれだけすごいかということを他人に言いたくなってくる場合があります。それは自分のものが入ってくるから「語り」になってくる。

そのときに、私はよく言うのですが、私が釣りが趣味でものすごい大きな魚を釣った。体長何センチの魚を釣ったという事実ではなくて、私の心のなかの感動を語りたい、私の気持を語りたいという場合に、魚の長さをどのくらいに表現するかは非常にむずかしいことです。「海へ行きまして体長二三センチのタイを釣りました」と言えば、「ああ、そうですか」と終わりになります。ところが「こんなん釣った」とか、ちょっと手で示した幅を動かしたりすると、向こうの心もそれにつれて動いてきて、おれも釣りに行こうかとその人が思ったりする。ただし、このぐらいの魚釣って、とあまり大きすぎる話をすると、相手は「かたられた」ということがわかってきます。その場合は「だまし」になりますね。つまり「語り」にはつねに「だまし」がどこかに入り込んでいるところがおもしろいのです。

自分の内的体験を語るという意味で語っているうちに、どこかに誇張が入ってしまうのか、非常にあやふやなところに「語り」は存在しています。日本語でいうと、その「語り」が内的体験の「語り」を外れた場合に、聞く側はシラけるということがあります。シラけてしまうというのは関係が切れてしまうことです。つまり「語り」が生きているあいだは、話者と聞き手のあいだに関係があるわけです。

私が体長二三センチのタイを釣ってきたという場合は、私と聞く側に何の関係がなくても、聞いた通りそうだと思ってくれればいいわけで、べつに「関係」ということはだいじではありません。ところが、私の釣ったのを聞いて向こうも喜んでくれるとか、ほめてくれるとか、自分も釣りに行くとか、そういう二人の動きを生じさせようと思うと、そこには「語り」が入らねばならないという問題があります。

ですから、私という一人の人間が語っていても、私の主体というものは二重性をもってくるわけです。たとえば私の内的なことを語って向こうに伝えたいということと、どの程度に語ったほうがいいのかと考えることとか。私の体験ということにしても、どの程度ほんとうに体験しているのかとか、つねにあいまいさが伴ってくる。事実をそのまま伝えているのとはちがうところがあります。

詩的な言語と自然科学の言語

これはおもしろい問題で、たとえば、言語の場合でも日常の言語と、とくにそれを精選してできた自然科学の言語と詩的言語はちがうのだということを言う人がいます。それはどういうことかというと、自然科学的な言語は事実を事実のままで伝えようとする。ところが、詩的な言語というのは、「私」との関連において、私がこのコップを見たときの私の内的体験を、しかも相手に伝えねばならないという非常にむずかしいことをするわけです。だから、詩的言語のほうが「語り」に通じてきます。詩人は私が言っているようなところに非常に関心があります。

そんな意味で、坂部さんが引用しておられて、なるほどと思ったのですが、ランボーという詩人が「私は一個の他者である」というおもしろい表現をしています。簡単に言ってしまえば自分は他人だというのです。「私は一個の他者である」というのは、私は私なのだけれども、私のなかには他人がいっぱい存在していて、このコップならコップを見たときに、詩人ですからいろいろなことばが浮かんでくると思いますが、たとえば「水晶の輝き」とか「乙女の目の輝き」とかいうことばが出てくるときは、私が言ったのではなくて、だれか他者が表現しているとしか言えないようなところがある。そういう意味で「私は一個の他者である」という表現をしたのだと思います。

そのように考えますと、私の主体性が二重になるということは、じつはクライエントの人も体験していることではないかと思います。皆さんはクライエントの言うことを聞いておられたらよくわかると思います。クライエントのなかには、「うちの親父みたいのは死んでしまえ」と言う方があります。「うちの親父なんか死んでしまえ」と言われたときに、「それはそうでしょうね、一緒にいきましょう、どうやって殺しますか」とわれわれが言わないのは、「親父は死んでしまえ」というのは、非常にだいじな「語り」として語られているからです。つまりそれは現実にきょうすぐに親父を殺すということには結びついていない。そうかといって、その人はむちゃくちゃウソを言っているとはわれわれは思わない。そういうあいまいさを伴った表現としての「語り」というところに意味があるのではないか。

ここで評価が分かれてくるところがあると思うのです。自然科学的な言語の好きな人は、だから「語り」はやめたい。自然科学というのは言うた通りパッと伝わっているのだから、この通り伝えているのがほんとうである。客観的に物事が伝わっているのですから、私がきのうの釣りの話をして二三センチのタイといえば、みんながその通りバッチリと思っているのだから何の問題もないではないか。ところが、私がここで「こんなタイを釣ってきたんですよ」なんて手を動かしていくと、聞くほうはどうなるかわからない。

私自身からいいましても、若いときには客観的な表現こそ本物だという気持が非常に強かったです。だから文学というふうなものはどうもわからん、よけいなことが書いてある。それに対して数学は数式でできていますから、公式通りに事が進みますので、数学の世界は文句なしだ。文学では、このコップが、コップはコップだと思っているのに、急に雲に見えると言ったり、水に見えるといったりします。しかも、どれがいいか悪いかなんてだれが判定するのか。だから、自然科学こそだいじなのだという気持をずうっともっていたのです。しかしこのごろでは、だいぶそのへんの考えが変わってきました。

そしておもしろいのは、坂部さんが引用しておられるのですが、だれのことばだったか、こういうことを言っています。歴史というのはあったことをあったままに言っている——これもあとで非常に問題になってくるのですが、あったことをあったままに言っているのはあたりまえではないか。たとえばアレキサンダー大王がいつ生まれていつ死んだ。あたりまえのことを言っているのが歴史だ。ところが、詩人というのはあったことではなくて、これからの可能性を語っている、だから詩人のほうがはるかに上だという言い方をしています。アレキサンダーがいつ生まれていつ死んだ、どこと戦ってどうしたかなどということはその通りだからあたりまえだ。ところが、詩人がアレキサンダーの偉業を歌いあげたとしたら、その歌いあげによって、だれかがおれもこういうことをしようとか、こういうことをすればこんなことが起こるのではないかしらんとか、みんなが動き出すというのです。だから、未来への可能性をうたっているから、詩のほうがはるかに有効で意味が高いという言い方をしています。

つまり、まるっきり逆のことが言えるということがわかりますね。さっき言いましたように、詩というのはウソを言っているではないか、ところがアレキサンダーがいつ生まれていつ死んだというのはその通りだから、歴史こそ意味が高いではないかという言い方もできます。皆さんご存じのように、十九世紀の後半から二十世紀の初めぐらいにかけては、客観主義的なほうが学問の趨勢を占めました。なぜかというと、自然科学的な思考が有効であることがわかりましたので、自然科学的なメソドロジーを使えばいちばんうまくいくということを考えた。たとえば歴史を勉強する人でも、推察をしたりするのではなくて、あったことをあった通り書く。昔のことを推察して「昔はこんなことがあったんではなかろうか」などと言うのはだめであって、ちゃんと昔の文章や建築物を調べたり、考古学者と協力したりして、ちゃんとしたものがあってこそほんとうの歴史だというわけで、歴史をやる人も科学的にやらなければならない。皆さんご存じのように、心理学も科学的にやらねばならないという考え方が非常に強かったのです。

科学の側の反省——語りの大切さ

ところが、最近になってすごい反省が出てきた。それはどういうことかというと、そんなふうにいっている歴史学者にしても、すべての科学者はそんな虚心坦懐に事実を事実として客観的に述べるなどということはじつはできていない。みんななんらかの意味で自分と関連してくるのですが、それをできるかぎり自分との関係を切って述べようとしている。たとえばこのコップならコップに対して、形をはかったり、色彩を見たりしますと非常に客観的に言えます。そしていろいろ研究ができる。しかし、そういうことをやっているうちはよかったのですが、あまりに自然科学的な方法が有効になったので、自由意志をもった、命をもった人間にまで十九世紀ごろの自然科学的な手法を使うようにしすぎて、何かを失ってしまった。何を失ったかというと、自分と自分の世界との関係ということを失ってしまった。

私は、その典型的な例としてよく挙げるのですが、私のところへこられた学校へ行かない子どものお父さんが次のように言われたことがあります。「先生、科学がこれだけ進んで、ボタン一つ押せば人間が月まで行って帰ってくるこの世の中に、うちの子どもを学校へ行かすボタンはありませんか」と。私は、「ボタンはないけど簡単ですよ、さっそく行かせられます」と言うたら、「どうするんですか」と言われる。「ぐるぐるっとすのこ巻きにして放り込んだらええんです」と言うたのです。つまり子どもをモノ扱いすれば行くのです。ところが、子どもが自由意志をもち、自分の意志で、自分の人生のなかで意味あることとして学校へ行くということは、そう簡単ではない。

もちろん、ここで皆さんご存じのように行動療法というのがあります。このなかにも行動療法をやっておられる方がおられると思いますが、それも、行動療法をする治療者とされる側とにぜんぜん人間関係がなかったらできないと思います。そこに関係があって、二人の合意が成立しているから、こういう方法でいきましょうという方法が成立するのであって、そうでなくて、モノを動かすようには絶対動かないと思います。

ところが、実際のわれわれの人間関係の場合、関係なく物事をパッパッとやると簡単にいきますので、どうしても他人を自分と切れた存在として操作しようとする考え方が強くなる。それがあまり強くなりすぎますと、人間の関係性が失われるという問題が生じてきます。そういうことを反省すると、いま言いました「語る」ということが大きい意味をもってくるのではないか。これはつねに両方あるわけですね。とくに人間のことを研究する場合は、心ということをそんなに問題にしなくても人間の研究ができる場合もあります。たとえば人間の手術をする人がやたらに心のことを考えるよりは、ほんとうに身体のことを考えて手術されるほうがよほどうまくいくわけですから、自分がどういう仕事をしているかということによって態度が決まっていく。われわれは心理療法をしている、そしてとくに私の言ったような方法で心理療法を考えているかぎりは、いまも言いましたように「語り」がだいじになるのではないか。

坂部さんも同じような意味で、もういっぺん「語る」ということの意味を見直してみたいと言っておられます。それはたんに人間と人間の関係ということではなくて、われわれがいまやっている科学ということを見直すためにも、「語り」ということには意味があるのではないかということでもあります。

それはそれとしまして、もうすこし「語り」について言いますと、坂部さんは、「話」と「語り」と「歌」という順番に並べておられます。「話」というのはだいたい普通にあったことを言っている。「語り」になりますと筋が出てくる。そして「歌」のほうまでいってしまうと、普通の人間関係から離れてくる。それを坂部さんは緊張が緩和される方向という言い方をしています。普通の話のときには相手に対して緊張がある。語りになると、すこし緊張がとけて、歌になるとなくなるという書き方をしているのですが、これは誤解を生むと思います。

「カラオケでみんなの前で歌うときに私は緊張します」なんていう人もおられますから、おかしいように思うのです(笑)。これは自我の、自分をコントロールしようとする度合いといったほうがいいと思います。普通話をしているときよりも語りになったほうがちょっと自我のコントロールが弱まる。歌になるとますます――この歌というのはたんにだれかの歌を歌うというのではなくて、謳いあげるとか、そういう場合を考えるとわかると思います。このようにずうっと並んでいる。そしてこれらは人間にとってはどれも必要ではないか。

私はこれを見ていて思ったのですが、サイコセラピーをされる方――私もふくめてですが――は心理療法を語っているうちに、歌う人が多いと思われませんか。そういう人をみんな河合節とか、名前は申し上げませんが、ナントカ節をやったということをよう言いますね(笑)。しゃべっているうちにちょっと歌のほうへいってしまう。それはなぜかというと、われわれが自我のコントロールをあまりにも強くして心理療法をやっていたのでは、可能性に開かれない。可能性に開かれていくということは話から語りのほうへ、歌のほうへと自分を移動させる態度が必要なのではないか。そういうことも思いました。

これは坂部さんの書かれていたことではないのですが、そういう意味で筋を見出していく、物事を語るといいますと、文学と近くなってきます。私は初めにも言いましたように、文学というのはあまり好きではないし、いまでも文学に対してはなんとなく引け目を感じることが多いのですが、おもしろいことに、文学者のほうから接触があったりして、いろいろな人とこのごろは話し合いをするようになってきました。そのなかで大江健三郎さんという方がおられますが、大江健三郎さんの小説ははっきり言いまして初めのうちはむずかしすぎて、私は困っていたのですが、最近お書きになるものは私にぴったりきます。また大江さんも私に対して親近感を感じられることが多いとみえまして、わざわざ京大の臨床心理の教室にお招きしたことがあります。こちらが事例を出して大江さんにコメントしていただく、あるいは大江さんと私とで「文学と心理療法」について対談をしました。そして京大のスタッフ連中がみんな文学と心理療法ということで論文を書いて、最近の私のところの相談室の「紀要」十七号に発表したりしました。

「文体」について

そのとき大江さんの言われたことがたくさんあるなかで、非常に心に残ったことは、文体ということです。ナラティブということを言われました。どういう文体でそれを語るのか。私は客観主義のほうにイカレていましたので、文体などは信じなかったのです。文体もクソもあるか、「二三センチのタイ」と言えばいいんで、「タイが二三センチ」と言おうが何と言おうが、二三センチを八五センチというのは困るけれど、その通り言っているのに、A＋BもB＋Aもそんな問題じゃないではないか。A＋BをA×Bにしたらぜんぜんまちがってくるけれども、文体などということは、そんなに気にする必要はないし、あれはごまかしのためにあるのだろうぐらいに思っていたのです。しかしいま言ったようなことをだんだん考えてきますと、そのなかに私というものが入っている。つまり「私はこう構成しました」、しかも「私がこう構成したことを皆さんにこのように伝えるのです」、ということになってきますと、どういうスタイルをとるかということはすごくむずかしい問題になってくるのではないかと思いました。

そんなふうに思って大江さんの小説を読みますと、なるほど文体ということをすごく考えてこの人は書いているんだなあということがわかってきました。私もたくさんものを書いていますが、文体などということを考えずに思った通り勝手に書いていたのですが、このごろはちょっと意識しています。ちょっとというのは、たくさん意識したら何も書けませんので、書ける程度に意識しているということです。

私が言っていることは、皆さんもうおわかりだと思いますが、事例研究のスタイル、事例研究の書き方の問題と関係してくるのです。どのようにそれを書くのか、どのような文体で書くのかということと関係してくる。その点で、「語る」ということをやっていくためには、細かいことにすごく注意しなければならない。客観的に何かを述べる場合はその通りですから、そんなに注意しなくてもいいのですが、「語り」の世界がちょっと入ってくると、表現がすごくむずかしくなるのではないかと思います。

ひとつのエピソードを申し上げます。『読売新聞』に「老いのみち」というコラムを書いていました。もう終わりましたが、毎日六百字のコラムを書いていた。そうしますと、いろいろな人から手紙がきます。ある方から手紙がきまして、個人的なことはくわしく申しませんが、その方は非常に気の毒な方で、十何歳かのときに病気を誤診されて、いろいろ不幸なことが重なって、何度も死にそうになられるわけです。しかも、おまえの命はもうないとか、これ限りだとか、いろいろなことをお医者さんに言われたりしているのですが、奇跡的に助かり抜いて生きてきた方です。その書いておられる文章を見ましても、立派な方だという感じがしました。そして、自分は五十歳になったときに白髪が一本生えているのを見つけてうれしかったということが書いてある。なぜかというと、「ああ、私でも年をとれるのだ」ということでうれしかったということが書いてありました。

皆さんも経験されたらわかりますが、コラムなどというのを書いていますと、タネがなくなってきて死にそうになるのです。「あ、これはタネになる」と思いまして、これを書かせてもらおうと思ったのです。ふつうわれわれは白髪があったらいやな感じがするのですが、白髪をうれしいと思った方があるというのですから。ただし、その方の人生の全体をみますと、おいそれとそれを書くのはいけないと思いましたので、それを書いた六百字の文章をその方に送ったのです。そして、あなたのことをタネにこういうことを書いてもよろしいでしょうかとたずねてみました。そうすると、その方からすぐ返事がきまして、「どうぞ載せてください。ただしひとところ訂正してほしい」と書いてあるのです。どういうところかといいますと、私が「白髪を一本見つけたときには飛び上がるほどうれしかった、とその人は思った」と書いたのです。「先生、私の手紙を読み直してください。「飛び上がるほど」とは書いてないです。はっきりとは覚えてないけど、「白髪を発見したときはうれしかった」と自分は書いたように思っている。すいませんがそこを見て、私の書いたようにしてください」というのです。そして私、手紙を見ましたら、「飛び上がるほど」というのは文章のほかのところにあるのです。そこは「白髪を発見してうれしかった」と書いてある。

これを見て私はすごく反省しました。私の気持のなかで、みんなは白髪で悲しんでいるか知らんけれども、白髪を見つけて喜ぶ人もいるんですよ、ということをほんのすこし言いたくなってくると、「飛び上がる」と書いてしまう。これはすごく恐ろしいことだと思いました。幸いにもその人に手紙を送って訂正してもらったので、そのまま書きました。読んでみると、そこは「白髪一本で飛び上がるほどうれしい」と書くと、やはり読む人からみると、ウソつけと絶対思うだろう。「うれしかった」と書いてあるほうがはるかに重みがあるんです。

私はまたその人にすぐ返事を出して、非常にありがたかった、非常に教えられましたと書いたのですが、これはわれわれ臨床心理をやっているものがものを言うときに気をつけなければならないなと思いました。なぜかというと、このごろ大江さんなどと付き合うのでよけい思うのですが、文学として書いておられるときには一字一句やはりものすごく考えておられると思います。めったなところで飛び上がったりしていません。われわれはなんでもないのに急に飛び上がったりして、「語る」が「歌う」になる。自己陶酔の歌になる。そうなるとみんながシラけてしまう。パッと距離が離れてしまって逆効果を生み出すということが起こるのではないか。そういう意味でも、自分のしてきたことを語るというときに、どのような文体でどう語るかということは考えねばならない、と反省しました。

さきほどから何度も言っていますように、「語る」ということは、私の心が入ってくるということです。そのとき私の心のなかで私が意識しているだけではなくて、もっと深いところでいろいろなものが動いている。それに何と名前をつけるかはその人の好みにもよると思います。ヨーロッパの、あるいはアメリカの深層心理学の人たちはそれを「無意識」ということばで呼んでいますが、ちがうことばを使ってもいいし、東洋の人たちはむしろ「深層意識」ということばを使っているように私は思います。

私が普通に日常的に活動しているときの意識よりももうすこし深いところで、いろいろな動きがある。これをアンリ・コルバンという人は「ムンドス・イマジナーリス」といったのですが、想像の世界、イマジネーションの世界、そこでたいへんなものが動いている。そしてそれを私がどう把握するか、あるいはクライエントのそういうものをどう把握するか、これとの絡み合いが、さっき言いましたわれわれのリアライゼーションということにすごく意味をもってくると思います。その「ムンドス・イマジナーリス」は、どうしても物語としてあらわれてきやすい。普通の話ではなかなかうまく伝わらない。それをそのまま話にして、しかもそれが私の通常の意識を超えているということを強調したい場合は、それは神話になると思います。

つまりその場合はまさに神話を語るといいますが、私は『古事記』とか『日本書紀』などはどうも歌っていたのではないかなと思っています。というのは、『日本書紀』の日本でいちばん古い写本が天理大学にあるのですが、見せてもらいますと、ずうっと書いてある横に赤で丸が打ってあったり、ピュッと印がついたり、謡のようないろいろな印がついています。だから、あれはおそらく宮中で専門の人が歌うのをみんなが聞いたのではないかと思います。なぜかというと、神のことですから、『日本書紀』について水平の関係で話し合うということは起こらないのであって、『日本書紀』を歌う、あるいはのたまうということをやって、それをみんなが聞いたのではないかと思うのです。

神話は自分の存在を超えた高さということを強調はしていますけれども、その内容は、現代的にいえばわれわれの通常の意識を超えた想像的な世界が入っているのではないか。われわれがいま「神話を語る」という言い方をしているのは、神の存在を前提にして、その神からわれわれに告げられたことばとしてではなくて、それをいま読んでせめてわれわれ同士で語り合おうということだからです。「話す」とちょっとちがいますが、もうすこし水平の軸でそのことをとらえようとしているのではないか。だから、いろいろな神話を研究することによって、われわれの心の深いところにある世界を理解できるのではないかと思います。

心理療法としてのミソ・ドラマ

そういうことを思っていましたら、ちょうど『かたり』という本が出たように、おもしろいことがいっぱい周囲に起こってきます。じつは最近チューリッヒへ行きまして、向こうの人の話を聞いたのですが、日本でもよく知られているユング派分析家のグッゲンビュールという方がおられますが、その息子さんでアラン・グッゲンビュールという人の話を聞きますと、ミソ・ドラマ(神話劇)を非行少年のセラピーに使っているというのです。

それは非常にうまく考えられているのですが、非行少年の子どもたちが集まってきて、初めはちょっと名前を言い合ったり、お菓子を食べたりしてだんだんやっていくのです。いちばんだいじなところはリラクセーションするということです。ここで身体のことが関係してくるのですが、ものすごく身体をリラックスして、みんな寝転んでどこでも好きなようにしているところで、もし私がセラピストだとしますと、私が話をするのです。その話が神話的な話なのです。

神話的な話といいますと、たとえば向こうからすごい怪物が現れた。それに対してこちらはその怪物とどうしようかと思ったとか、そういう神話的な状況を話してその途中でやめるのです。やめてリラックスしている子どもたちに、自分で話を考えたり、自分で劇をさせたりするのです。そうすると、みんながものすごく乗ってくるんだそうです。非行少年ですから、初めはたいへんでして、自己紹介などしようと思ってもむちゃくちゃやっているのですが、リラクセーションをしてその話になりだすと、非常に乗ってくる子が多いそうです。

ついでに言っておきますが、聞いていて非常に印象的だったのは、そのときに行儀のよい話をするとみんな行儀が悪くなる。つまり「昔むかしよい子がおりました。朝からお母さんの言いつけ通りに仕事をしました」などというと、みんなウワーッと怒ってむちゃくちゃする。ところが、むちゃくちゃな話、つまり怪物が出てきたので怪物をボカンとやっつけたとか、そういう途方もない話をすると、みんなすごく行儀がよくなる、ということでした。真剣に集中して聞くからでしょうが、おもしろいところだと言っていました。

いわゆるよい子がいまして、朝ごはんを食べました、仕事をしました、などということは、通常の意識の問題です。しかしある子どもたちにとっては通常の意識を超えることが問題であり、それを根本的に揺るがさないとだめだから、普通の人がいえば「非行」ということをやっているわけで、つまり日常生活を普通にしていたのでは「お話にならない」のです。彼らは自分の「物語」を発見しようとして日常の枠を超えた行為をしてしまうのですが、それでもうまくゆかない。そういうことなら、その物語探しを正面からやってみようというのが「ミソ・ドラマ」の意図するところです。

このようなドラマのセッションが終わりますと、部屋を変えまして——ここで部屋を変える、つまり別の空間に移すところがうまいのですが——またもういっぺんおやつを食べたりして、だんだん現実生活にもどしていくのです。そして帰るときには、みんな現実生活にもどりますよということになって、さよならするのです。だから非常に長い時間をかけて話を聞きまして、物語を生きるあるいは体験するという経過を通して、それがその人たちの心を変えていくことに自然に役に立っている。ただ話のきっかけとしては、これはときどき小学校の先生などでまちがう人がいるのですが、ああいう行儀の悪い子には行儀のよい話を聞かせればよいなどというのは大まちがいであって、むしろウワーッとやっているところを聞かせると、そこにみんな乗ってくる。つまりその人の心の想像の世界をそこで活性化するということをやっているのだと思います。

私はすごく感激しまして、「ミソ・ドラマというのはいい名前をつけましたな、日本人にとってはミソというところがミソなんです」(笑)といって喜んでいました。そしてこれを日本でやるときはコマーシャルで「一味ちがうミソ・ドラマ」(笑)といって売り出すといいといっていたのですが、それは余談であります。そういう想像の世界の活性化というふうにいいますと、それがきれいに物語になっている。

欧米の神話と日本の物語の違い

そのなかで、これはとくに強調したいのですが、これまでヨーロッパ、アメリカの深層心理学者が好きになるのは、英雄神話が多かったと思います。つまり英雄が現れて竜なら竜を退治したりして、お姫さまと結婚する。この場合、それをフロイト派の人たちのようにエディプス・コンプレックスというのか、あるいはユング派の人たちがいうようにグレートマザーというのか、ことばはともかくとして、英雄が自分を確立していく経過は、やはり自我の確立ということとイメージがぴったりなので好きだったと思うのです。そしてこの点はわれわれもよく味わう必要があると思います。

というのは、こうした神話は、なかなか日本には典型的なのがないのです。ありそうに見えてない。そういう点で、英雄神話というのは非常にだいじですが、それだけを考えるのは問題ではないかという反省が、むしろヨーロッパ、アメリカのほうで起こりつつあります。

ただ、これは日本人としては非常にジレンマを感じるところですね。西洋へ行きますと日本の話をしますので、ぜんぜんちがう話が出てくるからみんなすごく歓迎するのです。ところが、そうかといって、「それみろ、日本はヨーロッパやアメリカとちがうのだ」と喜んでいられないところがある。なぜかというと、われわれはほんとに英雄的な自我の確立ということをやったのかどうか、日本人はやってないのではないか。そう思うと、英雄神話というのはだいじだと言いたくなるし、それだけがだいじだといわれるとなると、ほかのもありまっせと言いたくなる。これからのわれわれとしては、そういうたくさんの物語を心に描きながら、クライエントに会って、クライエントがどういう物語を生きようとしているのか考えていくべきだと思います。

そういう意味で私は日本の物語が好きになって、いろいろ読んでいます。さっき言いました近代自我の確立という路線とはちがう路線が、日本の物語のなかにたくさん読める。そして、それをなんとか外国に紹介したいと思っています。外国というのはとくにキリスト教文化圏です。キリスト教文化圏の人たちにこんな路線もありますよということを言いたいと思っています。『とりかへばや物語』なんていうのもそういう意味から読んでいたわけです。

最近読みました本ですごくおもしろいのがあったのでご紹介しますと、『落窪物語』というのがあります。『落窪物語』というのは、十世紀ぐらいの本ですが、これはほんとうにうまくできている物語です。どんな内容なのかといいますと、おちくぼの君と呼ばれている娘さんが継母にいじめられているのです。〝シンデレラ〟の初めとすこし似ています。お母さんが自分の子どもをだいじにして、自分の子どもでない一人の娘をいじめて、家のなかの落ち込んだところにその子を住まわせている。落ちくぼんだところに住んでいるから「おちくぼの君」と名前をつけているのです。

ところが、そういういじめられているお姫さんはだいたい美人ということになっていまして、きれいなので、うるわしい男子がちゃんと訪れてくるのです。平安時代のことですから、うるわしい男子がひそかに忍び込んできて、おちくぼの君と結ばれていくわけです。そのうちに、継母が気づきまして、怒っておちくぼの君を物置に閉じ込めてしまう。物置に閉じ込めて出られなくするだけではなくて、継母は自分の遠縁に当たるおじいさん——六十歳ぐらいといったら私ぐらいだと思いますが——に、おちくぼの君をあんたの好きなようにしてよろしいというのです。じいさんはすごく喜んで夜に会いに行こうとするのですが、おちくぼの君もそれはわかっていますので、なんとか守ろうとする。

そうしますと、これは西部劇でもなんでもお決まりのパターンです。きれいな女性がいて、変なじいさんが現れて、そこへ貴公子がいる。はたして次はどうなるでしょうというのですが、皆さん推察がつきますか。ところがお決まりのパターンとはぜんぜんちがうことが出てきたので、私はむちゃくちゃ感激したのできょう話をしているのです。その解決策は傑作です。これが西部劇だったら貴公子が現れて、じいさんがボーンとやられて、二人いっしょに帰って、音楽が鳴って、馬車が行って、さよなら、こうなるのだと思います。しかし、そういうときに、男は助けにきて殴ったりしないのです。男のほうもおろおろしている。ここが非常におもしろいところでして、男がぜんぜん強くないのです。あのころの男はだいたい泣くか和歌をつくっているかです（笑）。

じいさんがやってきて、おちくぼの君はたいへんですから、せめてできることというのは、戸に棒をつっかえてバリケードをつくって入ってこられないようにする。じいさんは夜中に遅く行って、必死になって開かないかと思って家のまわりをぐるぐる回っている。回っているうちに、だんだんお腹が冷えてきてピチピチと音がしだした（笑）。――きょう原文もってきて読めばよかったのですが、原文を読んでいるとほんとうにうれしくなってきます。非常に細かく書いてあります（笑）。――そしてじいさんは下痢してとうとう袴が汚れたので、飛んでいって洗ってもなかなか落ちない。必死に洗っているうちに、白々と夜が明けてきた（笑）、そういう解決になっているのです。

おそらくこういう解決は世界中ないのではないか（笑）と私は思っているのですが、簡単にいってしまえば、人間の戦いではなくて、人間の身体的自然現象が解決をもたらしている。そういうひとつの物語が堂々と語られている。しかも皆さんも笑われましたが、そのじいさんカンカンになって怒って、あんなことになっておれは失敗したとしゃべり回ったら、頼んだお母さんはじめまわりの侍女たちが「死に笑いき」と書いてあります。死ぬほど笑ったということでしょうな。ものすごいユーモアがあっておもしろいのです。

日本人の自我

ああいうのを読んでいると、ボカーンとやっつけて勝ちました、勝ったから英雄なのだというのとちがう話が人間世界にはあるのではないだろうか。つまりすごいおもしろい解決がたくさんあるのではないかということを思わされる。そういう意味でも私は日本の物語をいまたくさん読んでいるのです。

そして、これはあまり詳しく言わないでやめたいと思いますが、私には正直なところ原文はわかりません。ものすごくわかりにくいのです。現代語訳をちゃんとしてくださっていますので、原文と現代語訳を見較べているのです。ところが原文のほうを見ていて、ほんとに感心するのは、ひとつの文章のなかで主語が入れ替わるのです。だから読んでいるうちに、どれが主語なのかはっきりわからなくなってくる。日本語ですからなんとなくわかるのですが、だれがどうして、だれがどうなって、だれがどうなったかわからないのですが、現代語訳をみますと全部主語が入れてあるので、ああそうかとわかる仕掛けになっています。英訳などありますと——たとえば『とりかへばや物語』は英訳があります——それを読むといちばんわかりやすいです。きれいに主語、述語、目的語、全部ありますから。

そして読んでいるうちに私は、もともと日本人はこの本を読んで、だれがどうしたとはっきりわからんままでみんなは聞いていたのではないかなという気がしはじめました。たとえば『落窪物語』とか『とりかへばや物語』とか、『源氏物語』にしてもそうでしょう。そういう物語を語っているときに、聞き手は、その主語はだれでしたかとか、そんなことは思わずにフワーッと聞いていたのではないかと思います。つまり人間と人間がはっきり切れて、主観と客観が切れて、主語が客語に対して何をするかという世界でないところに、あの人たちは生きていたのではないか。そういうものすごい意識の流れみたいなものがもうちょっと体感できるということが、あの物語を読むということになるのではないかなと、このごろ思っています。

そして、英語の練達の士がうまく訳して、主語も抜きにして訳したらものすごいおもしろい文学になるのではないかな、と思っています。そういうのはぜんぜん通用しないかもしれませんが、これはひょっとしたらできるかもしれないと思います。ものすごいインテレクチュアルな人たちは、ひょっとしたら新しい文学として歓迎するのではないかという感じさえします。たとえばジェームス・ジョイスの『フィネガンズ・ウェイク』の終わりのほうなどそうです。句読点もなにもなしにダーッといきますね。あれと同じような感じで原文の流れを英語にするということを、だれか思い切ってやらないかなと思うぐらいです。

なぜそんなことを言うかというと、われわれ日本人であるということは、現代に生きていまして近代的な自我を相当だいじにしているつもりですが、われわれの意識の流れはまだまだそういうところに関係しているような生き方をしているようにも思うからです。こういう国際交流が激しい時代に、もっともっとよその国の人に対してわれわれが物語るということがひとつの義務ではないかなと思っています。

物語と人間の心のもうひとつのこととして、物語は想像、イメージですから、イメージが働いて物語になるというときもあるし、物語がイメージを喚起することもある、両方あります。なかには物語を絵にする人がある。だから日本には絵巻というものがあります。そういう意味で絵巻の研究も欠かせない問題だと思います。

「受胎告知」のダイナミズム

ことし夏にヨーロッパに行ったのですが、イタリアの北のほうの教会、あるいはそのへんを歩いてみますと、宗教画がたくさんあるわけです。それを見て思いましたのは、『聖書』を読めばたった二行か三行ぐらいのことが絵になっていて、その絵がいっぱいある。そのなかでわれわれ素人にもいちばんわかりやすいのは「受胎告知」だと思います。受胎告知の絵はいっぱいあります。だから、行ったところで受胎告知の絵はがきをぜんぶ買ってきました。というのは、描き方がすごくちがうのです。

それをスライドにしてきょうお見せしようかと思ったのですが、私はそういう教養があまりありませんので、そこらで読んできたことをしゃべっても、どうせ根の浅いことがわかると思ったのでやめました。われわれ何の予備知識もない素人がパッとその受胎告知を見ても、その天使の告げ方、つまり告知という場合には天使が告げるのですから、天使は事実を知っているわけです。一方マリアは思いがけないことを聞いているわけです。だから、初めのほうの受胎告知の絵には完全にこういう感じがあります。つまり天使が告げた事実をマリアはかしこんで承っている。かしこんで承っているものと、マリアは聞いてないのではないかというふうな絵があります。天使がきてしゃべっているのですが、マリアの目はまったくあらぬかなたを見ているという絵もある。これなどは、急にお医者さんから、「おいおまえ、がんだ、もう死ぬぞ」と言われたら、絶対そのお医者さんの目なんか見ることができないというのと同じだと思います。あらぬ方を見るのではないかと思います。またあらぬかなたを見ているマリアの目がすばらしい目をして描いているのもあるし、伏せているのもある。天使のほうも「そうでっせ」という感じで（笑）、きているようなものもあります。またマリアさんのほうも「あら、そう」とまでいかんですが、こういう感じでだんだん人間と人間の関係に近くなってくる。「告げる」というよりは「話す」の感じに近いのもあるし、これだけたくさんのイメージを喚起したということは、物語というのはどんなにすごいかということです。

もうひとつ私が受胎告知を盛んに見たという理由には、われわれ心理療法をしているものは、だいたい話し合いをしているわけですが、ときどき告知をしていることがあると思うからです。それはどういうことかといったら、たとえば「解釈を告げました」と言いませんか。めったに「解釈を話しました」と言わないですね。「解釈を与えました」という人もいますが、そういうときは、ちょっとわれわれが上のほうで、われわれは解釈を知っているが、向こうは知らない、だから与えるのだという感じがあるかもしれません。もっとすごい人は、「あれは非行少年だということを告げた」、あるいは「ボーダーラインであるということを告知しました」という感じになりますね。ところが、受胎告知を見ていて思ったのは、そういう告知を受けているマリアのほうがあとで昇天するのです。そういう関係だったのが、あとでは完全に逆転するといってもいいのではないか。

われわれでも来た人に、この人は登校拒否であるとか、非行少年であるとか、いろいろ告知したくなっているのですが、そのときのこういう関係だと思っているときに、じつは逆転の可能性を大いにもっているのではないでしょうか。そのように考えてみますと、受胎告知の絵はほんとにおもしろかったです。ただし、それをちゃんと研究して皆さんにお見せして、じつは歴史的に見ればこうなんですが心理的に見ればこうなんです、というところまで私はいきませんでした。だから、ちょっと思いつきのお話だけをしました。関心のある方は調べていただいたらいいと思います。

事例研究の普遍性

そんなふうに物語というものを考えてきますと、物語と心理療法が大いに関係してくることがわかると思います。つまりクライエントはクライエントのことを語ろうとしている。しかも、その語りを聞きながら、セラピストもそこからひとつの「語り」をつくろうとしている。言うならば「語り」というのは理論とも言えるわけです。エディプスの物語の好きな方は、エディプス・コンプレックスという理論がある。ただ残念ながら落窪コンプレックスとか、落窪理論というのはまだありませんが(笑)が、非常に好きになったらそうなるかもしれません。このクライエントはいつ下痢するだろうとかなるかもわかりませんが、そのときに自分がどういう「語り」を好きになっているのか、あるいは相手はどういう「語り」をしようとするのか。そしてもっともっと耳を澄ました場合に、語っているのはクライエントが語っているとか、私が語っているというのではなくて、もっと深いところから「語り」が行われているのではないかという気もします。つまりクライエントの「語り」だけで終わったら、一回限りのクライエントだけの話、私が勝手に言うだけなら私だけの話です。ところが、もっともっと深いというのは、二人が共通にもっと普遍化されたところからの語りということがあるのではないだろうか。それを語った場合に、事例研究というものが、一つのことを話しながら普遍性をもってくるのではないか。

それはどういうことかというと、物語がずっと時代を超えて生き抜いてくるということと似ていると思います。昔話でも、有名な昔話、すごい昔話というのは長い長いあいだ生き永らえてきているのです。『源氏物語』はいま読んでもほんとうにおもしろい。あるいは『とりかへばや物語』もいま読んでもほんとうにおもしろい。ということは、ある個人が語りながら個人を超えている。個人が自分のことを入れながら語って普遍性をもつということと、私が私を排除してこのコップの形状はこんなんですとか、質量いくらのものが落下するとどのようになりますとかいっている場合は、「私」は抜けているのです。物語は「私」を入れているのです。「私」を入れつつそれを普遍性にまでもたらすような物語ということはいったいどうしてできるのだろうか。われわれはそれを語るための努力をしなければならないのではないかと思います。

そのように考えていきますと、われわれの学会で事例研究を大切にしたことの意義は、皆さん体験的によくおわかりだと思いますが、そこから言うことができると思います。つまり登校拒否の子どもの調査をすると、たとえば長男の人に多かったということはある程度の役に立ちますが、私がだれかに会うときにはあまり役に立ちません。ところが、どなたかの事例研究を聞いている場合は、その人がその人の「語り」、クライエントの「語り」と自分の「語り」を戦わせて、できる限り共通のところを語ろうとしておられる、こういう動きが私のなかに起こるわけです。私も聞きながら、じつは自分で語っているのです。皆さんも絶対そうだと思います。事例研究を聞いておられて、のほほんと聞いている人はないので、みんな自分のなかで何かが動いている。しかも皆さんはそれぞれクライエントをもっておられますから、自分のクライエントとも照合しつつ、みんな心が動いているわけです。

もっと言いますと、不思議なことに登校拒否の事例を聞いているのに、自分の吃音の子どものことと完全に重なることがありうる。これはなぜかというと、登校拒否という症状とか吃音という症状を超えて、一個の生きた人間が一個の生きた人間を物語としてどうとらえるのかというふうに聞きますと、すごい普遍性をもってきます。そこで聞いたことは、私が初めに言ったことを思い出してほしいのですが、未来を語っている。つまり皆さんが次にクライエントに会うときに役立っているのです。事実を事実として聞いて役に立つ役立ち方と、事例研究を聞いて役に立つ役立ち方はちがっています。皆さんは、一人ひとりの人間によって、一人ひとりのなかで自分の「語り」をつくっていくという仕事をしておられますので、私は事例研究ということが、言っている内容、言っている事例の事実を超えて、もっとすごいことをみんなに伝えているし、皆さんもそれをもって帰られるから、次の臨床に役に立つということになっているのではないかと思っています。

物語と自然科学

もう時間がなくなってきましたが、物語と自然科学ということについてお話ししたいと思います。私はいま対照するために客観的な自然科学的な考え方と物語というものを分けてきたのですが、じつはもっと両者がつながってくるのではないかということを言う人がこのごろ増えてきました。坂部さんのこの『かたり』の本でも最後のところでは、こういうわれわれのイマジネーションを自由に動かして一つのプロット、語りを構成していくということは、自然科学でも似たことをやっているのではないか、と書かれています。皆さんおわかりだと思いますが、最近は新しい物理学などが強調しますように、絶対客観ということは存在しえない。必ず主体的なものがかかわっているのだということがわかってきましたので、主体的なものをかかわらせながら物語をつくっていくけれども、われわれの心理療法のほうの物語は、私をできるかぎりかかわらせながら普遍性をもとうとしているのに対して、自然科学のほうは自分をできるかぎりかかわらせないことによって普遍性をもたそうとしている。そういう差はあるにしても、この二つはみんなが思っているほどちがわないのではないか、と坂部さんは言っています。

最近感心しましたのは、中村桂子さんという方がおられまして、この方は生命科学の最先端の仕事をされておられますが、この方がこのごろ「生命誌」ということを強調しておられます。どういうことかというと、命あるものを対象にしてわれわれが研究するときに、従来から考えられていたような客観的な記述だけでは十分と思えない。みんなはまちがってＤＮＡがわかったら何でもわかるように思ったりしているが、けっしてそういうことはないということを、生命科学の最先端をいく中村さんが書いておられまして、その最後に「もう残されているのは生命誌だ」と言っています。どういうことかというと、命についての物語を各人がどう語るかということ、それが科学なのだというのです。だから、これからの科学は生命科学ではなくて生命誌でなくてはならないということを書いておられまして、私はすごく共鳴するわけです。

ただ、そこでとくに思いましたのは、命という不可解なものが入ってくるからそうなっているのであって、モノを相手にする場合にそこまで言えるのかどうか。これは物理学の最先端をいっている人は、ひょっとしたらわれわれも物語を語っているのだと言われるかもしれません。そんなふうに考えますと、私が便宜上非常にちがうものとして分けたことがどこかでつながってきて、物語の意味ということが自然科学とも関連するようになってくるのではないか。

ただしここで、さっきの〝飛び上がるほどうれしい〟ではないですが、簡単に割り切ってしまって、ああ、これからの科学は物語だとか、われわれも自然科学と同じことをやっているのだと簡単に言わないほうがいいと思います。どの程度似たことをやっており、どの程度ちがうことをやっているのか。しかも、それはどういう意味をもってやっているのか。その辺りをよく考える必要があるのではないでしょうか。だからこそわれわれは事例研究をだいじにしているのだと考えていくべきだと思うのです。

ちょうど時間がきましたので、これで終わらせていただきます。どうも長いあいだありがとうございました。

第二章　コンステレーション

言語連想テストからの出発

コンステレーションとは空にある星座を意味します。コンステレーションのコンというのは、もともとwith(ともに)という意味ですね。そして、ステレーションのほうのステラというのは星です。星が一緒になっているというので、コンステレーションという言葉は星座を意味しているわけです。

ただし、きょうは星座の話をするわけではないので、「コンステレーション」と書いておきました。星座なんて書くと、天文学の先生の退職記念講義と思い込まれるかもわかりませんので、片仮名で書いたわけです。訳すときには布置というふうにしていますけれども、これも適切な訳ではありません。「コンステレーション」はユング派の人がわりとよく使う言葉で、私がユング研究所で学んだことの非常に大事なことの一つだと思います。

ユングは、このコンステレーションという言葉をどんなふうに使ってきたか、ちょっとお話します。講義ということであれば、もう少し詳しく説明しなければなりませんが、きょうは人数も多くてあんまり細かいことは言えませんので省略します。ユングは一九〇五―〇六年、今世紀の初めにコンステレーションという言葉をよく使っております。それはどこから来たかといいますと、言語連想のテストです。ユングは言語連想のテストによって精神医学の世界にデビューしたわけです。

言語連想というのは、皆さん、ご存じだと思いますが、ある言葉を言って、それについて連想語をできるだけ早く言ってもらう。山と言うと川と言う人もあるし、山と言えば登るという人もいますが、そういうふうにできるだけ早く単語を言ってもらう。

そのときに、初めはだれでも山と言うと川と言う人が多いとか、動詞で登ると答える人がいるとか、そういうふうなことに注目していたんですが、ユングのすばらしいところは、そういう非常に単純な言語連想でも、連想語を答える時間がおくれる人があるということに気がついたわけです。山と言うと、黙ってしまって答えられない人がいる。そして十秒か二十秒もたってから川と言ってみたり、時には山と言うと黙っていて、あげくに最後は殺すなんて言う人もあります。

そういうことから、時間がおくれるという非常におもしろい現象に気がついたわけです。そして、時間がおくれたのをずっと見ていきますと、それが何となく一つのかたまりとして見えてくるんですね。山と言うと険しい、父と言うと怖い、馬と言うと蹴るとか、怖くて険しいような感じで、かたまってくる。それがコンステレーションなんです。だから、心の中に何かがまさにできている。そのできているのが、外からの刺戟に対してぱっと出てくる。出てきたものが一つのかたまりを成している。そのかたまりの中心にあるのが、いま言いましたように怖いとか、恐ろしいというふうな感情ですね。つまり、感情によって色づけられた一つのかたまりができているということです。こう言うと、皆さん、心理学をやっている人はすぐおわかりだと思いますが、これはユングの名前を非常に有名にしたコンプレックスということですね。コンプレックスを表現するために、このコンステレーションという言葉を使ったわけです。

だから、ユングのそのころの文章を読みますと、コンプレックスという言葉は昔からあったんですが、ユングはそれを新しい意味をもつものとして使うようになったので、それを説明するために言語連想という実際的なことを使って、そして目に見えるようにしました。これはコンプレックスがコンステレートしているのである、そういう言い方をしています。つまり、「心の中にそういうかたまりができているんだ、それがこう出ているじゃないか」という言い方をしたわけです。

「元型がコンステレートしている」

ところが、それ以後ユングはアーキタイプ(元型と訳しています)ということを言い始めました。コンプレックスというのは皆さんもおわかりだと思いますが、例えば私がさっき言いましたように、父親にいつも怒られて、怖い怖いと思っていると、何事につけ怖い怖いと思うような心のしこりができる。日本語のしこりという言葉はまさにコンプレックスですね。ところが、そのしこりのもっと深くに一つのもととなるようなタイプを考えていいんじゃないか。

これはなかなかわかりにくい考え方ですが、人間の心の深いところには、そういう元型のようなものがあって、そのあらわれがいろんなところに出てきているという見方で、ユングは人間の心の現象を見ようとしました。そのために、初めのうちは「コンプレックスがコンステレートしている」という言い方であったのが、一九四〇年ごろから「元型がコンステレートしている」というふうな表現が多くなってきます。

例えば一九四〇年に、エラノス会議というところでユングは重要な論文を発表しました。キリスト教の三位一体のドグマ（教義）に対する心理学的なアプローチという論文で、このコンステレーションという言葉を使っています。例えばユング派の人がよく言うグレートマザーというようなアーキタイプ、それがコンステレートされてくると、自分の周囲にいろんな母親の元型的なイメージが見えてくる。それが心を揺り動かす、といった具合です。

そして、ここでユングが強調しておりますのは、そういうコンステレーションの中に入ったときには、すごい魅力を感じたり、心をものすごく揺すぶられたりする。その感じはデモニック、悪魔的な感じがしたり、あるいは非常に神聖な感じがしたりするというので、ここで宗教的な感情と結びつけて語っているわけです。まだ、このころはあまり言っていませんが、ユングは「ヌミノーゼ」という言葉をだんだん使うようになります。われわれが、ほんとうに抵抗しがたいような気持で何かに引きつけられる。すごく引きつけられていくということは、つまり元型的なものがそこにコンステレートしているんだという考え方です。

こういう考え方で一九五〇年代になりますと、論文の中にはコンステレーションという言葉が随分出てきます。その中で特に注目したいのは、共時性とわれわれは訳していますが、「シンクロニシティ」という言葉です。シンクロニシティということでユングが言っていますのは、何か同時的に不思議なことがぱっと起こるが、それは因果的に説明できない。例えば、私がAならAという人が亡くなった夢を見る。夢を見て、ほっと起きたときに実際に通知があって、Aさんがお亡くなりになりましたという通知が来る。夢の現象と外的現象が一致するわけですね。一致するけれども、夢を見たからあの人が死んだとか、あの人が死んだから夢を見たとは言えない。もしそういうことがあったら、夢でいろんなことがわかるはずですが、ほとんどわかりません。しかし、そういう因果的に説明不能であるが、共時的に起こる現象というのがどうしてもあると思わざるを得ない、とユングは言っているわけです。そしてそこに非常に大きい意味がある、とユングは言っているわけですね。

そういう共時性と関連する論文が出てくるわけですが、非常に注目すべきことは、空飛ぶ円盤、ＵＦＯに対する論文があります。ユングが言っているのは、問題は空飛ぶ円盤があるとかないとか言うんじゃなくて、非常にたくさんの人が空飛ぶ円盤を見たとか言っているということは、何か非常に大事な元型的なものがみんなの心の中にコンステレートしているからだ、という見方をしております。そして、これだけ世界中の人がそういうものを見ているということは、ＵＦＯがあるかないかと問う前に、人間の心の底に、いま動いている元型的なものを理解するということこそが、現代の文化を理解するのに役立つのではないか、と結論していくわけでして、こういう全体的なコンステレーションを読むということが一つの文化、あるいは時代の理解に役立つという態度が出てくるのです。そのような考えに共鳴して、私はコンステレーションということに関心を持ったわけです。

「自己実現の過程をコンステレートする」

ところで、一九六五年といいますと、私がユング研究所で資格を取りまして、日本へ帰ってきた年なんですが、ちょうどその年に、私が分析を受けておりましたＣ・Ａ・マイヤー先生が六十歳になられたんです。そこで六十歳の誕生日に、弟子がみんな論文を書いてお祝いをしたんですね。そのお祝いの中に、私がアメリカで習いましたクロッパーという先生とシュピーゲルマンという方が論文を書きまして、その中にマイヤー先生について、非常におもしろいことが書いてあるんですね。

どういうことかというと、われわれが心理療法をするということは、いろんな仕事をしているんだ。確かに、いろんな仕事をしているわけですね。時には忠告を与えるときもあるし、時には来られた人の気持をちゃんと、こちらがそれを反射してあげる。あなたはこういうことを考えているんです、と明らかにしてあげることによって、相手は考えなおすこともある。あるいは、あなたのそういう行動は、こんな意味を持っているんですよ、と解釈することもある。そういうふうに、われわれ心理療法をやっている者はいろんな仕事をしている。けれども、マイヤーは特別なことをやっている。マイヤーは何をしているかというと、「コンステレートしている」という言葉がそこで出てくるんですね。

その文章はどんな文章かといいますと、クライエントが来られたら、その内容に対して何か答を言ってあげるとか、解釈してあげるんじゃなくて、その人のセルフリアライゼーション、自己実現の過程をコンステレートするんだ、と書いてあるんです。そして、その人が自己実現の過程をコンステレートして自己実現の道を歩む限りにおいて、その人にともについていくのだ、と書いてあるわけです。これは私にとって非常に衝撃だった。

どう衝撃だったかというと、コンステレーションというのは星座です。星座というのはできているんですね。だれがつくったというふうにわれわれは思っていないわけですね。私が北斗七星をつくったわけでもないし、偶然に夢と現実が合っても、これは友達がやったわけでもない、つまりそれはあくまで自動詞として考えていたわけですから、人間が何かをコンステレートするなんて他動詞として用いることなどは考えられないと思っていたんですね。

ところが、マイヤーはコンステレートする。何をコンステレートしているかというと、「自己実現の過程をコンステレートする」と書いてある。そう言われたら、なるほどと思うところがあるんです。どういうふうに思うかというと、マイヤー先生という人は何もしないんです。私も初め、分析を受けに行ってびっくりしたんですけれども、たとえば夢なんかを持っていくと、いろんなことを言ってくれるかと思うんですが、何も言わなくて、ただ聞いているだけなんですね。時々ぱーっとたばこを吸ったり、外の景色を見たり、ぼーっとしているんです。けれども、マイヤーさんに会っていると、自分の心の底から深いものが動き出すわけですね。非常に深いものが動いて、今まで考えもしなかったようなことが、あるいは夢にも見なかったようなことが浮かび上がってくる。それを話し出すと、マイヤーさんがうんうんとついてきてくれるわけですね。ついてきてくれるなら行きましょうということになるわけですが、マイヤーさんは私が行くのをずっと見てくれている。

そういうふうに、あれはマイヤーさんがコンステレートしていたのかと考えますと、僕も心理療法家としてそれをやらなくちゃならないと思うんだけれども、どうしていいかわからないわけですね。しかし、これはおもしろい英語の使い方があるものだなということが非常に印象に残っておりました。

一つの事例

そういうところから、私の一九六五年からの、日本における仕事が始まってくるわけです。これがいわば前置きでして、コンステレーションをどう考えるのかということについて、今はちょっとかたい話をしましたので、こんどは非常にわかりやすい例を挙げます。ただ、こういうときにあんまり深刻な例とか、非常に個人的な例というのは挙げることができません。今から話をする例は非常に簡単な例で、しかもクライエントの方というよりは学生さんがぽっと話し込みに来られた、という例を挙げたいと思います。

しかし、学生さんが来られたときは非常に深刻な、緊急でたまらないという格好で来られました。ぜひ私に会いたい、緊急ですと言われて、どんなことかと思って会いましたら、ぱっと入ってきて立ったまま、「先生は易を信じられますか」と言われたんですね。先生は数学を勉強して、それから心理学をやられて、西洋に行かれて、東洋のこともご存じでとか、そういうふうに言って、易を信じるか信じないか言ってくださいと。そこで私が信じますとか、信じませんと言うたら、はい、さようならと帰るぐらいの様子で来られました。

ただ、われわれはそういうところになれていますので、すぐに答えなくて、「まあ、おかけください」と言いますね。「易についてですか」と言って聞いていますと、何か話をされる。どんな話をされたかというと、実は私は在日韓国人の学生ですと言われました。そして、簡単に言いますと――これは随分昔です。二十年どころじゃない昔の話です――その方が在日韓国人の学生で、自分はいっぺん、祖国へ帰りたいと思っていた。おそらく試験か何かにパスされたんですね。非常に幸運にも帰れるようになった。自分の祖国に帰れるというのでものすごく喜んで、浮き浮きしていた。

ところが、今までそんなことは絶対にしたことがないのに、何の気なしに高島易断の本を開いたそうです。自分のところをぱっと見ると、「高みに上がって落ちる」と書いてあるんですね。それでぱっと考えたのは、これから飛行機に乗るんだ。自分の飛行機は、絶対に墜落するに違いないと思ったわけです。そうすると、すごく怖くなって、韓国ですから船でも行けるわけですけれども、飛行機に乗らないなんて言えないわけですね。そんなことは格好悪くて言えない。「高島易断で飛行機が……」とは言えない。けれども、どう考えても墜ちるとしか思えない。怖くて仕方がないんですね。

ところが、一方では我が祖国に帰りたいという気持がものすごくあるわけですね。そんなわけで、先生に易を信じるかどうか聞きに来たんですと言われました。

こういうときに、易に対してすぐ答えないというところがわれわれの特徴なんです。「易は益ないことです」とか、そういうことは言わないんですね(笑)。信じるとか信じないとか、そういうことじゃなくて、易というこ
とを契機に、これほどの不安を起こすということは、何がコンステレートしているのかと考える。ただし、その
ときに、その方に何がコンステレートしていますかとは決して言わないですね。何をするかというと、その人が
言われることを一所懸命聞いていたらいいんです。一所懸命に聞いていると、その人は心の中で一番大事なこと
を話されるわけです。

そうすると、戦争中のことも話されて、自分が在日韓国人であるためにどれほど日本の人たちにいじめられた
か、どんなにつらい思いをしたか、という話もされます。こういう話は、私はほかの人よりはわかると思います。
私はだいぶ外国にいましたから、ある程度は人種差別とかも自分で体験しています。文化の違うところに住む怖
さ、そのつらさがよくわかります。そういう話をされて、だから、自分はいっぺん祖国に帰りたかった。いろい
ろ調べてみると、祖国には非常にすばらしいことがいろいろある。それを思って、何とかして試験を受けて、通
りたいと思っていた。

昔の親類もあるし、あそこも行きたいし、ここも行きたいしと思っていたという話をされているうちに、だん
だん気がついてこられて、しかし、先生、遠い親類でも自分がぱっと行ったら、韓国の方はお客さんが来たらも
のすごい歓待する。歓待するけれども、当時のことですから、歓待をした分、ほんとうはものすごく困るかもし
れない。ご飯をたくさん食べるだけでも大変という時代ですからね。そうすると、これはうっかり親類へひょい
ひょいと喜んで行けない。それから、韓国の歴史はすごいと思っているけれども、実際に行ってみたら、もちろ
ん南北の戦争もありましたからいろんなことがあって、自分の思いとは違うかもしれないとか、そういう話をさ

れるようになります。

そういうことで、またおいでくださいということになって、二日にいっぺんぐらい、しゃべりに来られるわけです。いろいろしゃべっているうちに、今度、韓国へ行ったら、親類へ行くときにはあんまり長居をしないようにするつもりですとか、こういうところを見に行くつもりだったけれども、これは割愛したほうがよろしいですとか、そういうことを具体的に話をされまして、四回目ごろは、「おかげで元気になりましたから行ってきます」と言われるんですね。

それでもよかったんですが、せっかく易の話がありましたから、私が「易はどうなっていますか」と言いましたら、「あっ、そうですね、そんなことで来たんでしたな」と言われるんですね。私がそのときに「考えてごらんなさい、すごくおもしろいと思いませんか、高みに上がるものは落ちるというイメージはすごいじゃないですか」と言ったら、はっと気がつかれました。つまり、我が祖国というのをものすごく高く見て、日本でつらかった分だけそこまで思って、おそらく行かれたらいろいろ大変なことが起こったんじゃないでしょうか。自分の思いと全然違う祖国が見えたり、あるいは親類へ行って自分は喜んでいるのに、親類の人は非常に困り者が来たと思われるかもしらんですね。

ところが、それを非常に現実に足のついた話にして行かれたわけですね。だから、そこにコンステレートしていたことは、まさに高みにのぼるものは落ちる、だから足を踏みしめて自分の国へ帰るということだったのではないか、というふうに思います。そういうふうに申し上げましたら、「ほんとうにそうですね。帰ってきたら報告にきます」と言って韓国へ行かれました。そして、後で報告に来られました。この方は、ひょっとしたらいま、日本と韓国のために随分活躍しておられる方かもしれませんが、その後は知りません。

こういうときに大事なことは、言ってこられたことに飛びつくのではなくて、すごく情動が動いている、その下のコンステレーションということについて、黙って聞いていると出てくるということです。その中でコンステレーションを読み取って、最後のところではその話に持っていくことが大切だと言えると思います。

母なるものの元型

次に、これは私自身の例を申し上げたいと思います。また、一九六五年に戻りますが、スイスから帰ってきたときのことです。当時は、家族で外国へ行くなんていうことは非常に珍しかったので、われわれ家族が帰ってきたというので、親類の人がみんな集まって、お祝いをしてくれたんですね。そして、お祝いにタイを食べておりましたら、私の母親ののどにタイの骨が刺さりまして、しかもすごく大きいのが刺さったんですね。魚の骨ぐらいと思ったところが、なかなかそうはいかなくてお医者さんへ行って、それも簡単にいかずに、随分苦労するんです。専門家の医者のところへも行きました。私はそのときにすごく考え込んでしまったんですね。祝いの骨が母親をいわば殺そうとしているといいますか、母親に敵対関係を持っている、それはどういうことかと思ったんです。

ところが、その後すぐに私は実家に帰りました。母親が私を送ってくれるときにぱっとタクシーの扉をしめようと思ったら、母親が手を出しているところだったので、危うく母親の手をつぶしてしまうところでした。このときも、何か母親に対して、すごい攻撃性が加えられているということを感じました。そして、私と母親との関係ということをすぐ考えましたね。考えてみたんだけれども、そういうことはあり得ない。長い間、アメリカでもスイスでも分析を受けてきた体験を踏まえていますから、私は今さら母親に対して攻撃的な心を持つはずがない。それに、こういうことが起こっているということは、私の母ということではなくて、元型としての母。母なるものというものに対して、何か非常に攻撃的なことが行われようとしている、私はその中にいるんじゃないかというふうに思いました。

そうすると、しばらくたって、学校へ行かない子どもさんが私のところへ相談に来ました。このごろ増えましたが、当時は珍しかった不登校の子です。その子が、私の著書にも書いておりますけれども、肉のうずの中にぐうっと巻き込まれて、叫び声を上げて目が覚めたという夢を報告されました。私はそれを聞いて、肉のうずというのはほんとうに母なるものというか、肉の中に全部吸い込んでしまうという感じですから、これは私の問題とか、この子の問題とかではなくて、日本文化というもの、あるいは日本の社会というものが、母なるものの元型にすごく大きい影響を受けて動いている社会なんだなということを思いました。そういうところへ自分は帰ってきたんだ。そういうところへ帰ってきて、そういう中で自分はどう生きるのか。そういう中で、自分は心理療法家として何ができるのか、ということをすごく思ったわけです。

それが「母性社会」というふうな言葉になりまして、発表したりしたわけですが、これが時々誤解されまして、「母性社会なんて言ったって、日本にはこのごろ母性的な女性が少なくなった」なんて言う人がいますが、そんなことを言っているのではないんですね。私が母なるものと言っているのは、もっと元型的なもので、すべてをのみ込んでいくとか、あるいはなるべくみんな一緒にやりましょうとか、個性というものを磨滅するようなネガティブな面——もちろん、ポジティブな面もあります——をもつ、そういう意味で母性社会と言っているわけです。やはり母なるもののコンステレーションということは、日本人全体の問題ではないかと思ったわけです。そんなふうにして考えるのが、コンステレーションという考え方なんです。

意味を見出すということ

この例でわかっていただいたと思うんですが、そうすると次にコンステレーションという考え方は、どういう意義を持っているのかということになります。今の話でわかると思いますが、何かに意味を見出すということがすごく大きいんじゃないかと思います。先ほどの例で言いますと、例えば高島易断を見て、飛行機が墜ちると思ったときに、そんなばかなことを考えるなとか、あるいは易なんていうのは当たるんだとか、当たらないんだとか、そんな議論じゃなくて、それを見て不安に感じた自分にとっての意味、その意味は何かということですね。先ほども言いましたように、自分は祖国というものに対して、あまりにも高いイメージを持ち過ぎていなかったか。そして、そこへ今から自分が帰っていくということ、そこを訪ねていくということの意味をどう考えようかという問題になりますので、その人がどう生きていったらいいかということの意味がはっきりわかる。これが、私は大事なことだと思うんです。

例えば、私が学校へ行かない子どもに会っていても、学校へなかなか行かない。そして、何とかかんとかするうちに、とうとう行くようになった。ただ、行かなかった子が行ったというだけではなくて、その背後にある母なるものの意味を感じる場合、私がその人に会っているということに、私自身にとってもはっきり意味があるわけです。つまり、学校へ行っていないというつまらない人を、私のような健康な人が何とか引き上げて、学校へ連れていってあげるというような意味じゃなくて、中学生としてあなたも日本の母なるものと格闘しているんですか、私もしているんです。格闘のレベルなり、格闘の質なりは違うけれども。そう考えると、私はその人にお会いしていることの意味が非常にはっきりする。

この意味がわかるということは、人間にとってすごく大事なことじゃないでしょうか。意味がわかるかわからないかで、ほんとうに違う。わけのわからない仕事を長続きさせることは非常に難しいです。意味がわかっているからやるわけですね。そのときに全体を見て、この意味だとわかる。そして、そのときに、こういう考え方は因果的な考え方を補うのです。因果的に物事を考えることは、人間にとって非常に大事なことでして、こういう原因があって、こういう結果があるということがわかりますと、その現象を私がコントロールできるようになります。つまり、これを押せばこう動くということがわかれば、動かしたい分だけ動かせます。あるいは、このマイクでも、どうしたら高くなるか低くなるかわかっているので、私にちょうどぐらいに高くすることができる。こうすればこうなるということが非常に大事ですので、人間は何とかして因果関係を見つけようとします。因果関係を見つけたら勝ちですからね。

ところが、人間が自分のことを考えたり、他人のことを考えたりするときに、因果的に考え過ぎると、間違いを起こすのではないかと思うんです。これは例を挙げるとわかりやすいと思いますが、われわれのところへ来られる人が必ず、「なぜこうなりましたか」と理由を聞かれますね。子どもは学校へ行っていないんです。先生、どうしてですかとわけを聞かれる。そうすると、子どももかわいそうなんです。みんなも、わけがわかったら治ると思っていますから詰め寄るんです。そうすると子どもに、「おまえ、何で学校へ行っていない、理由を言いなさい」と言うと、ほんとうは理由なんてわからんです、本人は。ただ、行っていないんです、要するにね。

学校へ行っていないという子は、多くの場合は本人もほんとうは行きたいぐらいなんです。本人も行こうと思うし、前の晩に時間割をしたりするぐらいなんだけれども、行こうと思っても、何か動けないものがあるんですね。ところが、親が、「あんた、何で行ってないんですか、理由を言いなさい」と言うと、無理にでも言わないかんと思って、やっぱりサービス精神が出てきて、途中に犬がいるからとか何とかって言う。そう言うと、親のほうがほっとして、犬か、あの犬をのけようというようなことで、犬がのけられると困るんですね。次の理由を考えなければいかんわけですから。そうすると、先生がちょっと怖いとか言うと、先生が怖いから行っていない、これは学校が問題だということになりますね。

そのときに私がよく思うのは、何が理由かというときに、なるべく「私」という人間を理由にしない。おまえが理由だと言われると大変なことになりますから。子どもが学校へ行っていないと、お母さんはなるべくお父さんが悪いからではないかと思いたがっているし、お父さんはお母さんが悪いと思っているような気がする。つまり、こういうことなんですね。「私」という人間は外にいまして、ここで何か起こっている、ここで原因があって結果がある。だから、ここを押せばこう治ると、こうやりたいんですね。「私」は何を考えているかといったら、ボタン押しをやりたいわけです。どういうことかといったら、お父さん、反省しなさいとか、文部省はしっかりやれとか、そういうふうにぱっと言うと、「私」は安全なんですね。

全体がお互いに関係をもつ

ところが、実際はそうじゃないでしょう。人間が生きているということは、こんなことではないんです。現象の中に私が入っているんです。私が入っているということは、全体がお互いに不思議な関係を持っていることだ。

そうすると、例えば自分の子どもが学校へ行かない。そのときに、だれが悪いというんじゃなくて、この子が学校へ行かないということに、どういうことがコンステレートしているのか、その家に、その社会に、あるいはその個人に。というふうな見方をすることによって、われわれの生き方が変わってくる。

それで、コンステレーションという考え方をしますと、全人間、全人的なかかわりをしたくなる。因果論の考え方のほうは、要するに頭だけで物事が処理できたり、指先一本でできるわけです。この指先一本で物事をするというのは、最近の機械がみんなそうですね。ぱっとワンタッチでダッダッダといろいろできるわけです。それが一般化しているので、自分の子どもをワンタッチで学校へ行かせたいわけですね。これはよく言いますけれども、ほんとうにそう言われたお父さんがおられますからね。「先生、これだけ科学が発達して、ボタン一つ押せばロケットが月に行っているでしょう。うちの息子を学校へ行かすボタンはどこにあるんですか」って言われた方があります。

父親は現象の外におって、ボタンを押して子どもを学校へ行かせたい。しかし、これはできないんです。なぜかというと、子どもは生きていますから。子どもが生きているということは、命を持っているということは、ワンタッチで動かすことができないし、命を持ったものと命を持ったものが会うということは、関係ができてくるということです。そのときには、全体的なコンステレーションを読むと、そうだ、そうすると、私はこう生きねばならないとか、うちの子どもが学校へ行かないことの意味は、私にとって何を意味するのかというふうになってきまして、自分が動いていこうということになります。だから、コンステレーションを読み取るということは非常に大事なことです。

つまり、先ほどの例で言いますと、私が日本における母なるものとどう関係してゆくのかというような感じで、あるいは在日韓国人の学生さんが単に易を信じる、信じないじゃなくて、自分はどのような考え方で、どのような態度で祖国へ帰っていくのかというふうに考える間に、自分がかかわってくるんですね。そして、現代という時代は、全人的なかかわりがちょっと少なくなり過ぎているというふうに思います。それは、いろんなことがあまりにも便利になりましたからね。実際、われわれは切符を買うときに、全人的かかわりを持って切符を買いに来られたらたまったものではないと思うんですね。「京都へ参ります」とか全力をあげて言われても大変ですが、小さい声で、「京都」、「はいっ」と機能的に動いているときには全人的にかかわらない。だから、声までみんな、機能的な声になるでしょう。

例えば、電車で「次は京都」というふうに言われますね。そのとき、「次は京都でっせ」とか車掌さんが言いに来たら、こっちも「えっ」となりますが(笑)、そうはやらない。近代というのは、そういうふうに全人的かかわりを避けて、機能的に能率よくというのをやってきたんです。これは、僕は悪いと言っていません、成功しているんです。場合によっては非常に成功しているんですけれども、それをどんなときでも、家庭でもやろうとするところにすごい誤りがあるんじゃないか。そのときに、私が言いましたような見方は非常に意味を持っている。

ただし、何でもいいことというのには悪いことがあるものでして、コンステレーションとか、こういう考え方が好きになり過ぎるのも問題です。こういう人は、何でもコンステレーションに見えてくるんですね。例えば、きょう、ここへ来られて、コンステレーションというお話があるなと思って、帰りにそこらを歩いておられますと、イタリア会館で占星術について話をしている。これは星がコンステレートしている。今晩から天文学をやろう(笑)とかすると、現実からがたがたとずれてしまうんです。

コンステレーションを私が読む

しかし、コンステレーションというのは、私がそう読んだのだというふうに言えるところがおもしろいと思います。つまり、これを押したら動くという場合、これは私じゃなくてもどなたがやられても動くわけです。ところが、先ほどの易の話にしても、「ああ、そうですか、その易の意味を私はこう考えます」というふうに言われたために、その学生さんは態度が変わってくるわけです。ほかの人が易の話を聞いても、何も思われないかもしれません。コンステレーションの読みという中に、その人の個性が入ってくるところが非常に意味を持っているんじゃないかと私は思います。だから、私はこう読んだと言うべきだと思うんです。これが正しいというんじゃなくて。そんなふうに考えまして、私は心理療法家としてコンステレーションということを大事に考えるようになりました。

そうしますと、私はさっきのマイヤー先生じゃないですけれども、来られた方の心の中の底のほうに、何かコンステレートするようなことができるだろうかと考えまして、私の得た結論は、文字どおり私が何かをコンステレートするなんていうことはできない。できないけれども、自己実現の過程が起こりやすい状況にするということはできるのではないかと思うのです。

それは具体例で言いますと、私の前にどなたかが来られて、「私は学校へ行っていない」ということを言われますね。そうすると、普通の人はすぐに質問して、「あなたはいつから行っていませんか」とか、「なぜ行っていないんですか」とか尋ねていくわけですね。そうすると、話がすっと限定されていくわけです。ところが、われわれは、その方が「私は学校へ行っていないんです」と言われても、「行っていないんですか」と言うだけで、開いた姿勢で待っているわけです。開いた姿勢で待っているということは、その人が学校へ行っていないという次に、私の父親はこんなことをやっていますと言ってもいいし、何にも言わなくてもいいし、極端な場合は寝てもいいわけです。時々、実際に眠る人もあるぐらいですね。その人にとっては、そこで休むということがものすごく大事なことだったろうと思いますね。

そういうふうな、何事が起ころうと大丈夫というふうに開かれた態度に持っていく。そして、できるだけ開かれた態度でコンステレーションを読めたら読みましょうと思っている。それから、読みについていろんなことを知っていること。いろんなことを知っていると言いましたが、例えばさっきから出ている易経なんていうものは、そういうコンステレーションを読んだことの一つの非常にすばらしい例ではないかと思います。易経をお読みになったらわかりますが、いろんなイメージが出ていますね。山はどうなっているかとか、川はどうなっているかとか、星はどうなっているか。ぼーっと見た全体のイメージというものは、ある種のまさにコンステレーションを成しているわけです。そういう読みのイメージを私自身がたくさん持っていることが大事ではないでしょうか。

そして、そういうものをたくさん持ちながら、その人がどう動いていこうと大丈夫ですというふうにしていると、その人の心の中から深いことが出てくるわけですから、その場合、表現としてはマイヤーさんがコンステレートしたというふうな言い方をしてもいいけれども、実際はそうでないと私は思います。厳密に言うならば、そういうコンステレーションが非常に起こりやすい状況に持っていくということじゃないか。

余計なことをしない、が心はかかわる

そして、言ってみると、最もコンステレートしやすい状況というのは、われわれが余計なことをしないということだと思います。これは簡単なようで、ものすごく難しいことです。自分が考えましても、反省しても、どうしても何かしてしまうんですね。それは困った人を助けようという気持がすぐに出てきて、ほんとうは助けられることはないんですけれども、どうしても助けたくなってくるんですね。そうじゃなくて、私が助けるのではない。この人の心の中に何かでき上がってくるんだということがもっとわかれば、相当なときでも待てると思うんですが、なかなかそうはいきません。だんだん訓練して、そんなふうになってきたと私は思いますけれども、なかなかそうはなりません。

何もしないというと、ほんとうに何もしないんだと思う人がおりましてちょっと困るんです。「それやったら、私はいつもやっている」なんて言う人もおられます(笑)が、そんな単純なことではなくて、何もしないというのは、余計な手を出さない。余計な手は出していないですけれども、心はほんとうにかかわっていくわけです。だから、どなたかが「私は死にたい」と言われるときには、その死にたいというところに私の心は全面的にかかわっていかなくちゃならない。その死にたいという表現によって、この人はどのようなコンステレーションを表現しようとしているのか。そのようなコンステレーションの中に私はどう生きるのかというふうにはなっているけれども、「死にたい、それじゃ助けましょう」とか、「やめておきなさい」というふうにはすぐにはいかない。私の力の及ぶ限りは、その人の死にたいというほうへついていこうとするわけです。

そのときに、私が心から切れてしまって、この人の中に何がコンステレートしているだろうという見方をしても、絶対にこれは通じません。私も含めた全体として何がコンステレートしているか。そして、もしそういうコンステレーションがあるならば、私もその中に生きるということなんです。そういうことをするのが心理療法家の役目であり、それを実際にそうだというのではないけれども、わかりやすい表現をすれば、マイヤーさんのように自己実現の過程をコンステレートするという言い方をしてもいいんじゃないか。そういうことを私もやってみようと考えてきました。

気配を読み取る

ところで、このコンステレーションということを非常にうまく示してくれている例があります。これは私の好きな長新太さんの絵本なんですが、傑作なのがありますから、ちょっと見てもらおうと思います。長新太さんは、ほんとうに天才的と言っていいぐらいの人ですけれども、この方の絵本に『ブタヤマさんたら　ブタヤマさん』という絵本があります。このブタヤマさんの絵本があんまりすばらしいので、ちょっと皆さんに見ていただきたいと思います。

これがブタヤマさんの表紙です。これがブタヤマさんです。ブタヤマさんはチョウをとるのに夢中です。後ろから何が来てもわかりません。夢中で前を見ていますから、後ろから何が来てもわからないんです。そうすると、ひゅーどろどろ、ブタヤマさんたらブタヤマさん、後ろを見てよ、ブタヤマさん、こんなのが出てくるわけですが、ブタヤマさんは前だけを見ているのでわかりません。次は、こんなやつが出てきます。後ろを見てよ。

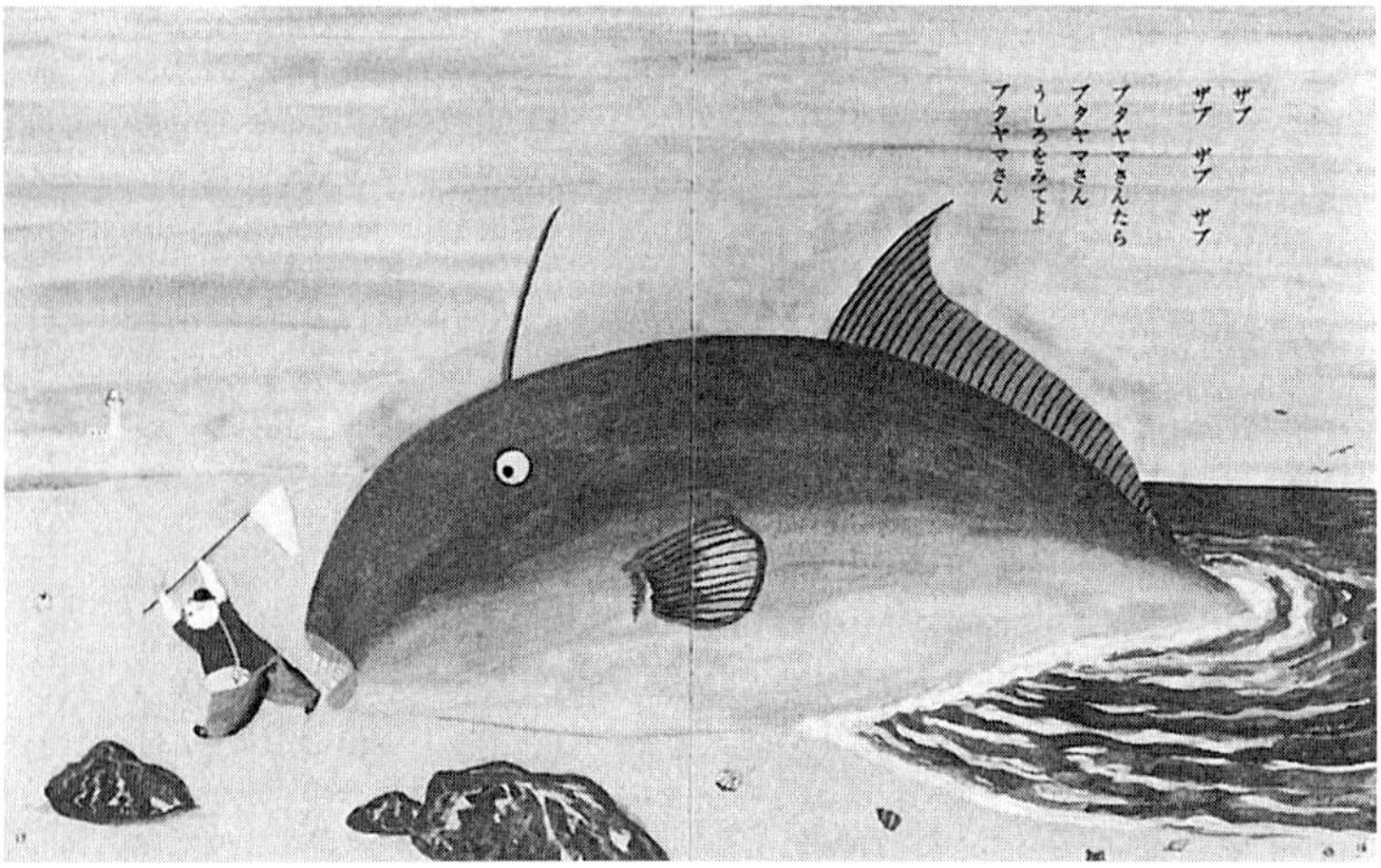

長新太『ブタヤマさんたら　ブタヤマさん』(文研出版，1986年)より

ブタヤマさんは、まだチョウばっかり見ています。こんなのも出てきます。セミがおしっこをしていますが、後ろを見てよ。こんなのも出てきます。まだ、ブタヤマさんは前のチョウばかり見ています。こんなのも出てきます。後ろを見てよ、ブタヤマさん。

そこで、とうとう「何、どうしたの、何か御用」とブタヤマさんが後ろを見て言いました。後ろには何もいませんでした。ここが大事なんですね。これ、すごくうまいと思うんですが、ここだけ絵がないでしょう。白紙になっているんですね。

また、ブタヤマさんは前を見て、チョウをねらっていると、また、ブタヤマさんと、こういうのが出てきます。こういうすごいやつも出てきます。ブタヤマさん、相変わらずチョウに熱心です。また、こんなのが出てきます。みんな、後ろを見てよと言っていますね。ヘビも出てきました。そして最後、「何、どうしたの、何か御用」とブタヤマさんが言いました。後ろには何もいません。ブタヤマさんは、またチョウをとりに出かけます。風がそよそよと吹いているのでした。

えらいのどかな風が吹いているんですが、要するにコンステレーションを見るということは、いいときに後ろを見ないとだめなんですね。ぱっと見たら、ぱっと見えるんです。ところが、それを見ないとわからない。これは、私、すごく衝撃を感じましたのは、ブタヤマさんがチョウをとりに行っているでしょう。チョウというのは、ギリシャ語でプシケでして、これはチョウでもあるし、心でもあるんです。そういうふうに見ますと、このブタヤマさんというのは心理学者のような気がするんですね。心理学者は心を追いかけて、ばーっとやっているんですけれども、後ろからいろんなのが来ているのに全然見ない。時々、非常に上手に、何にもないときに後ろを見るんですね。そして、言うんです。「後ろを見ました、完全に見ました。何もありませんでした。そよそよ風が吹いてきました」とか何とか言って、「私は実証的にやっております」と言うんだけれども、一番大事なときに後ろを向いていない。

私は、チョウを相手にしているところが特に印象的だったので好きだったんですが、これは皆さんがよくご存じの鶴見俊輔さんと対談したときに、長さんというのはすごいですなと言うので、この話をしたら、鶴見さんがええことを言われましたね。「ああ、気配がわからなだめですな」と言うんですね。後ろからこう来ているのは、気配というものなんです。だから、われわれ心理学とか臨床心理学をやるものは、気配を読み取らなくちゃだめなんです。前ばっかり見て、何もないときに後ろを見て、前も後ろも何もありませんというんじゃなくて、気配をさとるというのも、これは僕はコンステレーションを読むということと大いに関係しているんじゃないかなと思います。

そういうことを読み取れる人間として、われわれが成長していく、努力するということが大事ではないかということを、この絵本が非常にうまくあらわしてくれていると思います。

コンステレーションと物語

スライドを出しましたので続けて見せますが、先ほどから言っているコンステレーションというものをぴたっと見せる一番わかりやすいものとしては、図形によって見せるということがありますね。それがここに見せますような、例えば曼荼羅のような表現は、まさに世界全体を一つのコンステレーションとして読み切って表現している。これはユングの『人間と象徴』という本の表紙に使っているチベットの曼荼羅ですが、一つの世界あるいは世界観ですね。私は世界をこう見たのだということを表現するときに曼荼羅ということがあります。

曼荼羅のことはあんまり詳しく言いませんが、ユングは自分の精神的な危機を乗り越えるときに、自分もそういう絵をかいて克服してきたわけですね。当時、ユングは曼荼羅のことを全然知らなかった。上の図は、ユングが一番初めにかいた曼荼羅です。ユングは何も曼荼羅のことなんかを知らずに、ものすごい精神的な危機を乗り越えて、それこそ心全体が何かでき上がってくる、まさに気配、治っていくという、その感じを絵でかこうと思って、かくことによって心がますます平静になってくるというのでかいていたわけです。この下のあたりに、たしかアブラクサスというのがいると思います。ヘルマン・ヘッセはこれに感激して『デミアン』をかくんですけれども、上は明るい世界ですね。下にアブラクサスがいるわけですが、こういう曼荼羅をユングはかいています。たくさんかいていますが、もう一つお見せします。

下の図なんかは、わりと東洋的な感じを皆さんは持たれると思いますが、ここにいるような賢者はそういう感じを持っていますね。ユングはそういうことを知らずに自分がかいて、病いを克服していったわけですね。一九二八年ぐらいにチベットの曼荼羅のことを知って、自分は勝手なことをしていると思ったけれども、東洋にもそういうものがあったのだ。だから、これは非常に普遍的な意味を持っているというので、思い切って発表していくわけです。

私は箱庭療法をやっておりますが、箱庭療法でも、こういう曼荼羅の表現が出てきます。詳しいことは申し上げませんが、これはやはり全体的な中に一人の女の子と言っていいでしょうか、女性の誕生といいますか、女性というものが生まれてきたということを表現する曼荼羅(図1参照)。その中にこういう花とか、貝とか、そういうものが入ってくるところがまたおもしろいところですが、こういう表現が出てきます。個人的なことは言えま

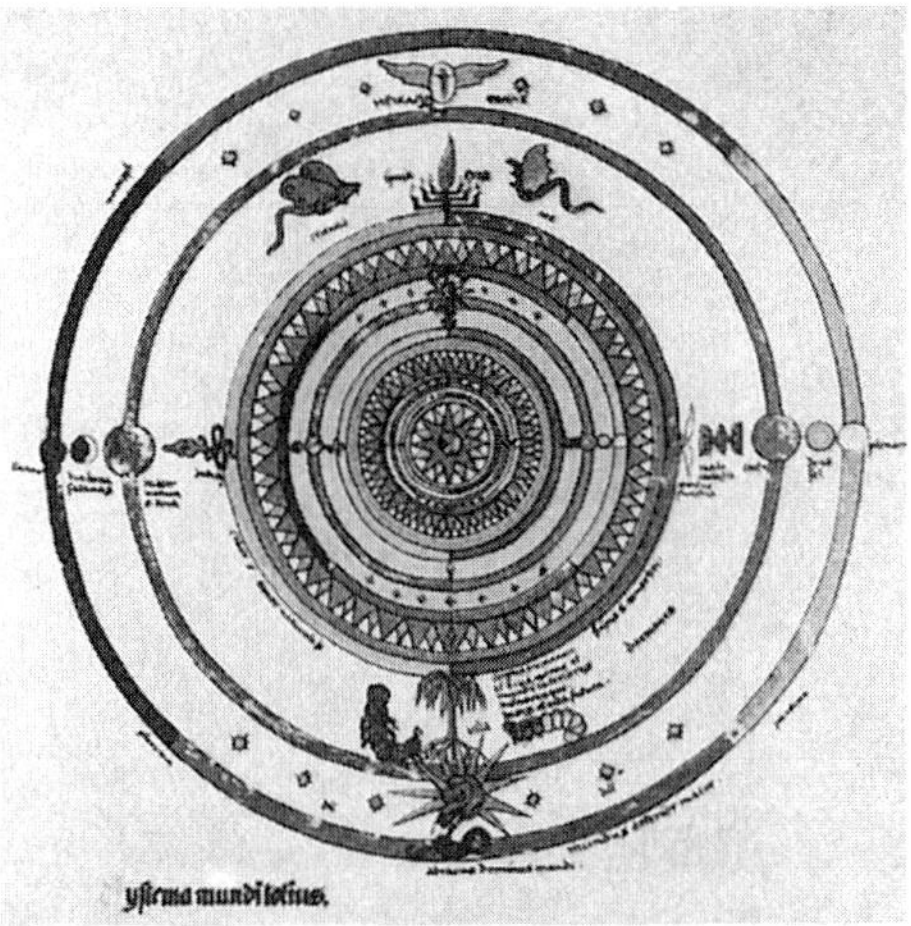

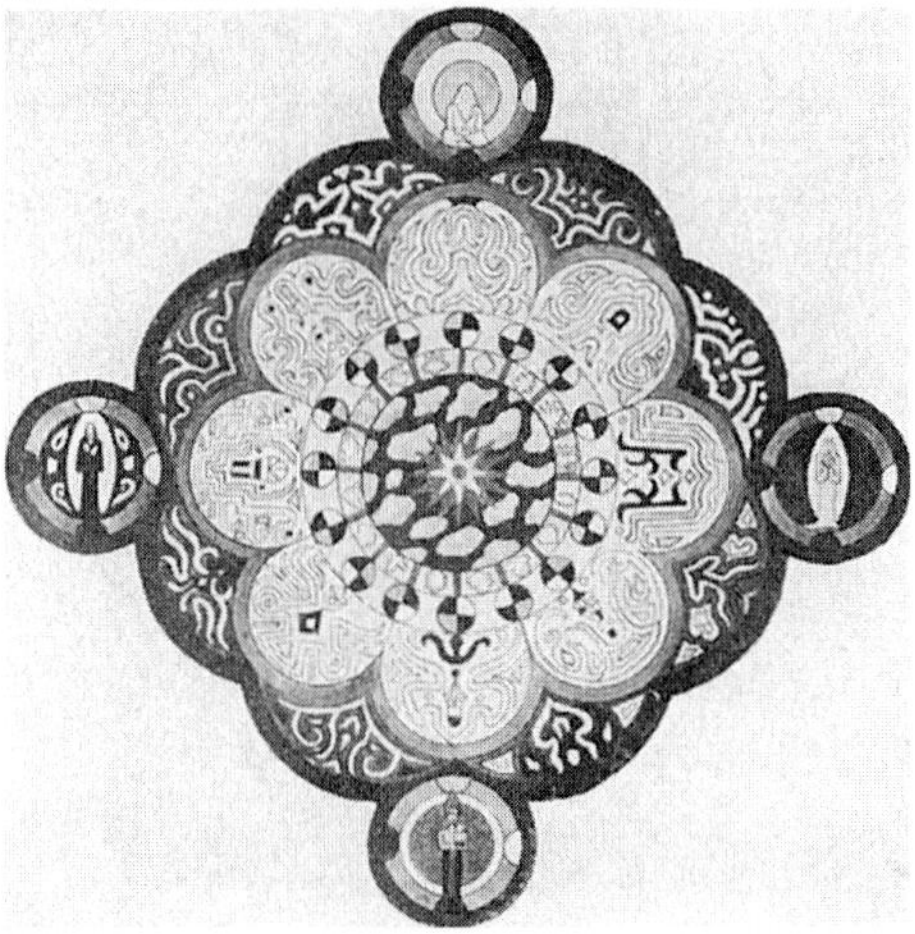

(上) ユングの曼荼羅(The Collected Works of C. G. Jung, vol. 9, Part 1, Pantheon Books. 1959)より
(下) ユングの曼荼羅(The Secret of The Golden Flower, Routledge & Kegan Paul, 1931)より

図1

図2

図3

せんので、見せるだけで辛抱してください。こんなふうな曼荼羅もあります。非常に抽象的な曼荼羅で、これは見ていてもあんまりいい感じがしませんね。だから、曼荼羅が出てきたら、ああよかったというふうな単純なものではありません。こんなふうに世界を見ている人もあるということです(図2)。次にこれも一種の曼荼羅のような感じで、ここに一人の人が橋を越えて、向こうの男性に会おうとしているところが描かれています。花が咲いて、二つの角には、動物がいますね。こういう全体的な表現(図3)。

いま、こういうのをちょっとお見せしたのは、曼荼羅のことを言いたかったんじゃなくて、あれを見ておられても、皆さん心の中で何か話が出てくると思うんですね。最後のあれからどうなるんだろうとか、それから女の子が誕生して、どういう人生を生きるんだろうか。そして、考えてみますと、ブタヤマさんだって、ずっと話になっていますけれども、おそらく長さんが見たのは、だれかが昆虫採集をしているところぐらいを見たんじゃないでしょうか。あるいは、表紙にあったようなところですね。

つまり、ぱっと見て、あっという、ぱっと見たことというのは、まさに共時的、一つの時間に共時的に把握されたことをみんなに伝えようと思うと、時間がかかって、これは物語になってくるということを言いたいんです。だから、コンステレーションというのは、一瞬のコンステレーションとしてぱっと見せられるんだけれども、これを展開していくと物語になる。そして、物語るということによってこそ、コンステレーションは非常にうまくみんなに伝えられるのではないか。

そして、皆さん、すぐおわかりだと思いますが、物語と星座とは関係があるでしょう。あんな星を七つか八つ、ぱっと見ただけで、あれが物語を生み出してくるわけです。人間の心というものは、このコンステレーションを表現するときに物語ろうとする傾向を持っているということだと私は思います。いま図だけを見せましたが、例えばモーツァルトが同じようなことを言っていますね。モーツァルトが、自分は自分の交響楽を一瞬のうちに聞くんだと言っていますね。だから、モーツァルトがぱっと把握した、これというコンステレーション。それをみんなにわかるように時間をかけて流すと、二十分かかる交響楽というふうになってしまった。それと同じようなことで、星の姿というものを話そうとすると、ギリシャ神話のような話になってくるというふうに言うことができます。

だから、われわれの人生も、言ってみれば一瞬にしてすべてを持っている。例えば、私がいま話しているこの一瞬に、私の人生の過去も現在も全部入っているかもしれない。それは、時間をかけて物語ることができると考えられまして、私が心理療法の仕事をしているのは、来られた方が自分の物語を発見して、自分の物語を見出していかれるのを助けているのではないかな、と思っています。私がつくるのではなくて、来られた方がそれを見出される。

日本の神話をいかに語るか

私自身はいま、その物語ということに関連して日本の神話にすごい関心を持っています。日本の神話については、実は一九六五年にユング研究所で資格を取りましたときに、論文を書いたんです。そのときに試験官であったマイヤー先生が、おまえがここに書いたことはぜひ日本に持って帰って知らせるべきだと言われたんですが、私はそれを日本の人に知らせるのはなかなか難しいだろうと思うと言ったのを覚えています。というのは、私自身がそうですけれども、戦争を体験していますので、日本の神話に対しては非常に恨みがあるんですね。あのばかな神話のために、どれだけたくさんの人が死に、どれだけばかなことが起こったかということを知っているわけです。

しかし、それは、それを使った者がばかなことをしただけであって、日本の神話そのものは何も悪くもないし、よくもない。一つのすごい物語として存在していると考えてきますと、今度は不思議なことに、日本の神話が私にとってものすごい意味を持ち始めてきました。

きょうはコンステレーションの話をして最終の講義を終わるんですが、今後は国際日本文化研究センターへ行きますので、これから何年かかかって、日本の物語としての神話をいかに語るかということをやっていきたいと思っております。この次にやりたいと思っていることを最後に申し上げて、これで私の京都大学での最終の講義を終わります。

第三章　物語にみる東洋と西洋

第一部　隠れキリシタン神話の変容過程

宗教性

日本人の宗教性という問題で、きょうは隠れキリシタン神話の変容過程について話をすることにしました。隠れキリシタンのことを研究しようと思いましたのは、このシリーズの題が「日本人の宗教性」ということになっていますが(これはシリーズとして行なった講義のひとつ。もうひとつは第二部の『日本霊異記』にみる宗教性」である)、私のように心理療法をしておりますと、来られる方一人ひとりの人生あるいは生き方ということがたいへん大事になってくるわけですが、それだけでなく、私自身の生き方も常に問題になります。そしてその生き方を考えていくと、どうしても宗教性ということを考えねばならなくなるからです。

われわれが宗教に〝性〟を付けて、「宗教」と言っていないのは、特定の宗教を信じるとか信じないとかいうことではなく、宗教的なことに関わってのことだからです。これはユングがよく言っていますが、ドイツの神学者のルドルフ・オットーが言うような意味のヌミノースな現象というものを注意深く、正面からそれを観察することだということでもあります。ヌミノースなものは、実際われわれの存在を揺るがすもので、それにあったときにわれわれは自分を圧倒する自分よりももっと偉大な存在があるということ、そしてその前では自分が非常に卑小な存在であることを意識するような体験をします。その体験を注意深く慎重に観察する。そしてそこから逃げない、そういうことを「宗教性」とユングは言っています。

もちろん、それを体験したなかからいろんな宗教が生まれてくるのですが、そのときに特定の宗教としてではなくて、そのことをやり抜くことが大事だというふうに言っています。

日本には日本古来の宗教があるわけですが、そこへ仏教や道教や儒教やいろんなものが入ってくる。そして最後になってキリスト教が入ってくる。私がキリスト教のことに関心をもつのは、われわれ現代の日本人は、西洋の文化にすごく影響されている、そして西洋の考え方をずいぶん取り入れているからです。自然科学のなかでも、特に西洋に起こった近代科学をわれわれは非常に大事にして生きているわけですから、西洋の考え方を無視することができない。そして西洋の近代科学を勉強すればするほど、私はその背後にキリスト教があるということを考えざるをえない。おそらくキリスト教というものがなかったら、西洋の近代科学は出てこなかっただろうと思うぐらいですが、そのような意味で、キリスト教が現代に生きている人間にとっては非常に大事だと思うのです。

そういうキリスト教に直面して、われわれ日本人がいったいどのように考えるか、どう受け止めるのかという問題が実はきょうお話することに関係があります。皆さんご存じのように、キリスト教は十六世紀に日本に渡ってきて、日本人はそれを取り入れて、日本人なりに受け止めていくのですが、すごい弾圧があったために、二百五十年のあいだ西洋人の宣教師なしでそれを持ち続ける人たちが出てくることになる。それが潜伏キリシタンといわれたりしていますが、表面上は日本にはクリスチャンは誰もいないことになっていたのですから、これはすごいことですが、二百五十年も隠れ切った。その人たちが『聖書』から得た話をずっと継承して持っていて、そ

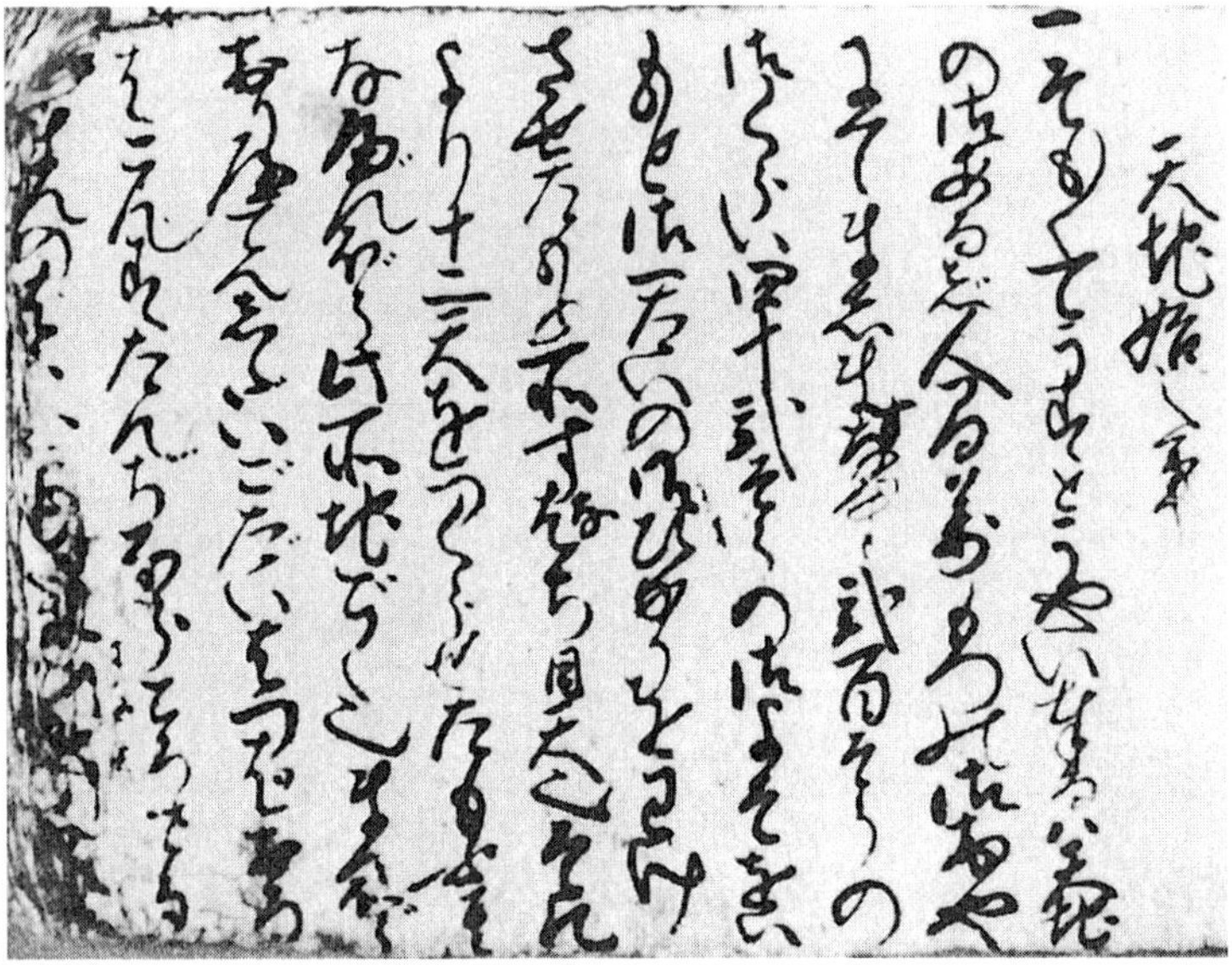

『天地始之事』(『日本思想大系 25 キリシタン書 排耶書』岩波書店，1970 年より)

れが隠れキリシタンの人たちの神話として残っているということがわかったわけです。

その一節をコピーしたものを皆さん持っておられると思います。『天地始之事《はじまりのこと》』の初めの部分があると思います。そういうものが幸いにも残っていたわけです。それを初めて読んだときに感激しましたが、われわれには幸いにもバイブルがちゃんとありますから、もともとの話はわかるわけです。そのバイブルと違う話を宣教師の人はしたはずがないと思うのです。だから宣教師の人が話をして、それを日本人が聞いて、それが大事だと思って、さらに口伝えにしていくんだけれども、宣教師がいなくなってしまったので、だんだん変わっていったんでしょう。おそらく日本的に変わっていって、それがいま残っているというわけです。そしてそれをみますと、日本人の宗教性について非常によくわかると私は思いました。そのことについてこれから話をするわけです。

これは人によって考え方が違うと思いますが、オーソドックスなキリスト教の考え方の人でしたら、こんなのはけしからん、こんな変な話をして、というふうになるかもしれません。が、私はそういう意味ではなくて、神話というものが人間の心の中で変わっていく、しかもその中に、自然に日本的なものがずっと入り込んできて、それをみると日本人の宗教性がよくわかるのではないか、そのような観点からこれを見ようと思います。いろんな研究の方法があると思いますが、私がいちばん見たいのはそういうところなのです。

隠れキリシタンとは

もうご存じの人が多いと思いますが、初めに簡単に日本のキリシタンについて復習しておきます。これは実はエラノス会議――スイスのアスコナというところで行われる会議で、そこに招かれて私はよく行っていたのですが、経済的な事情でもう終わりになるというところを、アスコナ市の人たちなどが頑張りまして、また再開されることになりました――の第三回に、今年の夏招待されたのですが、そのときに話をしたことをいまからお話するわけです。

エラノス会議は皆さんもうご存じだろうと思いますから詳しく言いませんが、東洋と西洋の考え方の出会いの場として、一九二八年から始められました。ちょうど私の生まれた年です。私が生まれたからできたわけじゃないと私は思っていますが(笑)、一九二八年からエラノス会議が出発しまして、その途中からユングが入って中心人物になり、そこへエリアーデなども参加してくるし、ノイマンも参加します。いろんな有名な人が参加して、延々と続いてきたわけです。

キリシタン史略年表

1549	ザビエル来日，キリスト教伝来.	布教公認
1587	秀吉の宣教師追放令.	布教黙認
1613	家康，キリシタンを厳禁. 以後，京都・長崎・江戸などで大殉教.	弾　　圧
1635	宗門改.	
1637	島原の乱. 以後，郡崩れ・浦上一～三番崩れなど，潜伏発覚が相次ぐ.	
1858	幕府，弾圧は続けながらも，外国人のための教会を認める.	再 布 教
1865	プチジャンによるキリシタンの発見.	
1873	キリシタン禁制の高札，撤去.	

老松克博，太田清史，田中かよ子「『天地始之事』を通して見た日本人のこころ」
日本病跡学会(1991年4月)発表配布資料より

エラノス会議ではいつもテーマがありまして、今年は「ミグレーション」(移動)ということがテーマでした。そういうテーマを与えられて、それについて講師が発表するわけです。その「ミグレーション」というテーマを聞いたときに私が隠れキリシタンのことを思ったのは、私が考えた「移動」は、民族がどこかに移動するとか、誰かが旅をするというのではなくて、キリスト教が日本に入ってきて、日本人の心の中で移動した。日本人の心の中で動いているうちにだんだん変わってきた。そういう意味で、神話が心の中で移動していくと変わっていくのだということでした。

まず日本のキリシタンの復習をしておきますと、上に年表がありますが、これは京大に研修にきておられた老松さん、太田さん、田中さんという方が病跡学会で発表されたものをそのまま借りてきたものです。

一五四九年にフランシスコ・ザビエルが来日しています。シャビエルと書く人もいますが、このザビエルという人は、イグナチオ・ロヨラと一緒に伝道を始めた人です。ちょっと横道にいきますが、イグナチオ・ロヨラは、皆さん覚えておいてほしいのですが、エクゼルシス（霊操と日本では訳されます）を始めた人で、これは、ユングが言うアクティブ・イマジネーション（能動的想像）と非常に似たことをやっているので、私は前から関心をもっていました。そのイグナチオ・ロヨラとともにキリスト教のために仕事をした人です。

このザビエルが、日本から逃げてきましたヤジロウ――これは鹿児島の人で、ふとしたことから犯罪を犯して逃げて行ったのですが――とマラッカで会うんです。ヤジロウと話をしているうちに、ザビエルは日本という素晴らしい国が東洋にあると考えた。彼はキリスト教を布教してまわっていたのですが、他の国へ行くと、文化の程度がだいぶ低いので、キリスト教のことがなかなか伝わらなくて悲観していた。ところがヤジロウに聞くと、どうも日本という国は文化程度がすごく高いらしい。そういうところでキリスト教を宣教すれば絶対に広まるにちがいないと確信してやってくるわけです。ほんとに遠いところをよくやってきたと思いますが、ヤジロウとザビエルと、あと二人ぐらい宣教師の人が鹿児島へやってきまして、島津の殿様に会ったりして、いろいろ話をしている。

この当時は、戦国時代の最中ですから、非常にいいところに来たと思うんです。どういうことかというと、日本人の自我がすごく高揚した時代だったと思います。次の徳川時代になるとそれが全く変わってしまうわけですが、戦国時代というのは日本人がいちばん自分の自我を強く主張し、自己主張した時代じゃないでしょうか。頑張れば、いちばん下の人間が秀吉みたいにいちばん上までいける。実力を持ったならどんどん自己主張していけるという、日本中がそういう動きのところへザビエルは入ってきた。

そして、もうひとつ大切なことは、戦国時代ですから、みんな戦うことをものすごく重視しています。そのときに鉄砲とかの強力な武器を持ってくるわけですから、殿様がみんな宣教師に会いたがった。ですから、ザビエルが来たときは非常にタイミングがよくて、その考え方にもみんな非常に動かされますし、ともかく広がっていくわけです。

秀吉ももちろん宣教師に会っていますし、信長も会って、むしろキリスト教に賛成しています。だいたい信長は仏教が嫌いで比叡山を焼き討ちしたぐらいですから、新しい考え方、しかもそれが信長のように自己主張の強い人間にもマッチしたときには、どんどん取り入れられていくわけです。

ところが秀吉が一五八七年に急に宣教師追放令を出す。どうしてかというと、もちろん仏教とキリスト教とのすごい戦いがありましたから、仏教の人たちが秀吉にキリスト教の悪口をいろいろ言ったということもあると思いますが、ひとつは秀吉がだんだん日本の中心人物になってきて、自分ほど偉いものはないという考え方になってきた。自分が全体を統一しようと思うときに、キリスト教の考え方には一神教の神があるわけですから、そういう唯一の神を信じる信仰が広まってくると、それとうまくいかないという気持もあっただろうと思うのです。そういうことが重なってきて、急に宣教師追放令を出します。ただ秀吉はそれほど徹底的にキリスト教を追放したわけでもありません。勇敢な宣教師たちは日本に隠れて残っていました。だからまだまだキリスト教徒の人はたくさんいたわけです。

ところが家康になりますと、これはもう皆さんご存じのように、徹底的に封建制を布いて、徳川の統治を安泰に導こうとしましたから、キリスト教は絶対困るわけです、唯一の神を信じている宗教などは。家康は東照宮に祀られるような人間になるわけでそれこそ自分も神様になりたいぐらいですので、徹底的にキリシタンを取り締まります。それが一六一三年。このときにものすごい取り調べをしたり、拷問をしたりしますので、殉教が多数起こるわけです。しかしそれでもまだだいぶ残っていた。

それがわかりましたので、一六三五年から宗門改ということが全国的に行われます。これはキリスト教を取り締まるために戸籍を丹念に調べて、踏絵をつくり役人の前で踏ませる。キリスト教の信者はどうしてもキリストの像を踏むわけにいきません。あるいは踏むときに躊躇するとすぐ捕まえられるというわけで、この宗門改のところからはキリスト教徒はもういないと思われていた。ところがまだいまして、島原の乱が起こります。相当な戦いがあって、もういなくなったということになっていたのですが実は密かに潜伏している信者が長崎県の島などにいたわけです。

そして、これは黒船が来てからのことですが、一八五八年になりますと、日本はとうとう開国しました。外国の人がやってくる。そうするとキリスト教の教会がないのはおかしいじゃないかといわれて、幕府はいやいやながら、外国人のための教会はつくってよろしいと言う、しかし日本人はまだだめなんですね。だから、一八五八年には長崎に浦上天主堂が外国人のためにつくられますが、日本人は行ってはいけなかったのです。

ところが、一八六五年、まだ日本人にはキリスト教は禁止されているのですが、その頃におられましたプチジャンという宣教師のところへそっと日本の潜伏していたキリシタンの人が来まして、そして「あなたの信じておられる神をわれわれも信じているのです」というのです。プチジャンはものすごくびっくりする。そして西洋に向かって、実は日本にキリシタンがいたんだ、「私は日本の潜伏キリシタンを発見した」と言ったわけです。私はエラノスのときに冗談を言ったんですが、「私がこの話を聞くと、潜伏キリシタンがプチジャンを発見したような気がする」(笑)けれど、向こうを中心に言うと、向こうが発見したことになるんでしょう。

それでもまだキリスト教は禁止されていましたが、一八七三年になって、とうとうキリシタン禁制の高札が撤去されて、ここで禁止が解けます。だから、家康のキリシタン厳禁の一六一三年から考えますと、実に二百五十年以上、キリシタンの人はずっと隠れていたわけです。

そしてこのキリシタンの禁制がとれまして、日本人はキリスト教を信じてもよろしいというときに、約半数の人たちはカトリックになりますが、約半数は自分たちの信じていた隠れキリシタンの信仰をそのまま守ります。これはなぜかというと、二百五十年のあいだ自分たちでずっとやってきていて、自分たちの考え方があります。それに神話にしろ変わってきているわけですから。それと、おそらくカトリックの方が来られて布教したり取り入れたりするときに、何かそぐわないことがあったのでしょう。それで半数しか入らなかったわけです。

そんなふうにして、宗教が自由になったあとも潜伏し続ける人たちが出てきます。この人たちは全部、表向きは仏教か神道の信者になっています。そうでないと生きてこられなかったわけだから。だからあとでも表向き仏教か神道でやっておられるわけです。お葬式も二遍ある。いっぺんは仏教でみんなと同じようにやって、家に帰ってからいままでやった儀式をいっぺんちゃんと取り払うことをやって、それから新たに自分たちの宗教でやり直すわけです。

そういうことなので、キリシタンの禁制が撤去された以後も誰が潜伏キリシタンかはっきりわからない。ところが日本の研究者たちがだんだんそういうところに入っていって一緒に暮らしているうちに、気心が知れてくると、「あなたも……」というようなわけで、ちょっと連れて行ってもらったり、話を聞かされたりして、だんだん実態が明らかになってきます。

『天地始之事』

そういうなかで、きょう話をします隠れキリシタンたちの持っていた『天地始之事』という神話がわかるわけです。しかしそれがわかったのは、これについてよく研究している田北耕也という方が『天地始之事』について初めて知ったのが一九三一(昭和六)年ですから、それまで内部の人以外は知らなかったわけです。田北さんが、一九三一年に知られたときには、紋助という九十一歳のおじいさんが『天地始之事』を全部暗誦しておられて言われたそうです。だから私は大体これは口伝で伝わっていたのじゃないかと思うのです。つまり、こんなものを書いて持っていたら、まさかの場合に大変なことになって、そのあたりの人が全部殺されてしまうにちがいないですからね。

それで田北さんが『天地始之事』を一所懸命に探されまして、いまでは九つ出てきました。しかし、その『天地始之事』を書いた書面の日付はわりと新しくて、大体明治の終わりとか、いちばん古いので文政年間です。文政年間のはともかくとして、あとは明治とか大正とかに書かれていますので、要するに、キリスト教が自由になってから安心して書いたものではないかと思います。その書いたものは九つありますが、内容にあまり差はないようです。だから、いまも言いましたように、書き残されたお蔭で、日本キリシタンのいわば神話をここにわれわれが読むことができるようになったわけです。

ところが面白い話がありまして、さっき言いましたように、プチジャンに日本の隠れキリシタンの人が会ったときに、信者の人たちが「われわれは実はこういう大事なものを持っているんです」と、『天地始之事』を持っていっているんです。プチジャンはそれを受け取った。そのときに一緒にサルモンという神父さんがおられたのですが、サルモン神父さんがあとで話をしたのを聞くと、「なにか非常に大事だというものを持ってきたので読んでみたところ(その人は日本語ができたんですね)、あまりに馬鹿げたことが書いてあるので捨ててしまった」

というんですね。

それはあたりまえで、カトリックの考え方が絶対確かだと思っている限りは、「ほんとに馬鹿なことや間違っていることが書いてあるから、捨ててしまった」というのですが、幸いにも他にも写本が残っていました。その当時のカトリックの神父さんがそんなことを問題にしなかったというのも非常によくわかります。

ところが、さっきから言っていますように、私は、何が正しいかというのではなくて、そういうもともとの話が日本人の心の中でどう変わっていったかということに関心がある。遠藤周作さんもそういうことを言っておられて、「キリシタンの研究ということで、どんな弾圧があったかとか、どのぐらい殺されたかとか、宗門改がどうだったとか、日本人は熱心に研究しているけれども、隠れキリシタンの日本化されたキリスト教の中には、日本人がキリスト教を自己のものにしようとするときの屈折度やその問題点がよく表われているような印象を受ける。ところがそういう研究がどうも少ないのではないか」と嘆いておられます。遠藤さん自身も自分でそういうことを考えて、『天地始之事』などについてエッセイを書いておられます(遠藤周作『切支丹時代』小学館、一九九二年)。

その中で、「キリシタン時代とは日本と西洋との正面衝突である」という言い方をしておられるのですが、これはすごく面白い。なぜかというと、明治時代には「和魂洋才」という言葉があったように、西洋の文明開化をものすごく取り入れるんだけれども、そこにある宗教性については上手に無視してしまっている。だから近代科学をいわばうわべだけすくってきているのだけれども、近代科学を生み出してきた背後の西洋人のほんとうの宗教性というものとは正面衝突しなかったのではないか、と私は思っているんです。

私がこのように思っているのは、このごろやっと日本と西洋とが底のほうで正面衝突しだしたのではないかと思うからです。それはなぜかというと、日本の経済力が非常に強くなったために、アメリカとにしろ、ヨーロッパとにしろ、いろいろ摩擦が生じていますが、これは生じて当然で、底のところでいまほんとうにぶつかってきているると思うんです。

そのような意味でも、遠藤さんが言われるように、われわれは十六世紀のときにいっぺん正面衝突して、そこから日本人が西洋をどう取り入れていったかを知ることは非常に大事だと思うのです。その上で非常に幸いなことに、隠れキリシタンの神話が残っていたわけです。

ここでちょっと面白いことを紹介しておきますと、エラノスで発表しましたら、みんなすごく面白がられて、二時間ある質疑応答のトップに、ある方がこう言われました。私の話を聞いていると、私はキリスト教のもとの神話と隠れキリシタンの神話がどう違うかと言ったけれども、「おまえはどうして神話というのか。われわれはバイブルに書いてあることをリアリティだと思っている。おまえはそのリアリティをどうして神話というのか」と。

これはさすがヨーロッパへ来ただけのことはあるなあと思って感激しまして、「それは確かに面白い質問ですが、あなたはリアリティということを言われましたが、あなたはそれをどういう意味で使っているのか、こっちが聞きたい。あなたはまさか私が話をしているまわりの壁をリアリティと思っておられるのではないでしょうね。われわれはこれを幻想《イリュージョン》だと思っているんですが」といったのです。つまり、リアリティとか神話とかについてはいろいろな考え方ができるわけで、「神話も現実だ」という言い方もできるし、「われわれが現実と思っていることも神話なんだ」という言い方もできるわけです。

そういうことをちょっと面白く言いましたら、その人ははっとわかりまして、「あっ、わかった。おまえが使っている神話というのは、ディメンションの異なるリアリティをそう呼んでいるんだと了解すれば非常によくわかる」といわれました。なかなかわかりがいいので感心したんですが、私が「神話」と言っているのはそういう意味なんです。

つまり、この世の現実をどう見るか、どう把握するか。私から言わせると、自然科学というのも、そういう意味でいうと、広い意味の神話のひとつなので、われわれがいわゆる外的現実といっているものをコントロールするのに非常に便利な神話である、という言い方もできると思うのです。

創造主としての神

本文に入りますが、「そもそもでうすと敬い奉るは、天地の御主、人間万物の御親にてましますなり。二百相の御位、四十二相の御装い、もと御一体の御光を分けさせ給ふところ、即ち日天なり」と、こういう文章です。こういう調子でずっと続くんですね。ときには五七調みたいなところもあって、みんなが覚えて唱えやすいようにしているのではないかと思います。

ここで「そもそもでうすと敬い奉るは、天地の御主、人間万物の御親にて……」という言い方は、この世界をつくった創造主としての唯一の神という考え方がそのままちゃんと入っていることがよくわかります。キリスト教が日本に入ってきたときに、ものすごい魅力を感じた人と、全然わからんという人があったのですが、そのどちらの日本人も何にこだわったかというと、「世界を創造した神」ということです。日本の神話は、皆さんご存じのように、くらげなすただよえる時からふわっと出てきますね。

つまり、世界がどうできてきたかという考え方に、ここが始まりだという時があって、しかもその始まりの時点で唯一の神が全部つくり給うたという考え方、そういうパターン。片方は、どこからともなくふわっと自然にできあがってくるという、そういうパターン。このように、大きく二つに分けますと、日本は、なんとなくだんだんできあがってくる、自然発生的にできあがってくるというほうの考え方できている。世界というものをそのように見ている。そこへ、唯一の神がこの世界をつくり給うたという全く違う考え方がポーンと入ってくるわけですから、それに対してものすごく感激した人と、そんな馬鹿なことはないと受け付けなかった人とがいるわけです。

そして面白いのは、ザビエルら宣教師の人たちが創造主について日本人を説得するためにまず使ったのは、何だと思いますか。自然科学の知恵です。それはどうしてかというと、日本に来てザビエルたちは感激して報告書を送り、非常に文化の高いところに来た、と言っているんです。日本ではすでにそのころ識字率がものすごく高いんです。ヨーロッパでは当時だったら識字率はまだ五〇パーセントいってないんじゃないでしょうか。なかなか字なんて読めないんです。ところが日本人は寺子屋が発達していますから、ザビエル的に言うと、それこそほとんどの人が字が読めるというわけです。そして町が非常に綺麗に清掃されて、礼儀正しくて、頭がよくて、好奇心が高くて……と褒めるばかりですね。

そういう人たちを説得するのに西洋の自然科学についていろいろ教えるのです。そこで例えば、鉄砲の弾が飛ぶのを見せて、そして日本人が「こんな摩訶不思議なことはない」と言ったときに、「これは摩訶不思議でない」ということを自然科学的に説明する。「これは力学でいうと、こうなっている」というわけです。

それをどういうふうに言うかというと、「みんなはこんなことは魔物かなにかみたいに思っているけれども、なにも不思議ではない。要するに、世の中には原因があったら結果があるんだ」というわけです。そしてみんなが「なるほど」と言いますね。そうすると、原因・結果があるということは、いまのこの世界に対しても原因があるはずだ、と。そういうふうにずうっと辿っていったら、第一原因というものがあるはずだ、それが神だ、と言うのです。この世のつくられてくる第一の原因としての「神」を考えざるをえないじゃないか。あなた方が不思議、不思議と言っていることもみんなちゃんと原因・結果で説明がつくんだから、というので、非常に面白いことですが、自然科学で説明していくのです。

だからザビエルが本国に送った報告書の中に、「自然科学や技術に詳しい宣教師を送れ、文学的な人よりも」、そしてもっと面白いのは、「日本人には占星術なんか教えないで、数学を教えろ」と書いてある。西洋もその頃のことですから、まだ占星術とかオカルト的なものとかいっぱいあるでしょう。そんなのダメ。日本人は非常に合理的だから、ちゃんと数学なんかのできるやつを呼んできて、教えようというんですね。これは非常に面白いことです。だから創造主というものにそこから入っていった人は、なんとすごい宗教だろう、これだけ合理的に物事を説明してわかるのはすごいと思うわけです。

ところが非常に大きな問題は、創造主の「神」という語をどう訳すかということです。「神」というと、日本人は、「ああ、なるほど竈の横におるやつだな」とか思うわけです(笑)、多神論ですから。それで「神」というのはやめということになった。「神」というのは日本人にものすごく誤解を与える、だから「神」という言葉を使ってはならないとなって、それでヤジロウにどうしたらいいか聞くんです。

ヤジロウは、「それだったら、大日がいいだろう」という。なぜかというと、ヤジロウはもともと真言宗だった。真言の中心の仏さんが大日如来です。華厳でもそうですね。曼荼羅の中心にあるのが大日なんです。いろんな仏さんがいて、大日を中心にしていますから、中心のいちばんすごいのというわけで、「大日」と訳したのです。

それで、初めは、もちろんザビエルは日本語ができませんから、ヤジロウたちが通訳するんですが、布教するときに、ゴッドというと、「大日」と訳していた。ところが非常に困ったことは、どこの国の言葉でもそういうことがありますが、大日というのは、隠語で女性の性器を意味していて、大日を拝むというような言い方をする。だから、ザビエルが必死になって「大日は……」という話をすると、みんなクスクス笑うんですね。「こんな真面目な話をしているのに、何であんな卑しい笑い方をするのか」とザビエルが聞くので、「実は申しわけないけれども、こういうわけがありまして……」というと、ザビエルがカンカンになって、「大日はやめろ！」と怒るところがあるんです。

それでどうなったかというと、もう日本語はやめた、大事な言葉は原語でいこう、と決まるんです。このへん、われわれがユングの心理学でアーキタイプという言葉を日本語に訳す苦労などとよく似ていますが、結局のところは、こういう文書を書くときに、大事な中心的概念は原語を使って、横に棒を引っ張ろうということになった。だから皆さん、「でうす」というところの横に棒が引っ張ってあるでしょう。これはみんなそうなんです。それで原語をそのまま使うことに決めました。こういうところはすごく苦労したのがよくわかります。そしてまた日本人にとって〝唯一の神・デウス〟というのを理解することがどれだけ困難だったかということがよくわかるわけです。

ところが、いちばん初めの「そもそもでうすと敬い奉るは、天地の御主、人間万物の御親にてましますなり」というところはいいんですが、すぐその次に「二百相の御位、四十二相の御装い」というのは、これは完全に仏教が入ってきているんです。というのは、仏教では、仏さんは、三十二相もっておられる、とよくいうんですね。だからデウスがどんなに偉いかというので、三十二どころじゃない、四十二もあるんやとか、二百相ほど位が高いんだとか、ここで仏教的な表現が入ってくる。

それともうひとつ、「もと御一体の御光を分けさせ給ふところ、即ち日天なり」とあるのは、バイブルに「神、光あれと宣えば光ありき」という言葉がありますが、あのへんの感じが日本人には非常にわかりにくい。だから太陽を創造主が全部つくったと思いたくないところがある。それで「もと御一体の御光を分けさせ給ふ」と、分身にして説明しようとしています。唯一の神ということを承認しながら、どこかで唯一の神がすべてをつくったというのはどうもちょっと無理があるので、こういう表現をしているんですね。だからもうすでにこのへんに仏教的な考え方や日本的考え方がすべり込んできているわけです。

それから次の「それより十二天をつくらせ給ふ」になってきたら、これはもう完全に仏教の考え方です。東洋的な天球の考え方が入ってしまっている。名前がベンボウとか……ベンボウというのは、リンボウというのがありますが、そのリンボウが訛ってベンボウになっています。それから「このところ地獄なり。まんぼう、おりべてん、しだい、ごだい、ぱっぱ、おろは、こんすたんち、ほら、ころてる、十まんのぱらいそ」……パライソというのは天国ですね。それから他の名前は勝手に付けて、いろいろ考えてつくっているんですが、興味のある人は日本思想大系の『天地始之事』の注を読んで下さい。非常に面白いです。

それから次に「日月星を御つくり」といって、ここに太陽がまた入ってくる。だから、いちばん初めの「光あれと宣えば光ありき」という、光に相当する太陽のところでは、「御一体の御光を分けさせ給ふ」という言い方をして、ここではまた「日月星を御つくり」という言い方をしています。

それから「数万のあんじょ」……アンジョというのはエンジェル、天使です。その次に「七人のあんじょ頭、じゅすへる」というのは、これがサタンです。このジュスヘルはなかなか位が高くて、百相の位、三十二相の形をしています。

それからデウスは漢字でときどき「天帝」と書かれています。そういうふうにして唯一の神というのを紹介していくわけです。

『天地始之事』は十五章に分かれています。各章の標題は初めの言葉をそのまま書いてあるので、あまり内容と釣り合わないいんですが、一章が「天地始まりのこと」、二章が「まさんの悪の実《み》、中天にやること」、これは例の禁断の木の実の話ですね。そういうふうに、三、四、五、六と分かれています。

第六番目に「朝五ケ条の御らつ所のこと」というのがありますね。御らつ所(オラッショ)とはオラシオで、祈りなんです。そこに「異教徒の折伏と十二教徒」というところがあります。ここにもキリスト教の創造主というときに、自然科学をもってきて非常に論理的・合理的に説明しようとしているところがあります。

どんな話があるかというと、ここには『聖書』に全然載ってない話が入っているんです。それは、キリストが十二歳のときに学問をするためにお寺にいくことになった。お寺へいきますと、そこにがくじうらんという坊さんがいまして、キリストに対して「南無阿弥陀仏の六字の妙号ととなゆれば極楽に成仏せんこと疑いなし」と教える。そうすると、十二歳のキリストが、「その妙号を唱えて死んで行く先はどんなところか」と聞くんです。そうすると、がくじうらんは「悪い人は地獄に堕ち、善人は極楽に行く」と。「極楽はどこにあるか」と問うと、「弘誓《ぐぜい》の船に乗るがいなや極楽世界に行くこと疑いなし」と答える。そうすると、キリストがどう言ったかというと、「疑いなしとばかり言っていてはわからん。天地日月、人間万物は如何して出け候や聞かまおしや」と言う。つまり、キリストは天地万物人間がどうしてできたか、それを教えてくれ、というんです。それでがくじうらんが「若者の身分で舌長きことを申す」と。つまり、「偉そうに言うな、それをおまえは知っているのか」と言うと、キリストは「ずいぶん語り聞かせん」とか言って、それから天地創造について語るんです。そうすると、がくじうらんはものすごくびっくりする、というところがあります。

こういう話をわざわざここに入れているのは仏教批判なんです。つまり、仏教の坊さんは「南無阿弥陀仏」と言ったら極楽に行けるのは疑いないとか言っているけれども、疑いなしだけではわからんじゃないか、もっと始めからちゃんと説明せよと。それでキリストがそれを訊ねたら坊さんがびっくりしたけれども、われわれは天地の始まりからちゃんとこういうふうに説明をしているのだ、と言っているわけです。こういうことが、バイブルにはないのに、わざわざ挿入されてきます。ここが『天地始之事』の非常に面白いところです。日本人が、こういう元を訪ねていって始めから解き起こすとか、そこに唯一の神を想定するという考え方にいかに心ひかれたかということがよくわかると思います。

原罪

次に原罪について述べます。キリスト教では『旧約聖書』をみますと、原罪ということが非常に大事ですね。つまり、人間というのはそもそもアダムとイヴが原罪を犯して、楽園を追放されて、それでこの世に汗して生きているのだ。だからそれをどうしてもあがなう必要がある。そのためにキリストがこの世に降りてきて、そして十字架にかかって、人間全体の罪を背負ってあがなわれた、というふうに話が展開するんですね。ところが日本人にとっては、この原罪ということがすごくわかりにくい。だから、実をいいますと、『天地始之事』の中では原罪がなくなってしまうんです。

どんなふうになるかをお話しますと、一章の終わりのところ「天帝より自分の息を御入ありて、どめいごすのあだんと名付け、三十三の相《すがた》なり。よってまわりの七日目は第一の祝い日なり」。そしてまた「女一人御つくり、どめいごすのゑわと名付け、夫婦となし、ころてるといふ界を得て、ちころう、たんほうとて、男子女子弐人出生し、それよりゑわ、あだん、でうすを礼拝致さんため日々ばらいそにおもむきける」とあります。

これはどういうことかというと、デウスがアダム——ここでは「あだん」という名前になっています——をつくり、それからイヴ——「ゑわ」と書いてあります——をつくった。そしてすぐにその二人のあいだに「ちころう」と「たんほう」という二人の子ができます。こういう名前がどこから出てきたかは研究してもなかなかわからないみたいです。

ここで面白いのは、アダムの骨からイヴが出てきたという話が消えている。これは非常に注目すべきことだと思うんです。なぜかというと、他の国の神話をみても、女性が男性からつくられたという神話はわりと多いんです。

日本はどうなっていますか。日本はイザナギ、イザナミという神様がいまして、イザナミというグレートマザーが日本の国から何から全部生んでしまう。イザナミというグレートマザーがものすごく大事かと思っていると、それだけではなくて、イザナミが死んで、イザナギが地下の世界へ訪ねて行って、見てはいけないというのにイザナミの姿を見て、そして怖くなって逃げて帰ってきますね。その後に、イザナギからアマテラスが生まれるんです。アマテラスという非常に大事な女性は父親から生まれているわけです。だから日本の神話をみますと、

〝女性が全部生んだんだぞ〟という話と、〝いや、いちばん大事なものは男が生んだんだぞ〟というのと二つ入っているんです。

ところがバイブルでは、まず男がつくられて、男から女がつくられた、といいますね。他の世界の神話をみましても、案外男から女ができているんです。

神話における男性と女性

これはどうしてかなと考えてみました。これからお話するのは私流の解釈ですが、こんなふうに考えています。男と女という区別はすごく大事なことです。よほどのことがない限り、男は女になることがないし、女は男になるということはありません。これははっきり分かれているわけです。そうすると、世の中のことを分類して考えるときに、男的なる存在と女的なる存在というふうに分けることは一応便利な方法なんですね。だから、皆さんご存じのように、西洋の言葉では男性名詞と女性名詞があります。

男に何ができるかとか、女に何ができるかとか、男はどういう存在か、女はどういう存在かということと関わって、男なるもの、女なるものというのはものすごく分類しやすいわけです。そうすると、人間にとって非常にはっきりわかることは、すべて人間はお母さんから生まれている、だから何といったって女性が根本だということです。

これは私の類推ですが、宗教では、母なる宗教というのがものすごく強かったのじゃないか。あるいは宗教なんていえないぐらいの時代でも、ともかく生み出すものがなかったら死に絶えるということは誰でも知っていたと思うんです。ところがずうっと人間の文化が続いてくると、母性的なものがすごく強いところへ男なるもの、男性的なものと思われているようなものがだんだん強くなってくる。どのあたりからひっくり返ったかわかりませんが、今度は男のほうが権力を持ちだす。おそらく最初は女性が権力を持っていたのじゃないかと僕は思うんですが。そういうものが強くなってきたときに、母親はそもそも男から出てきたんだぞと、そう言いたくなったのじゃないか。そういう話、つまり実は男のほうが先なんだという話をつくって、男性原理の優位性を強調するような時代があって、そのためにこういう神話が生まれてきたのではないかという気がするんです。

もともと人間は言葉を持っていなかった。人間が言葉を持ちだしたということは、大革命だと思うんです。いま動物のなかで言葉を持っているのは人間だけですね。サルたちもいろんな信号を持っていて、だいぶコミュニケートできるということがわかってきているんですが、人間と同じように言葉で物事を伝えるということはできない。言葉が人間の生活のなかでものすごく重要な地位を示しだしたときに、男性優位が始まりだしたんじゃないかと思うんです。

というのは、これも私の勝手なファンタジーですが、言葉というのは口から生み出しますね。子どもを生むというのは下から生み出すわけです。だから人間が肉体から生み出すものには、子どもとして下に生み出していくものと、言葉として上から生み出していくものがある。そのことを考えると、言葉というものはものすごい魔力を持っているし、すごい力を持っている。というようなことを意識しだした頃に神話ができてきて、男性優位の物語ができたのではないかなあという気がするんです。

そういう点からすると、日本の神話がすごく面白いのは、初めにはイザナミが全部生み出して、母性原理でやってきて、途中でイザナギが生み出したアマテラスが大事になる。だから男性、女性がすごく入り混じるんですね。ところが『旧約聖書』の場合は男性原理がすごく優位に出てきます。「天なる父」という言い方があるぐらいな世界ですから、アダムからイヴが生まれたということはキリスト教にとってすごく大事な話だと思うんです。ところが日本人というのは、やはりまだまだ欧米に比べれば、女性原理をすごく大切にして生きている国ですから、どうもイヴがアダムから生まれたというのは承認し難かったんじゃないかと思うんです。だからアダムは先に生まれているんですけれども、イヴはあとで独立に生まれていまして、別にアダムから生まれたと書いてない。こういうところが私はすごく面白いと思います。

そしてすぐに子どもができて、そしてデウスを礼拝していましたら、さっきのジュスヘルが「いや、自分はデウスと同じぐらい偉いんだから、自分を敬いなさい」というんですね。それでエンジェルのなかには騙されて、ジュスヘルを拝んだのがいるんですが、アダムとイヴはそれにはつられなかった。ところがとうとうジュスヘルに誘惑されて「まさんの木の実」――「まさん」というのはポルトガル語でリンゴという意味らしいです。ポルトガル語がこんなところに入ってきている。そして面白いことに、『聖書』には別にリンゴと書いてないのです――をアダムとイヴが食べるんです。

日本人に受けいれ難いこと

この禁断の木の実を食べたために、『旧約聖書』では「原罪」ということが生じます。そして原罪のために人間は天国を追われることになります。人間存在がそもそもこのような原罪を背負っているという考えは、キリスト教の人たちにとって実に重要なことです。原罪によって人間が苦しんでいるので、キリストの十字架による贖罪が大きい意味をもってきます。ところが、隠れキリシタンの人々は、このような原罪の考えを消してしまうのです。このことは、日本人にとって原罪ということがいかに受けいれ難いものであるかを示しているものと思います。

『天地始之事』によると、アダムとイヴが木の実を食べたときに、デウスが現れて、それは「悪の実」だと言う。そのときに二人はデウスに何とかもう一度「ばらいそ」の快楽を受けさせて欲しいと願う。すると、「天帝きこしめされ、さもあらば、四百余年の後悔すべし。其節はらいそに、めしくわゆるなり」となって、罪は――長年かかるにしても――許されることになります。これが隠れキリシタンの特徴だと言っていいでしょう。

このとき、イヴは「中天の犬となれと、蹴《け》さげられ、行衛《ゆくゑ》もしれず」になります。そして、ジュスヘルは「雷《いかづち》の神」になり、十相の位を得て、中天に住むことになり、ジュスヘルを拝んだ天使たちは、天狗になって中天へ下ります。ここでも、ジュスヘルが徹底的な「悪」になってしまわないことにも注目すべきだと思います。百相の位から十相まで下げられますが、「雷の神」となって中天に留まっているところが、『旧約』の考えと異なるところです。やはり、絶対的な「原罪」や「悪」というのは考えにくかったのだと思います。

このように罪が許されるということは、隠れキリシタンの人々はどうしても絵踏みという罪を犯さざるを得ず、そのような罪も許されるのだという考えに立たないと生きてゆくことができませんので、原罪という考えはあまりにも荷が重く、そのために、ここのところで話が許される方向に変化したのだという人もあります。確かにそのとおりと思えますが、私はそれ以上に「原罪」がなくなったことは、日本人の心性の非常に深いところと結びついているように思うのです。

隠れキリシタンの生活をみますと、暦がものすごく大事になっています。この日はどうしなくちゃならないとか、この日は悪い日だからこれをしてはいけないとか、詳しく決められています。一年の暦があるということは、絵踏みによって犯した罪を一年間かけて一所懸命になってつぐなおうということです。つまり暦を大事にするというのは、春夏秋冬のつぐないの果てに絵踏みがくる。そしてまたこうして新たな一年がくる。グルグル回っていきながらだんだん変わっていくといいますか、そういうパターンがどうしても大切になる。

人間には輪廻的な、円環的な人生観というものと、直線的に変化していくという人生観との両方があって、日本人の場合はどうしても円く回る円環的なほうのパターンが強い。どんなことをやっても、なんとかやっていたらまた元へ帰ってくる。しかもこの人たちには絵踏みということがあったから、許されるということがなかったら生きていけなかったと思うんです。

そして、もっと極端にいうと、この宗教は罪を犯したということを絵を踏んでみんなははっきり意識するわけですから、原罪なんていうことをいわれたってなかなか考えられないけれども、はっきり自分が一年にいっぺん更改の人生をやって、また罪を犯してというふうに暦に忠実に生活を送るわけです。

ということは、いま言いましたように、何か罪を犯すことによって、あるいは罪を意識することによって、そのあとの一年を敬虔に生きるという、こういう生き方が隠れキリシタンの人には非常に大事になったのではないかという気がするのです。

だから私は、極端にいいますと、絵踏みということがなくなったので、隠れキリシタンたちはだんだん宗教性を失っていくのじゃないかなと思っています。要するに、弾圧がなくなると何のためにやっているのかわからなくなるのじゃないかなと、これはちょっと大胆すぎるかもしれませんが。

『聖書』にはない話がつくられた

そしてその次ですが、先ほどちょっと言いましたが、『聖書』にはない話が完全に日本でつくられて、平気で入ってくるわけです。これは神話の非常に面白いところで、これは私の好きな言葉なんですが、神話学者のケレーニィが「神話は物事を説明するためにあるのではない。物事を基礎づけるためにあるのだ」という言い方をしています。

普通考えると、神話によって、いろんな現象を説明したと思われるのですが、そうじゃなくて、基礎づけるのだ。どういうことかというと、「私という存在がここにいる」「どうしているんですか」というと、「いや、きょうは講演ですからここにいます」(笑)というのは説明ですね。そんなのじゃなくて、私がここにいるということが絶対的な重みを持って自分自身に、「うん、私はここにいるんだ」と腹の底まで思えるというのが神話だというんです。

だから、人間がいまこの世に生きていて、そして太陽があり月がある。それは神様がつくり給うたのだということで、はっきりと「うん、そうだ」と思える。そういう場合はそれは神話として機能しているわけですね。われわれがそれを信じられなくなったらもう全く意味を持たないんですが、逆にいいますと、人間がいろいろやっていることを神話の中に位置づけると、「うん、そうだったのか」ということになるわけです。だから日本で『天地始之事』をつくると、天地の始まりからずっと書いてくるわけですから、隠れキリシタンの人たちがやっている生活も、実際にそうなんだという基礎づけが要る。そういうことを言うためには神話の中にその人たちの生活を基礎づける話が入ってないといけないわけです。だから『旧約聖書』に全然載ってない話が出てくる。

さっきもちょっと言いましたが、たとえばキリストが仏教のお寺へ行って、坊さんと言い合いをするところなんかを——もちろんバイブルにあるはずがありませんけれども——挿入する。キリスト教はそういうふうにちゃんと根源的に考えているんだ、仏教とは違うんだ、ああ、なるほどそうだ、ということを考えさせるためにそういう話が出てくる。それから面白いことに、カインとアベルの話はありません。つまり、カインとアベルの話は、西洋の場合でしたら農耕の民と遊牧の民とのあいだの非常に大事な話ですが、日本の場合は問題にならない。だから彼らもおそらくカインとアベルの話を聞いたかもわかりませんが、そんなのは落とされてしまいます。

バイブルで非常に大事な話だけれども、『天地始之事』では大事でなくて放ってしまわれた話と、バイブルに全然ないのにこっちに出てくる話がある。その典型のひとつは、ちょっと話が飛びますが、こういうのがあります。

それは、「まさんの悪の実、中天にやること」という章ですが、人間は禁断の木の実を食べたので、アダムとイヴと二人の子どもはこの地界へ降りてくる。降りてきたときにこういう話があるんです。イヴの子どもが二人、チコロウとタンホウというのがいましたが、この二人が地面に降りてきたときに、天から抜身の刀が落ちてきます。この抜身の刀が降りてきたので、これはどうもデウスからの不思議な知らせだと二人はびっくりして、女は思わず、持っていた針を投げかけて胸に打ち込んで血を流した。男は櫛を投げかけて、そして「互いに他人となり」という表現があります。そのことによって互いが他人となって、それから「二人は夫婦の契りをした」とあります。そしてその夫婦の契りをするときに、恋教えの鳥——鳥の雌と雄とが性的に結ばれる——を見て、二人はどうしたらいいかわかって、それから「あまたの子どもをもふけたり」という話が書いてある。こんなのはバイブルに全然ありません。

アダムとイヴの子どもは、これきょうだいでしょう。きょうだいが夫婦にならなくちゃならない。きょうだいがそのまま夫婦になってはいけないので、わざわざ抜身の刀が降りてきたり、櫛を投げたり、針を投げたりする儀式によって他人になって、はじめて結婚できたという話なのです。これも私の勝手な解釈ですが、隠れキリシタンたちは、ひとに知らさずに非常に小さいグループで生きていますね。だからきょうだいは結婚してはならないということが非常に大事な掟だったんじゃないかと思うんです。それできょうだいの結婚は避けねばならないという話がわざわざ入ったのではないかと思うんです。

また恋教えの鳥を見て夫婦の契りをしたという話は、これは実は『日本書紀』にあります。イザナギ、イザナミが結婚するときに、どうしていいかわからないと困っていたら、鳥が二羽、雄と雌とが結合するのを見て、知ったという話があるんですね。それがこんなところにポコッと入ってきている。これはどうして入ったかちょっとわかりません。

そして次にこんな話があります。これは『聖書』の話でいうと、「ノアの方舟」です。「ノアの方舟」の話と同じテーマがこんなふうに変わってきます。

さっき兄と妹が他人になって結婚して、子どもを増やすという話をしました。そしてだんだん子どもが増えたときに、「食物を与えて下さい」とデウスに願いますと、籾種をデウスが与えてくれて、「其たね、雪の中につくる。明六月よく実り、八株に八石、そのうら九石ぞ実りたり。八穂で八石の田歌の始これ也。其のち野山にひろまりて、兵糧はたくさん也」と書いてあります。米ができる話なんてバイブルにありませんから、わざわざここで米はデウスからもらったというのと、それから「八穂で八石の田歌」をみんな歌っているわけですから、そんなこともここから始まったのだというふうに言っているわけです。

足の弱い子——神話とは何か

そして、だんだん人間が悪くなったので、これはなんとかしなくちゃならないというので、デウスが、洪水じゃなくて、津波を起こすのです。そのときに「ぱっぱ-丸じ」という王様がいる。このパッパマルジというのは、法王さまをパパといいますが、そのパパと、マルジというのは、殉教者のことをマルチルといいますから、それと組み合わせて、パッパマルジという名前をつくったらしいんですね。そのパッパマルジにお告げがありまして、そこの寺の狛犬、獅子の目が赤くなったときには津波がきて世は滅亡するということをデウスが告げるわけです。これは「ノアの方舟」と似たような話ですが、ちょっと変わっていますね。

それでパッパマルジはびっくりして、狛犬の目が赤くなってないか、毎日毎日お寺へ見に行く。そうすると、それを手習いの子どもが見て、馬鹿なことをやっている、ひとついたずらをしてやれというので、いたずらで目を赤く塗るんです。そうしたら、ほんとうに津波がくる。しかしパッパマルジはいたずらとは知りませんでしたから、目の赤くなっているのを見て、六人の子どもを乗せて刳舟で逃げるんですが、ここに「兄壱人は足よわくゆへ、残念ながらのこしをく」というところがある。これがすごく面白いんです。足の弱い子を一人残して、あと六人とパッパマルジとが舟で逃げたところへ大津波がきて、全部死ぬはずでしたが、先ほどの狛犬が生きて、そして乗り遅れた一人の足の弱い兄を乗せて連れてきます。他の人間は全部地獄に堕ちてしまいます。

そしてそのときにこういう話があるんです。「刳船に乗り、命をつぎし七人のものどもは、其島を住所《すみしょ》と定むといへども、夫婦の極《きわめ》なくゆへ、女は眉をおろし、歯に鉄漿《かね》付る事、このときよりはじめ也」と書いてある。ここでお歯黒のことが入ってくるんですね。さっき言いましたように、みんなお歯黒をしているけれども、ここが始まりなんだぞ、ここからだ、というふうに語るのです。人間というのは自分たちがやっていることを神話の中で言ってもらわないと心が落ち着かないというところがあるんですね。

実は、私はいまいろいろ昔話の研究会をしているのですが、あるとき天理大学におられる武井秀夫先生という方がアマゾンの話をして下さったのです。まだ私がこの隠れキリシタンのことを知らない頃です。アマゾンでは神話とか昔話とか歴史とか、そのへんの区別は曖昧になっているんですね。ともかく「話」がものすごく大事なんです。その話を聞いていたら、この世の前にはひとつの世界があって、そこからだんだん人間なんかが生まれてきたという神話があるんです。その神話の中に一人、ものすごく変わったやつが出てきて、それだけ顔が白くて、ソンブレロをかぶったやつがおるんです。考えてみたら、これは白人ですね。だからアマゾンの原住民の人たちがどこかで神話のなかに白人を取り入れているんです。そしてその話の中で、ソンブレロをかぶって、白い顔をしたやつは、こうこうこういうことがあるので、あれは相当勝手なことをしてもいいことになっているんだ、と語られるんですね。それはいまの世の中で、原住民の人たちと違って、白人はすごく勝手なことをしているでしょう。あれはなぜかというと、生まれてくるときが違うのだという話になっているわけですね。

この事実から考えると、その神話は白人と接触してからつくり変えられているということなんです。つまり、神話と昔話と歴史と伝説、とかいって分けているのは近代人であって、ほんとうに生きている人に大事なのは、「話」なのです。そしてその話はいつも、こうなんだぞと言って、それを聞いてみんながなるほどと思うわけですね。そういうふうに考えると、神話というものは完全に固定したもの、絶対に変わらないものじゃなくて、みんなの生きているあいだに変わっていくものなのです。今の話をみたら完全にそうですね。お歯黒の話がこの神話の中に入ってくるわけですから、やっぱり自分が生きていることの証みたいなものとしてこういうところに入れたのだな、と非常によくわかりました。

実はこういう日本的な話は他にも入ってくるのですけれども、きょうは省略しておきます。

そして、いま言いました「足の弱い子」というのが私にはすごく面白かった。なぜこの足の弱い子にこだわるかというと、私はヒルコのことを考えるからです。私は日本の神話をいろいろ研究しているのですが、そういう話をいままでもよくしましたし、そのことを覚えておられる人も多いと思うので、もうこれ以上詳しく言いませんが、私は日本の神話の「中空構造」ということを言ってきました。

真ん中にアメノミナカヌシという、名前はあるけれども何もしない神様がいて、そしてあたりに他の神様がいる。あるいはさっきからアマテラスの話をしていますが、たとえばアマテラスとスサノオというのが大事だとすると、あいだにツクヨミノミコトがいるんですが、ツクヨミノミコトというのは何もしない。だから日本の神話というのは、中空状態で神様がいっぱいあちこちにいて、バランスをとっている。こういう構造は、キリスト教の場合に唯一の神、大文字のゴッドがいて、その神がすべてをつくり給うたと考える、『旧約』にあるような神話とはものすごい対照をなしている。なぜかというと、日本は真ん中が空いているわけですから。だから何が正しいとか、何をすべきであるとか、何がどうだという原理があるのではなくて、全体のバランスがよかったらよろしいというふうになっているわけです。

ところが、そのように考えた場合に面白いのは、ヒルコは日本の神話の中に入れてもらえなくて、流されてしまっているわけです。足が立たないので……ほんとに足が弱いんですね。そして流されているヒルコというのをよく考えますと、アマテラスというのはやっぱり大事な神ですが、アマテラスはオオヒルメともいわれる。ヒルというのは昼のヒルで、太陽です。メというのは女ですね。コは男です。そういうふうに考えると、日本は太陽を女性で表わすような神話をもっていますが、西洋の場合は太陽は男性になって、非常に明確な意識というものが大事になるわけです。そういう神話の構造と比べると、ひょっとしたら、ヒルコというのは太陽の男性神として日本の神話の中で、いわば西洋的な意識といいますか、そういうものに通ずるものではないかと私は思うのです。だから、日本人の場合は、流されてしまったヒルコというものを日本の国へどうしてかえらせるかということが非常に大きな課題になっているのではないか、とよく言っていたのです。

そうすると、ここに、足の弱い子は捨てておけということがあって、しかもそれが助かって、みんなの中に入り込んでしまったなんて話は、いかにもキリスト教が入ってきたお蔭で、とうとうヒルコも助けてもらったというような感じがしまして、これは非常に面白いなあと思いました。

この『天地始之事』がある、隠れキリシタンの人たちがおるところから少し離れた九州の島に、エビスを祀った神社があります。ヒルコというのは、エビスさんになって帰ってきたといわれていまして、日本国中あちこちにあると思いますが、蛭子町と書いてエビス町と読むところが非常に多いですね。そこの言い伝えでは、エビスさんだったか、狛犬だったか、その目が赤くなったら津波がくるという話がありまして、それを聞いた悪戯者が目を赤く塗ったらほんとに津波がきたという伝説が残っているんです。だからなんかやっぱりここの足の悪い子の話とエビスとかヒルコはどこかでつながっているのじゃないかなという気がしまして、非常に興味深く思いました。

マリアのイメージ

次にマリアさんのことになりますが、先ほどからも言ってますように、隠れキリシタンではどうしても慈悲深い、救うという意味が強くなりますので、キリストよりもマリア様のほうが大切になる。あるいは父性の原理に対して母性の原理、つまりマリアさんのイメージが強くなります。

それで話の中では、バイブルにないようなマリアさんの話がたくさん語られるわけです。それはどんな話になるかといいますと、先ほど言いましたように、パッパマルジは子どもたちと一緒に助かりますけれども、他は全部地獄に堕ちますから、どうも気の毒だから、デウスはこれをなんとかして助けたいと思う。それでエンジェルと相談しますと、エンジェルは「天帝御身を分けさせ給わずば、たすけべき道も有まじ」と言うので、デウスは自分の身を分けまして自分の子ども、ひいりょ様――ヒイリョというのは息子という意味です――を人間界に降ろそうということになります。

そのころ、「ろそん」の国――ルソンのことですね――にサンゼン‐ゼジウスという王様がいます。この王様の国に「丸や」という女性がいます。マリアのことですね。非常に素晴らしい人で、後の世で助かるためにはどうしたらいいだろうかと思い悩んでいる。そうすると、天から声がありまして、「汝一生やもめにてびるぜんの行をなさば、すみやかにたすけゐさせん」。このビルゼンというのはバージンです。つまり、一生乙女であることを守り抜くならば、おまえは後の世で助かるだろう、といいます。それを「びるぜんの行」というふうに言っているんですね。そこでマリアははっと喜んで、「じゃあ、私はそれをしましょう」というふうにいいます。

ここでマリア様が自分の処女性を守り抜いたということがすごく大事なこととして出てくるのは、当時、キリスト教と仏教のあいだですごい論争があったからですね。そのときに、キリスト教の人たちは自然科学を持ち出すのと同時に、もうひとつ仏教の坊さんが戒律を守っていないということをすごく攻撃します。偉そうに言うても、坊さんたちは勝手なことをしているじゃないかと。それに対してキリスト教のほうは、神父さんはほんとに独身を守り抜いているし、シスターもそうだし、完全に自分たちが戒律を守っているということを強調したかったんでしょうね。だからここでもマリア様はビルゼンの行に自分を入れ込む、そういう姿勢をもったということをすごく尊重して書いてあります。

ところがそこへ、「ろそん」の王様のサンゼン‐ゼジウスが結婚の相手を探しているうちに、マリアという素晴らしい人がいるということがわかりましたので、連れ出してなんとかして結婚したいという。そうすると、マリアさんは、「ありがたいことだけれども、私はビルゼンの行という願をかけていますので、身を汚すことはできません」というんですね。そうすると、王様が「そんなのは捨ておいて、自分の妻になれば何でもできるじゃないか」と、財宝やらをあげるという。マリアさんは答えて、「王は賤《しつ》より位なくして、此世ばかれの栄華なり」と。だからそんなこと言っても話にならないという。これも当時のキリシタンの人たちの考え方がよく表わされています。

つまり、身分が高くて王様であり、どんなに財宝をいっぱい持っているとしても、結局位なんて何でもないんだ。自分たちがほんとうに信じることによって来世絶対助かるということ、それがものすごく大事なことだったのですね。だからこの世の位なんて問題ないということをマリアがはっきり言っている。そうすると、王様は、何を言っているかというので、いっぱい財宝を見せるわけです。マリアは「そんなものは問題じゃありません」

といって、天に向かって「ただいま不思議を見せしめ給え」と拝みますと、天から御馳走がいっぱい降りてきます。それでみんながびっくりするわけです。

そのときにもっと不思議なことに、夏だというのに雪がちらちらと降りまして、間もなく数尺積もります。王様はじめみんなびっくりしていると、マリア様は天から降りてきた花車に乗って、すぐに「びるぜん‐丸やは御上天ぞなされけり」と天へ昇っていくわけです。雪のイメージを使っているのは、マリアさんの清らかさということを強調したかったのじゃないかと思います。だから雪のマリアというのは長崎の人たちがすごく好きな話です。

実際に雪のサンタマリアという話がローマにあります。それはどんな話かといいますと、ある貴族がマリア様のために聖堂を建てようと思うんですが、どこに建てたらいいかわからない。と、夏であるのに急に雪が降ってきて、雪が積もる、その雪の積もったところに聖堂をつくるんです。だからそれは雪のサンタマリアの聖堂といわれるので、この話はイタリアの人だったらみんな知っているぐらい非常に有名な話です。だからそういう話がうまいこと入ってきて変わったのか、あるいは全く独立につくったか知りませんが、やはり雪の清浄さということを強調したかったんでしょうね。それでここに「雪のサンタマリア」というイメージができます。

マリアさんは天まで上がってデウスに会いまして、デウスは「さてさてよくも来たり、いで位を得させん」というわけで、「雪のさんた‐丸や」という名前を付けてもらう。そして下界へ帰ってきます。そうすると、天からの使いがあって、これは受胎告知ではないんですが、「あなたの体を借りてデウスの分身が生まれるから」といいます。

二月中旬になりますと、これも面白いんですが、夕暮に蝶々がやってきまして、マリアの顔にとまる。そしてそのときに口の中に飛び込んで、それで懐妊したということになります。蝶々が魂といいますか、心といいますか、そういうものの象徴として出てくるのは、これも相当世界的な現象です。

これはご存じかもしれませんが、ギリシャ語の「プシケ」には、蝶々という意味と心という両方の意味があります。ギリシャでいう「プシケ」という言葉は、われわれがいまいっている心も魂も含んでいるものですけれども、そういう象徴性が日本語の「蝶」の場合にも昔から込められていました。

そして生まれたキリストは、いちばん初めのほうに言いましたが、坊さんのところへ行って、坊さんをやりこめますね。そうすると、面白いことには、坊さんはものすごく感激して、そのときの十二人の坊さんが弟子になりました。とかいって、十二使徒の話が一つでぱっとすましてあるんです。だからキリストの物語はいっぺんに短くなっていくんです。

キリストの贖罪

そして次に贖罪の話になります。キリストが十字架にかかる話になります。ところがさっきから言っていますように、十字架にかかる話から、原罪の話がなくなってしまっている。だから原罪がないのにキリストが十字架にかかるということは、これはどうしてだろうかということになりますが、それはちゃんとうまく説明してあります。

それは、キリストが生まれたというので、みんながいろいろやかましく言い出すので、ベレンの国(ベツレヘムが訛った言葉)の王様が——これはヘロデ王が訛ってヨロウテツという名前になっています。いかにもヤクザの大将みたいな名前ですが——キリストを殺すために子どもは全部殺してしまえ、と命令します。そして一歳までの子だけじゃなくて、七つまでの子どもを全部殺します。これは日本では子どもというのは七歳までと考えられていたんですね。だからそういう観点が入っていると思いますが、七歳までの子どもを全部殺してしまう。それを見てデウスがキリストに「おまえのためにこれだけ子どもが殺される。これだけ子どもが殺されたら、おまえはもう天国へ帰ってこられないかもわからない。だからおまえは十字架について苦しんで死ぬことによって自分の罪を贖って天国に帰ってくることになるだろう」と、そういうことから十字架にかかることになります。

だから、キリストが人類全体の原罪を背負って十字架にかかる話でなくしてしまう。それは比重がものすごくマリアさんのほうへいってしまいますからキリストの行為の意味が軽くなることと、それから原罪という考えをなくしてしまいましたから、当然そうなるわけですね。だから一見似ているようであっても、キリスト教の人たちにとってはものすごく大事なことが急激に薄められた話になっていくわけです。

そして十字架にかかります。そのへんも面白い話がありますが、残念ながら時間がないので飛ばして、いちばん最後の「三位一体」のところにいきます。

三位一体と四位一体

この「三位一体」の話はどうなっているかというと、『天地始之事』にはこういうことが書いてあります。最後のところで、マリアは昇天するんです。マリアが昇天しまして、デウスが三体に分かれて、「もっとも三体といへども、元御一体にてましとます」というので、三位一体の話になる。その三位一体がデウスと御子キリストとマリアですね。マリアのことについて、「御母はすへると-さんとなり」と書いてある。スヘルト-サントというのは、スピリット・サンクタスで、聖霊のことです。だからこのキリシタンの本では、三位一体がデウスとキリストとマリアになってしまうんです。

これは、キリスト教のことをご存じの人は不思議に思われるでしょう。もともとキリスト教の三位一体は父と子と聖霊ですね。この「三位一体」という言葉はキリスト教の中でものすごく大事な教えになるんですが、このことがなかなかわかりにくい。

実をいいますと、ユングが子どもの頃に、プロテスタントの牧師だったお父さんが三位一体のことを教えたときに、ユングは「わからない」というんです。そしてユングがお父さんに「それはなぜ三位一体なのか」と聞くと、お父さんは「これはなぜということはないんだ。たいへん大事なことだから信じなさい」という。ユングはものすごく不満に思って、わけもわからないで信じなさいって、そんな馬鹿なことがあるかと思うんです。それでその頃から、どうもお父さんというのは大したことないと思い始めるんですね。

ところが隠れキリシタンの場合には、父と子と聖霊ではなくて、父と子とお母さんにしてしまっている。こういうふうに三位一体を変えてきてしまっているんです。

実はいろいろな文書がありまして、『どちりいな-きりしたん』という文書があります。ドチリイナというのは、ドクトリンです。つまり、キリスト教の教義を書いた本がありまして、その『どちりいな-きりしたん』をみますと、三位一体はデウスと御子キリストと聖霊であるとちゃんと書いてある。だから隠れキリシタンでも片方では、三位一体はキリスト教で言っているとおり書いてある本もあるんですね。

ところで『どちりいな-きりしたん』というのは先生と弟子の対話になっているんです。対話の中で先生が

「神は三つのペルソナを持っておられて、それは父と子と聖霊だ」というんです。そうすると、弟子が質問しまして、「デウスは三つのペルソナを持っているけれども、それでも一人だなんていうのはどうも理屈がわからない」と聞くんです。そうすると、先生がどう言ったかというと、これはもう極意最上の高い理《ことわり》であるから、デウスは無量広大におわしまして、我等が知恵は僅かに限りあることなので、分別には及ばない。「たとひ分別に及ばずと云とも、でうすにて御座《オハシ》ます御主ぜず-きりしと直に示し玉ふ上は、まことに信じ奉らずして、叶はざる儀也」と答える。要するに「わけはわからんけれども信じよ」とここに書いてあるんです。だから、すごく面白いですね。ユングのお父さんもこれ読んどったんじゃないかと私は思うんだけれども(笑)。

　三位一体はどうもなんか変だと思うときに、お父さんとお母さんと子どもというのは腑におちてくるところがあるんですね。考えたら、三位一体かどうかわかりませんけれどもね。父と子と聖霊という場合は、聖霊に相当男性的イメージがあって、これはやっぱり一体という感じです。ところがまたさっきの父性原理、母性原理という言い方をすると、キリスト教の三位一体には母性原理が入ってない。そのことをユングはものすごく問題にしたわけです。そして非常に単純にいいますと、ユングは西洋人の人たちのたくさんの夢を分析しながら、神は三位一体というよりも、ここに母なるもの、あるいは女性性ということを入れて、そして四位一体で考えるほうが神のイメージに近いのではないかということを強調したわけです。

　ところが日本の場合の三つの組はどうなっているかというと祖父がいて、その娘、その娘の息子という、三位一体ではありませんが、三つの組になっていることが多いのです。そういう話が日本の昔話にも物語にもよく出てきますし、現在でもそういうところがあると思いませんか。何か子どもが言うときに、お母ちゃんが大事で、お父ちゃんはほとんど忘れられて、ゴミになったりしていますが(笑)、そのときあんまりお父さん的なものがないときには、お母さんのお父さんは尊敬されているとか、そういうふうな格好で、祖父・母・息子——これは血でつながっているんです——の三つの組が日本の物語でも、あるいは中国などをみていてもよく出てくるんです。

そうすると、キリスト教の三位一体の場合には父と子と聖霊だったとしたら、ここへ女性原理が入ってきて、四つになって完成されるということが、ユングのいうように、できますね。しかし、これがもし祖父・母・息子という組合せであったのなら、ここへちょうど父に相当するような男性が、つまり父というよりは、この女性の夫になるような男性が現れ、強力な男性原理を加えてこそ、完全に四つになる。そうすると、ユングのいう四位一体と話が合ってくる、というふうに考えられるわけです。『天地始之事』の場合には、王様のサンゼン‐ゼジウスはマリアにプロポーズして、マリアが拒否します。あのときにマリアが天に昇って、サンゼン‐ゼジウスは悲観して死んでしまうということが書いてある。その後、マリアは昇天して、デウスに会ったときに「実は自分にプロポーズして、嘆いて死んだ人がいるので、あれをなんとかしてやってくれ」と頼むと、「デウスは許して、二人を結婚させました」という話が書いてあるんです。

マリアさんはもちろん、もともとのキリスト教では処女性を保持するのですが、ここでは、天へ行ってから、「デウスがサンゼン‐ゼジウスと夫婦にいたしました」という話が出てきます。そんなふうに考えると、サンゼン‐ゼジウスをいれると、こっちもきれいに四位一体になってきて、案外ユングがいっているような四位一体に近い構造が基本的なところに現れてくるわけです。

だから、非常に単純に言ってしまうと、隠れキリシタンの神話では、もともとのバイブルの話に対して、母性的な側面が相当強調された話になっていきながら、最後のところでそれを補償する男性がちらっと出てきて、全体としてみれば、ユングがいっているような四位一体的な神のイメージに近くなっている。キリスト教のもともとの話は非常に父性原理が強いけれども、カトリックにおいてもマリアの昇天ということがあって、母性原理的なものがあとで引き入れられるということと案外パラレルに考えられるのではないかな、というのが私の結論です。

隠れキリシタンの神のイメージはもともとのに比べると相当変化しているようですが、「全体として」捉えると、ユングのいう神のイメージとあまり変わりないとも言えます。こんな点を考えると、神話というものが、あるものを「基礎づける」というだけではなく、何か新しい世界へと「ひらけてゆく」機能ももっているように思います。

第三章　物語にみる東洋と西洋

第二部　『日本霊異記』にみる宗教性

『日本霊異記』のおもしろさ

きょうは『日本霊異記』の話をしたいと思います。『日本霊異記』というのは、正式には長い名前で、『日本国現報善悪霊異記』というのですが、略して『日本霊異記』とか『霊異記』といわれています。

この本の特徴は、中世の説話集である『今昔物語集』、『古本説話集』、『宇治拾遺物語』などの一時代前に書かれたものであることです。『風土記』があって『日本霊異記』があって中世の説話集がある。つまり『霊異記』はちょうど『風土記』と中世説話のあいだに入っています。

中世の説話ははっきりと仏教の考え方によっており、因果応報の考え方が前面に出てきます。話が語られて、このようによい人は報われるし、悪い人は罰を受ける、だから善行を行いなさいという話になっていく。『風土記』のほうは、まったく勧善懲悪というのが出てきません。見事です。そういう教訓は出てこない。『風土記』のほうは、名前からして風土記ですが、それぞれの土地の伝説、産物、名前などを記録したものです。最近、国際日本文化研究センターの『日本学研究』に「風土記と昔話」という論文を書きました。『風土記』を丹念に読んで、昔話と同じようなモチーフをもつものを調べたりしましたが、おもしろいのは、『風土記』には昔話のような話もいろいろ出てくるのですが、全然教訓的なところがない。ところが、中世説話になると明白に仏教的色彩が出てきます。

きょう取り上げる『日本霊異記』はどうなるでしょうか。『日本霊異記』のもう一つの特徴は、著者がわかっているということです。すごいことです。『今昔物語集』の著者とか『宇治拾遺物語』の著者は、いろいろ言われていますが、明確にはわかりません。ところが、『日本霊異記』は、景戒という坊さんが書いたことは明白で、彼は自分自身のことも書いています。

景戒は序文の中でこういうことを書いています。中国から仏教が日本へ入ってきた。仏教は大事なものであって、仏教を信じれば助かる。けれども、そういうことをわかっていない人が多い。だから自分はここに、仏教によって善行を行なった人は報いられ、悪いことをしたものは、その悪行に対して罰があるという話を書き記す、というわけです。そういう話は中国にもインドにもたくさんある。けれども、日本にもすばらしい話がたくさんある、だからそれらの話を記録するのだ、という序文を書いている。

ところがおもしろいことに、読んでみると勧善懲悪でない話が載っている。教訓がないのもある。中世の説話はみんな教訓じみていますが、『日本霊異記』は、教訓がなく、仏教的な臭いが全然しない、日本の昔の考え方が出ている。なぜかというと、『日本霊異記』は、年代順に入っているのですが、いちばん古いのは、雄略天皇のころです。私がここにもってきているのは――『日本霊異記』のテキストはたくさんありますが――講談社学術文庫です。現代語訳がついているので、われわれ素人が読むのに便利です。これには『日本霊異記』の説話の年表が載っていて、いちばんはじめの話が雄略天皇のころと書いてあります。雄略天皇のころは、西暦で言うと五世紀の半ばです。もちろん仏教は入っていない。この後で入ってくる。雄略天皇のころの話は少しだけで、あとは仏教的な話がずっとある。いちばん多いのは聖武天皇のころの話です。最後は嵯峨天皇のところまでです。いちばん最後が八二〇年代。ですから三百年間ぐらいのあいだの話が載っている。

『日本霊異記』のおもしろいところは、仏教が入るまでの日本人の宗教に対する考え方、感じ方が入っている。後で言いますが、仏教の話が出てくるのですが、あまり仏教的でない。日本古来の宗教的な考え方が入っている。そういう点がおもしろいのです。勧善懲悪が出ていない話と仏教的なものとの両方が入っている。そのうちに「日本霊異記と昔話」という論文を書こうかなと思っているんです。読んでいるうちにおもしろいことを発見しているので、そう思っています。

冥界往還と夢

話がたくさんあって、すごくおもしろいんですが、どんなふうに取り上げていいかがいちばん問題で、いろいろ考えたすえに「冥界往還」の話に限定することにしました。「冥界往還」というのは、あちらの世界へ行って帰ってきた話です。死んだと思われている人が生き返ってきて、向こうでどんなことがあったか報告するという話です。「冥界往還」を時代順に話をしながら、それに対して考えたことを述べようかと思います。「冥界往還」の話は、中世の説話にももちろんたくさんあります。しかし、『日本霊異記』のほうが古いし、『日本霊異記』に出てくるある種の話はそのままほとんど変わらないで『今昔物語集』に載っています。

「冥界往還」の話をする前に一つだけ言っておきたいのは、著者の景戒が終わりのところで自分の夢について書いています。有名な夢です。どんな夢かというと、自分が死んだ夢です。自分が死んで焼場で焼かれているんですが、あまりうまく焼けない。そうすると自分の魂などというやつが外へ出て、串刺しにして、こうしたらよう焼けるという。自分の肉をうまく焼いて、それをよその人に教えている。そんな夢を見たと書いています。こういう夢を見る人ですから相当な人です。皆さんの中でそういう夢を見た人は、おそらくないと思います。

大体自分が死ぬ夢はあまり見ないものです。皆さんも体験されるとわかりますが、死ぬ寸前に目が醒めることが多いです。あるいは夢の中で必死になって、これは夢だから醒めようとか、これはテレビの話にしようとか、必死になって考えている。夢の中でも意識ははたらいているわけですから、自分の死はなかなか承認しがたいことなので、自分の死ぬ夢は、よほどでないと見られません。

私も長いあいだ夢の分析をしていますが、自分が死ぬ直前に目が醒める人はたくさんいますが、自分の死の夢を見た人は少数です。景戒はものすごく珍しいと思います。しかも魂が、自分の肉体を焼くために、肉を串刺しにして、こうしたらよう焼けるというのは、珍しいことです。だいぶこの世の俗世界のことから離れていた、達観したところがある人ではないかと思います。そうでなかったらこんな夢は見ることができない。それほどの人物だろうと思います。だから書いているものも、仏教のことを書いているんですが、なんともいえないユーモアがある。いまの夢でも恐ろしいですが、笑える。そういうふうに自分を客観化してとらえることのできる目をもった人であったのではないかと思います。だからこういう話を記録できたのでしょう。

『日本霊異記』は上、中、下に分かれていますが、上巻にはあの世へ行って帰ってきたという話は、二つしかありません。これはどういうことかというと、まだこのあたりは仏教の影響が少ないから、地獄、極楽へ行ったという話はあまり出てこない。

極楽に行った話

いちばんはじめは、上巻の第五の三の「大部屋栖野古《おほとものやすのこ》、極楽国《ごくらくこく》に往還す」という話です。日付や場所がちゃんと書いてあるので、まんざらめちゃくちゃに嘘を書いたわけじゃないと思います。大部屋栖野古という人が、三十三年乙酉の十二月八日に難波の住処で死んだ。死んだとき、よい香りがした。偉大な人が亡くなると死んだときによい香りがするというのは、ちょいちょい記録にあらわれています。僕が知っているものでは、明恵上人は、亡くなったときにものすごくよい香りが、相当遠いところまでしたという記録があります。

大部屋栖野古は、死んだけれども、三日で蘇生します。死んでから何時間ぐらいたって生き返るかというと、大体三日ぐらいが多い。後でも言いますが、九日というのもあります。いちばん長くて十七日ぐらいだったと思いますが、大体三日ぐらいです。三日で生き返ってきて、妻子に自分の体験を語ります。

どんな体験かというと、五色の雲があって、きれいなところを行きますと、黄金の山の頂きに一人の比丘がおりまして、そこに聖徳太子がおられる。後でも言いますが、たくさんの人が向こうの世界へ行って帰ってくるんですが、極楽へ行った話はこれ一つです。後は全部地獄の話です。これは言うなれば最近話題になっている臨死体験の話です。臨死体験の話とだいぶ似たところがある。しかし、現代の臨死体験のほうは気持がよかったとか、いい体験を語る人が多いです。ところが逆に、これに載っているのは、極楽が一つで、後は全部地獄です。

太子がおられて話をする。太子は、速やかに家へ帰って仏さまの住むところを掃除しなさいというようなことを言う。それでふと気がつくと生き返っていた。屋栖野古のことを当時の人は、よみがえりの連《むらじ》の公《きみ》と呼んだ。

九十余歳でこの世を去る。こういう簡単な話です。一つだけ極楽の話が載っているという点でおもしろい。

ところで私が臨死体験についてどう考えているかについてお話しましょう。死んだと思っていても、医学が発達していますので、蘇生術を施されて息を吹き返す。止まっていた心臓も動き出す。そういう人にどんな体験をしたかと問うと、みんな似たような体験をしている。それがだんだんわかってきました。トンネルのようなところをくぐって違う世界に行く。そのときに共通点が多い。どういう共通点かというと、既に死んだ自分の知っている人が迎えにきている。お母さんが亡くなった人だったらお母さん、友人が亡くなっている場合には友人がくる。

もう一つおもしろいのは、遊体離脱、自分の姿を見ている人が多いことです。死んでいる自分の姿を上から見る。みんなが自分の死体にすがって泣いているところとか、あわてているところを上から見ている。そうすると非常に大きい光のようなものがあって、光に包まれてこの世の一生涯を短いあいだに全部思い出す。そのときは裁かれるという感じよりも、救われる、癒されるという感じが強いのです。そしてあちらの世界へ行くのに川を渡って向こうへ行くとか、何か区切りがある。そこを渡ったらあちらの世界へ行くというところでこっちへパッと帰ってきている。帰ってくると自分が元の体の中に入っていて、みんなが覗いているのが見えたとか、そういう体験です。これは共通点が多い。立花隆さんがそれを熱心に調べています。

そういう臨死体験と『日本霊異記』に載っている話と似たところがある。たいていの人は、地獄へ行って自分の知っている人に会っている。お父さんに会った人とか、いろいろいます。しかし、これらの場合には地獄まで行ってしまってから帰ってきている。臨死体験の場合、相当な時間がたってこっちへ帰ってくるわけですが、帰ってくるあいだの体は、心臓も止まるし、呼吸もしていない。お医者さんから見れば死んだとしか言いようがない。そういう状況にあって帰ってくるという点では、この話と似ている。

臨死体験の意味

もちろん昔のことですから、死んだといっても、どのくらい確かに死んでいたかどうかわかりません。このころの風習にもがり(殯)という風習があった。もがりというのは、死んだ人をそのまま置いておく。それを三日間、九日間、長いものでは二年以上もがりをやっていたという記録があるのですが、もがりをしているあいだに帰ってくる。そういう点でいま言う話と臨死体験とは、どこかで似たところがある。

臨死体験では、地獄のようなものすごい苦しい思いをしたとか、たとえば光に包まれて癒されたというより、光に包まれて焼き殺されそうになったとか、そういえばいままで忘れていたと言っていたけれど、だれに五億円をやったか全部思い出して苦しかったとか、そのときに死にそうになったとか、そういう話をする人がいないのです。

なぜそういうことがないのかとよく質問されますが、そういう体験をした人は、忘れるのではないでしょうか。蘇生するときに、おそらくそれがあまりに苦しい体験だから忘れるのじゃないかと私は思っています。昔の人は、地獄の存在を確信していたし、大体はなんらかの理由で許されて帰ってきているので覚えているのではないか。そして、極楽まで行った人は、帰る気がなくなったんじゃないかと思いますね。無理に帰ってこなくてもあっちのほうがいいから。そのように私は考えています。

そうすると地獄、極楽はあると思っているのかときかれますが、その点についてはつぎのように考えられます。

われわれの意識というものは人間にとっていちばん大事で、見ていること、聞いていることを自分の記憶と照合して、自分が何をしているか、どういうところに立っているかなどがわかるわけです。ところが、この意識にもレベルがあって、だんだん深くなるというか、たとえば夢を見るとき、われわれの意識はずいぶん変わっている。夢を見ているときは通常の意識とは違う。夢の中では空を飛ぶこともありますし、子どもだと思っているのに大人であったり、大人と思うのに子どもだったり、お父さんが出てきたと思うと、そのお父さんが友達になったり、いろいろ融合状態が起こる。そのような融合状態が起こらなくて、きちんと分けて考えるのがふつうの意識ですが、レベルが下がってくると融合が起こる。

すごい融合状態が起こる人は、自分が人間以外のものになったりします。皆さんのなかで自分が動物になった夢を見た人はいますか。これは少ないと思います。夢の中で犬や豚になっていたとか、そういう夢をちょいちょい見る人がいます。

たとえばチベットのある種の宗教の訓練の中で、だんだん次元を変えて自分が動物になったりすることをやる。ご存じの中沢新一さんは、実際にチベットで宗教的な修行をしてきた人です。中沢さんに聞いたら、師匠とともに森の中に入って裸になる。師匠が急に狼のようになる。本当にそうだというんです。そういうのを一緒に体験するのだそうです。蛇になってみたり、いろいろする。

ですから人間の意識というのは、レベルを下げていくと相当なところまでいく。現代人は、表層の意識、あるいは進化した意識といってもいいかもしれませんが、そういうものに固執して、それだけが人生みたいに思っているけれども、本当はどんどん深まる。そのときに深い体験をすることによって宗教的な体験をする。つまり、自分という存在はこの世に一人いるのではない、自分よりもっと偉大な存在がある、あるいは、自分は人間として生きているけれども、動物ともみんな一緒なんだという体験をする。頭でわかるのではなく「体感」としてわかるし、そのときは深い感動を味わうのです。

そういうふうにずっと深くなって、すごく深いところに死というところがあって、人間は死ぬ瞬間ぐらいまで行ったときは、すごく意識の深い体験をするのではないかと思っています。そういうところの体験が臨死体験ではないかと思っています。そういう臨死体験をした人は、死んだらどこへ行くとか、死んだらどうなるかということをイメージでいろいろ見る。お母さんが迎えにきたとか。そういうことが実際に死んだらあるかどうかということではなく、死に近いほどのものすごい意識の深い段階まで降りたときに、そういう体験をする。

もう一つ大事なことは、その体験が非常に生き生きとしていて忘れ難いということです。仏教の修行などをやった人はわかりますが、そこには曖昧さがないんです。ものすごく明確で、ほんとうにあったとしか言いようがない。たとえば私がこの机を見ているように見える。臨死体験をした人がみんな言うのは、「夢ではありません」ということをすごく強調します。夢の中でのように、あったかなかったか、はっきりしないのではなく、だれかに会って話をしたり、何かを食べたりしたのと同じような現実感がある。それはレベルの深さということと同時に、現実感覚みたいなものがある。夢の場合には、レベルは深まるのですが、現実感覚は薄まるのではないか。ただし、夢の中でもときどきものすごい明確な体験をする。そういう夢は忘れることはありません。ものすごくしっかりと覚えています。

現代人より深い意識のレベル

そういう体験をしたのが臨死体験であるとして、それを話しても現代人にはなかなか理解されない。それは、現代人が表層意識にものすごくとらわれているためです。とらわれているというか、そこからあまり離れると現在の世の中で生きていけない。われわれはちゃんと物事を区別してしっかり考えてやっているからこの世に生きているわけです。そこのところに非常にとらえられていますので、なかなか深いレベルに下りていけない。

ところが、『日本霊異記』が書かれたころは、意識のレベルが上がったり下がったりするということに関して、相当自由だったのではないでしょうか。そのころの人は、われわれ現代人に比べるとはるかに深い意識のレベルに割合ふつうに下がっていけたのではないか。そういう話をしても、別にみんなは笑わないわけです。たとえばわれわれだったら、「どうですか、ちょっとあっちへ行ってきましてね」なんて言ったら、この人はおかしいんじゃないかと思う。だからそういうことは言えない。ところがそのころは、あっちへ行って、帰って話をするとみんなが尊敬してくれた。

後で言いますが、後になるほど信用されないというのが出てくる。七〇〇年代になってきたら、死後の世界の話をしても信用してもらえなかったという話もちゃんと書いてある。

私の考えでは、そういう意識のレベルということがあって、深いレベルに下がって体験をすることが、われわれの宗教体験とすごく関係がある。われわれが生きていくうえで大事ではないかと思います。

話が横へ行きますが、もっとレベルが下がったあたりでイメージが出てきますと、前世の体験のイメージがある。これは最近『前世療法』という本も出ています。非常にむずかしい問題があった人に催眠をかけてどんどん意識のレベルを下げてものすごく深くすると自分の前世がわかる。そして納得がいくという話です。別にその人の前世が何であったとか、前世があるとかまでは言わないにしても、レベルが下がっていったところのイメージとしてそういう体験はあるだろうと思いますし、それが深い意味をもつだろうということもわかる気がします。

このあたりのイメージは、深いレベルの意識であって、とくに近代においては、そういうところは話をしないことになった。たとえ体験をしたとしても黙ってしまうか、忘れてしまうかだった。

おもしろいのは、臨死体験ということを言い出すと、そういう経験をした人がわれもわれもと出てきた。そういう人たちはなぜ黙っていたかというと、うっかり言うと精神病者扱いされるから黙っていた。ところが、言ってもいいということがわかるとしゃべり出した。いまから四、五十年前でも、そういう体験をしていた人がいたかもしれない。しかし、うっかり言うとだめだというので黙っていたと思うのです。レイモンド・ムーディという人がいますが、ムーディがそういうことを本に書いて以来、そのような体験を語る人が多く出てきました。

また言う人がふえてきますと、やっていないのに話をする人も出てくる(笑)。これはものすごくおもしろいものです。はやると必ずそういう人が出てきます。それを見分けるのはたいへんむずかしい。証拠を見せられないですからね。これが閻魔さんの紙きれだなんて言われても(笑)、そんなことは絶対にないわけです。その人が言うことが本当か嘘かをどうして見分けるかはむずかしいですが、ある程度見分ける方法があります。それは一対一で聞くと、本当に体験した人のほうが何か迫力があります。腹にずっしりと応えるものがあります。つくり話のほうは、そこいらで見てきたようなことを言うので、あまり腹に応えてこない。そういうことが言えるのではないかと思います。そういう偽の話がふえることも事実です。

この時代は、「冥界往還」という話がすごく多かったのではないでしょうか。「冥界往還」が多かった中で、おそらく極楽体験をしたような人は、あっさりとあっちのほうがいいわと思うからこっちへ帰ってこずにそのまま死んでいったのではないか。その中で地獄体験をした人が帰ってくる。『日本霊異記』を見るだけでおもしろいのは、仏教が入ってくる頃にはそんな話はなくて、仏教が盛んになるとバーッと出てきて、最後の二つあたりはそんな話が信じられなかったということになる。時代の変遷をすごくあらわしています。

中世の日本人の罪意識

次に上巻の第三十の一の「膳臣《かしはでのおみ》広国《ひろくに》、黄泉国《よみのくに》に往還す」という話です。この人の名前も住所も全部書いてあります。死んだ年は、慶雲二年の秋、九月十五日に突然この世を去った。死んで三日目の十七日の午後四時ごろに生き返った。これも三日後です。

生き返ってどんな話をしたかというと、二人の使いがやってきて、一人は大人で、髪は頭の上で束ねていた。いま一人は小さい子であった。その二人に連れられて行きます。大体は使いがきて連れていかれます。鬼みたいなものが出てくるのもあります。これもいろいろです。四、五人でくるのもあるし、二人でくるのもある。来たやつにご馳走を食わせてごまかす話もある。

どうして連れてこられたのかというと、おまえをここに召したのは、おまえの妻が大王に訴えたからだという。どうしたかというと奥さんはだいぶ前に亡くなっているんです。奥さんは額から釘を打ち込まれて苦しんでいる。これはおまえの妻かとたずねると、はいという。奥さんが、この人は私を家から追い出した、私は悔しいから呼び出してもらったというわけです。ここで閻魔大王が記録を調べますと、奥さんのいうことはうそらしいから家へ帰ってよろしいという。最後がおもしろい。決して黄泉の国のことはしゃべってはならんぞ、お父さんに会いたかったら南の方に行ってみるがよいというわけです。亡くなった親族が出てくるというのは、現在の臨死体験とよく似ています。

ずっと行くとお父さんが地獄の苦しみにあっている。熱い銅の柱を抱かされて苦しんでいる。鉄の釘が三十七本も体にぶち込まれて鉄の鞭で打たれている。朝三百回、昼三百回、夕三百回、合わせて九百回打たれている。

ここで実におもしろいのは、その当時の人々が何を悪いことだと思っていたか、ということがはっきりわかることです。お父さんはなんでそんなに苦しんでいるのかというと、息子よ、お前は知っていたかどうかわからないけれども、自分は妻子を養うためにあるときは生きものを殺した、あるときは八両の綿を売って十両の値を取った。つまりあこぎな商売をした。これはよく出てくる話ですが、軽い秤で稲を貸し、重い秤で取り立てた。ものを貸すときに、軽い分銅を使う。返してもらうときは重いのを使う。五貫のものを貸したとしたら、七貫ぐらいにする。秤をごまかしたという話は、悪の話によく出ています。それがこのころの悪だったのではないか。あるときは、人のものを奪い取った。これは盗みです。それから他人の妻を犯した。父母に孝行を尽くさず、目上のものを尊敬することもしない。それから奴婢——奴婢というのは本当に奴隷かどうかわかりませんが——でもない人を、まるで自分の奴婢でもあるように罵ったり、あざけったりした。なかなか細かい描写です。こういうことをやったので地獄で苦しんでいるんだと。

『日本霊異記』と中世の説話を読みますと、罪を犯したからみんな苦しんでいるわけですが、その中で坊さんが戒律を破って女性と関係をもったために苦しんでいるという話はひとつもありません。それはいかに坊さんが女性と関係しなかったかというのではなく、みんな関係はもっているんです。戒は破っているんですが、罪として意識されていなかったことがよくわかります。もちろん破戒無慙の僧といってえげつない坊さんが出てくるのですが、それは女性関係だけではなく、いろいろやっている。「破戒無慙の僧があって」という言い方はされていますが、ある僧が女性との関係をもったから罪を被ったと明確に書いてあるのはないのです。日本人というのは、戒律を守るということを、相当はじめから意識していなかったということがわかります。おもしろいことです。

坊さんが魚を食べます。『日本霊異記』にはありませんが、中世の説話を見ますと、坊さんですごく魚の好きな人がいたので、魚をあげたのであの世へ行ったら得をしたという話があるぐらいです。だから魚を食べてもかまわないわけですね。それはともかく、いま言ったようなことが罪として意識されていたことがよくわかります。

次におもしろいのは、こういうことを書いているところです。お父さんは地獄で責め苦にあって困っている。飢えて七月七日に大蛇となって息子の家へ行った。家の中に入ろうとしたとき、おまえは杖の先に私を引っかけてポイと捨てた。また五月五日に赤い小犬となっておまえの家へ行ったときは、おまえはほかの犬を呼んでけしかけて追っぱらった。正月の一月一日に猫になっておまえの家に入り込んで、供養のために供えてあった肉やご馳走を腹いっぱい食べてきた。それでやっと三年来の空腹をいやすことができた、と言います。こんなのを読むと、ときどき家へやってくる動物には親切にしなくてはいかんなと思って反省します。

とくに、七月七日、五月五日、一月一日は、いわゆる節句です。区切り、区切りが大事で、皆さんも気をつけてください(笑)。そういうふうに自分が困っている。だから家へ帰ったら供養してくれという。広国は、家へ帰ってきて供養をして恩返しをした。そういう話です。

この話は、当時の人が考えていた罪の意識がよくわかるし、それから人間が転生している。お父さんが犬になったり、猫になったりしてときどき訪ねてきている。そういう考えがあったということもわかります。これはたしか明恵上人にもそのような話がある。明恵上人が急いでいたので、犬を跨いだ。後で引き返してきて、ひょっとしてこの犬は自分のお父さんかもしれないと言って回向します。当時の人はそういう意識をもっていた。

民俗的伝統の残存

今度は中巻の第七話。原文を見ますと「智者の変化《へんげ》の聖人《しやうにん》を誹《そし》り妬《ねた》みて、現に閻羅《えんら》の闕《みかど》に至り、地獄の苦を受けし縁」というむずかしい題です。どういうことかというと、そのころ行基というすばらしい坊さんがいた。行基のことを妬んで悪口を言った智光という坊さんがいます。その智光が地獄へ行く。智光という人は、知恵のある人だったのですが、行基がみんなに尊ばれて大僧正にまでなるので嫉妬したのです。自分のほうが知恵がすぐれているのにというふうなことを言う。言っていたら病気になって死ぬ。ときどき、死んでもすぐ体を焼かないようにと遺言して死ぬ人がいます。それは帰ってくる可能性があるからです。智光も、九日間は焼いてはならないと遺言して死にます。実際に九日目に帰ってくる。九日間のあいだは、そのままにしておいて、だれかが訪ねてきたときは、先生はあちこち用事があってお留守中ですと言ってごまかしている。そのとおりに九日目に帰ってくる。

智光は閻羅大王——閻魔と同じことだと思います——のところへ行くと、これも割とよく出てくる例ですが、西のほうに上等な楼閣が見える。これはだれがお住みになるんですかとたずねると、おまえは知らんのか、行基菩薩が亡くなられたら住まわれるところだと言われる。こちらにいるうちにあちらのほうに住居ができているという話は、割と出てきます。

おもしろいことに、ユングが死ぬ何日か前にそういう夢を見ている。ユングはご存じのようにボーリンゲンというところに塔を自分でつくった。それだけではなく、あとは人に頼むんですが、瞑想する塔をつくって、そこへ行ってよく瞑想していた。彼はそのボーリンゲンを非常に大切にしていましたが、夢の中で、あちらにもボーリンゲンが完成したというのを見て、自分もそろそろ死ぬと覚悟するところがあります。こっちでやっているうちにあちらにもできるというのは、おもしろい考えです。

ヒルマンがソウルメーキングということを言っています。自分の魂をつくる。ここで何をつくるかというと、自分で家をつくったとか、家族をつくったとか、いろいろつくりますが、自分がこの世で目に見えるものをつくっているあいだに魂のほうもつくっているわけですが、私が何かすると向こうのほうでもできていると思うとおもしろいですね。こっちでえらいあこぎなことをして儲けているあいだに、向こうでだんだん家がボロになっていったり、そんなふうにも思います。こちらも大事ですが、あちらの家も大事です。

智光は行基のことを恨んでいたので罰せられて熱い鉄の柱を抱かされます。柱を抱きますと、肉はみんな溶けてただれて、骨だけがつながったまま残ります。三日たつと使いのものが使い古した箒で柱を撫でて、活きよ、活きよというとまた元どおりになる。またいっそう熱い銅の柱を抱けと言われて柱を抱くと、また体がただれて骨だけになる。三日たつとまた息を吹き返す。

二回繰り返して、三回目は、阿鼻地獄という地獄に行く。そこへ行くと焼かれたりします。おもしろいことですが、この世の供養の鐘の音が地獄に伝わってくるときは、熱気も冷えて苦痛もおさまるそうです。こういうことも割と出てきます。こちらでなんかしていると、それがあちらの人の苦しみを和らげるわけですね。

行基菩薩のことを誹ったのが悪かったので、帰ってちゃんとしなさいと言われる。また、決して冥土のものを食うではないぞと言われます。ご存じだと思いますが、同じような例が、イザナギ、イザナミの話にある。イザナギがイザナミを黄泉の国から連れて帰るとき、イザナミが、自分は黄泉のものを食べてしまったので帰れないと言う。あちらの世界のものを食べたらこっちへ帰れないという話は、日本だけではなく、ギリシャにもあります。私は調べたことはありませんが、文化人類学者に聞くと、そういう考え方はあちこちにあるそうです。仏教の人に聞きますと、仏典にはあまり書かれていないそうです。そうしますと、智光があちらでものを食べたら帰れないぞというのは、仏教の話にもかかわらず、日本的なよもつ竈食《へぐい》の話がまぎれ込んでいるのじゃないか。こういうところが『日本霊異記』の一つの特徴です。智光は帰ってから行基に謝って助かりますが、それは省略します。

次に中巻の第十六番にお布施をしなかったことと放生。これはいまでもやっていますが、魚などの生きものを逃がしてやる。放生は功徳になるということです。お布施をしなかったことは悪くて、放生をしたことはいい。それで善悪の報いを受けたという話が載っています。

どんな話かというと、綾君《あやのきみ》という裕福な夫婦が住んでいて、隣に貧乏なじいさん、ばあさんがいる。綾君は隣のじいさん、ばあさんと一緒に住み、召使に、このじいさん、ばあさんに食べものを少しずつ分けてやってくれと言う。

みんながそうするのですが、その中に食べものを分けない悪いやつがいます。その人が、海へ釣りに行き、そこである人がカキを十個取っているのを見つけて、それを買って放してやる。ところが、その人がほかの召使たちと一緒に松の木に登っているとき、足を踏み外して死んでしまいます。そこで原文では「卜者《かみなぎ》に託《くる》ひて曰《い》はく」となっていますが、占いをする人に死者の魂が乗りうつったということです。そして「自分の死体を焼かずに七日間祀ってくれ」という。

ここで「くるふ」というのはふつうではない状態になるわけですが、それは現代でいう意味ではなく、「託」という字で表わします。つまり、その人に託して何かが出てくる。託された人はくるったことになるのですが、本人自身はおかしくない。もののけが憑くのでおかしくなるのです。この「託《くる》ふ」はほかの話にも出てきますが、われわれだったら、ものに憑かれて変なことをやった、キツネが憑いたということですね。つまり、本人そのものが狂ってしまったのではなく、本人に何かが託されているんだという考え方です。

これを今日的な考え方でいうと、その人の無意識内の内容が急に意識の表層に突出してきたものと考えられます。「託」という字をくるうと読ませているのは『日本霊異記』の場合で、中世の説話になるともう出てきません。中世になると、本人自身が狂っているという見方が強くなってくるのです。

話を戻しますと、死んだ人の魂が卜者に乗り移って、私の体を焼いてはいけない、七日のあいだこのままにしておけという。その人は七日たつと生き返ってくる。そして語る。どうなったかというと、仏教修行者五人が私の後ろにいた。ずっと行くと宮殿がある。あれはだれの宮殿ですかときくと、あなたの主人の綾君の宮殿で、じいさん、ばあさんにいつもものを施していた。施すたびに宮殿ができあがってくるのだという。これは行基の住む楼閣ができていた、というのと同じ考えです。ところが、本人は、飢えたじいさん、ばあさんに食べものを与えていない罪として、だんだん飢え、渇いてくる。ところが、カキを十個放生したので、この世に帰ってきた。そして助かるという話です。

ついでに言っておきますが、われわれの知っている話では、浦島太郎が亀を助けてやって、そのおかげで竜宮城へ行くことになりますが、『風土記』に載っている浦島の話では、亀を助けるところが全然ありません。何か生きものを助けてやると後で功徳があるというのは、仏教伝来以後の話です。もともとの『風土記』では、浦島太郎は五色の亀を釣り上げる。その亀がパッと美女に変わってプロポーズして結婚することになる。「助けた亀に連れられて」というのが出てくるのは、後でこういうカキを救ったとか、また中世の説話になりますと、インドの話が入ってきて、亀を救ってやったために命を助けられた話が出てきますが、そういう様々な話が混合していまの浦島太郎に変わってからのことです。生きものを助けることは大事なことだというテーマが、このあたりから出ているのです。

身体と魂

その次の話は中巻の十九話ですが、般若心経を敬って読んでいた女性が、閻魔大王の王宮に行って不思議な働きをあらわしたという話です。優婆夷《うばい》という仏教修行の女性が大変よい声でお経を唱える。それが評判になって閻魔大王が、いっぺんその声が聞きたいといってその女性を召しよせられる。そこでいっぺんやってくれというので、彼女が般若心経を読みますと、閻魔大王が感激して、もういいから早く帰りなさいという。

帰ろうとしますと、黄色い衣を着た修行者が三人きた。以前、ちょっとお目にかかっただけでしたが、このごろお会いできなくて恋しく思っていましたが、きょう偶然にお会いできてありがたいことです、きょうより三日後に奈良の東の市で必ずお会いしますという。

三日目の朝に奈良の東の市へ行くのですが、例の修行者はいず、おかしいと思っていましたら、卑しい男がお経を三つもって、だれかお経を買わないかと言っている。お経を見ますと、優婆夷が昔写経をした梵網経というお経二巻と般若心経一巻だった。それを盗人が盗んで、それがここで売られていた。取り返そうと思って言われたとおりのお金で買いとります。閻魔さんのところで三日後に会いましょうと言った三人というのは、三巻のお経であることがわかった。

お経が人になって出てくる話は、割と多いです。自分が写経したために地獄に行ってもその経が坊さんになってきて助けてもらうという話は割とあります。これはそうではなく、閻魔さんのところで会った修行僧の形をしている黄色い衣を着た人がお経だった。これもひとつの共時的現象の話と言えます。

中巻の二十五話にあるのは、閻魔大王の使いにご馳走を出した話です。讃岐国山田郡に衣女《きぬめ》という人がいた。この人が病気で死にそうになる。そして閻魔大王の使いの鬼がくるが、その鬼にご馳走を出す。鬼は喜んで食べて、おまえのご馳走を受けたから恩に報いようと、鬼は他の村の同姓の衣女を探して身代りに連れてゆく。しかし閻魔大王は調べて、まちがっているから本物を呼んでこいと鬼を怒る。鬼がもともとの衣女を連れてくると、閻魔さんは身代りの衣女を帰らせます。

ところが、三日過ぎていたので、火葬にされていて体がなくなっていた。だから身代りの人は、また閻魔さんのところへ帰ってきて、せっかく許していただきましたが、心を宿す体を失ってしまっています、拠所もありませんというと、閻魔さんが、そうしたら今死んだ衣女の体に入れという。まだ体は残っているかときくと、まだ残っていますよ、というわけでそれに入って生き返る。

生き返った途端、女は「ここは私の家じゃない、おかしい」と言う。そして、自分の家に帰ると、体が違いますから、両親が、「おまえはうちの子やない、うちの子は火葬にした」と言う。ところがそうじゃないと経緯を詳しく説明する。それで結局のところはこの人は四人の父母と一緒に楽しく暮らしました(笑)。

これは極めて日本的な終わり方ですが、おもしろいのは、この話には魂と体、心と体の問題が入っている。第一の衣女と第二の衣女とがいますが、結局、第二の衣女は体を焼かれてしまって第一の衣女の体と結合する。そうなったとき、これはだれなのか。魂のほうの第二の衣女なのか、体のほうの第一の衣女なのかという問題が生じます。

子どものころ読んだインドの話で、ものすごく忘れがたい話があるんです。ある旅人が二匹の鬼の喧嘩に立ち会って片方に有利な判定をする。そうすると不利になった鬼が怒ってバクッと旅人の片手を食う。有利にしてもらった鬼が、気の毒にといって、死んでいた人の右腕をパッとちぎってそこにつけてくれる。今度は同じようにして左手がとりかえられる。このようにして鬼が全部自分の体を食ってしまうが、片方の鬼が他人の体をつけてくれる。その人は死ななくてすんだんですが、考えたら自分がだれかわからなくなる。私はいったいだれなんだといってお釈迦さんのところへ訪ねていく。お釈迦さんの答は、体や心にこだわらなくてもいい、そもそもこの世ははかないものであるということがわかればいいんだ、という話だったと思います。子ども心にもこわいし、ほんまはどうなんやろと考えるとだんだんわからなくなって、混乱したことを覚えています。

おそらくそういう話をどこかで踏まえているんじゃないかと思う。それをあっさり心のほうも結構、体のほうも結構といって、まったく不問にして、親が四人にふえましたなといっているところは、すごく日本的ではないか。論理的な解決を考えない。論理的追求をやめて一つの実際的な解決策にもっていくところが印象的です。

下巻にもいろいろ話がありますが、これまで示してきたのと同じようなのもあり、特に変わった内容のもの以外は取り上げませんが、今後このようなことを研究する人の便宜のため、話の番号と題目のみをあげておきます。第九番「閻羅王《えんらわう》の奇《あや》しき表《しるし》を示し、人に勧めて善を修せしめし縁」、第二十二番「重き斤《はかり》もて人の物を取り、又法花経を写して、以て現に善悪の報《むくい》を得し縁」、第二十三番「寺の物を用ゐ、復《また》、大般若《だいはんにや》を写さむとして、願《ぐわん》を建て、以て現に善悪の報《むくい》を得し縁」などがそうです。

次第に現実的になる

次の下巻の第二十六番目は、罰せられるべき罪として酒に水を加えて量をふやして売って儲けた。水増しして売ることが語られているのが注目すべきところです。酒の水ましの話は『グリム童話』にもあります。

この場合には、主人公は夢を見るのです。私は冥界の閻魔さんに召されて三つの罪を示された。そしてそういう悪いことをしたので、罰せられると言われた。そういう夢を見たと言って、その日のうちに死んでしまったという話です。だんだん話が合理的な形に近づいてくる。もっと前はあの世に平気で行ったり来たりしていたのが、いまの話は夢になります。

次の話は、死んで生き返るのですが、地獄に行ったとか極楽へ行ったという話がなくなってしまうのが特徴的です。これは第三十番目、「沙門《しやもん》の功を積みて仏像を作り、命終《みやうじゆ》の時に臨みて、異《めづら》しき表《しるし》を示しし縁」。修行を積んだ観規《かんき》という坊さんなんですが、このお坊さんは仏像をつくるのが上手で、仏像をつくっていたのですが、ある時、次の仏像がまだ完成しないときに死んでしまう。ところが、二日後に生き返りまして、弟子の明規《みやうぎ》という人を呼ぶ。「私は一つ言い忘れていた。そのままでは死ねないので帰ってきた。自分が完成できなかった十一面観音を完成して欲しい」と言います。明規たちがそれを請け合うので「それを聞いて安心したから死にます」と死んでいくという話です。この場合は、死んで生き返ってきますが、そのあいだに地獄へ行ったとか、極楽へ行ったという話がなくなっている。ただ、この世にし残したことがあって気がかりだから帰ってきたという。

あとの二つが冥界の話が信用されない話です。第三十五番目で「官《つかさ》の勢を仮《か》りて、非理に政を為し、悪報を得し縁」。どんなのかというと、肥前の国の人で、火君《ひのきみ》という名前の人が死んだのですが、実は時期がまちがっていた。閻魔大王がまちがえたからというので送り返される。帰りがけ、釜地獄の中で浮いたり沈んだりする人がいた。その人が「待ってください、話したいことがあります」という。聞くと、自分は遠江の国の物部古丸で、生前に公民の持ち物を無理に徴集した。その罪でここで苦しんでいる。どうか私のために法華経を書き写してお助けください、そうすれば私の罪が許されましょうからという。

火君は帰ってきて、そのことを細かに申告書に書き取って大宰府の役所に送った。大宰府はこれを受け取って、また朝廷に書き送った。ところが、奈良の都の朝廷ではこれを信用しなかった。三等官の大弁《だいべん》は冥土の記録を積み重ねたまま二十年経過してしまった。ここでは冥土の話が信用されなくなってきた。

ところが、違う人が就任して、この書状を知り桓武天皇に見せる。桓武天皇は、これはどうもというのでわざわざ施皎《せきょう》僧都という坊さんを招きまして、この世の人間が地獄へ行って苦しみを受けているが、二十年すぎれば許されるものなのかどうかと問いますと、二十年ではまだ地獄の苦しみの受けはじめです、なぜかというと、地獄では、人間の百年をもって一日一夜としており、たった二十年ぐらいでは許されていないという。こういうふうにこちらの世界とあちらの世界と時間が違うというのは、きょうはこれだけしか出てきませんが、『日本霊異記』ではほかのところにも出てきます。あるいは皆さんご存じの浦島太郎の話がそうです。三日間だと思ったのが三百年だった。

意識の表層のところでは時間は直線的で、一時間、二時間、一日、二日とものすごくはっきり決まっている。意識が深くなるとそれが曖昧になってくる。その証拠に、夢の中では、自分は小学生であるのに、他の人たちはいまのままであったということなどを体験することがあるでしょう。あるいは自分は自分のままなのに、友達は幼稚園の子どもで出てくる。あれは、意識が深くなるほど時間体系が崩れてくる。それもおもしろいかもしれないし、それが本当かもしれませんね。われわれは大人だと思っていますが、ときには子どもっぽいことをしますし、子どもでも大人みたいなことを言いますね。子どもにしてはいいところを見ているなと思うときがある。あれは子どもだと思っているけれども、本当は深い、五十歳、六十歳ぐらいの知恵もあるんじゃないかと思う。

われわれ人間は、ふつうの生活をしているときはふつうの約束どおりの意識で生きている。しかし、現実というのは案外おもしろくて、深い層では時間体系も違うと考えるといいように思います。

天皇はそれを聞かれて、詔を下して遠江の国の古丸の行跡を調べますと、申告書に書いてあるとおり、悪いことをしていた。天皇は悲しまれて、古丸のために法華経の一部を写経された。そういう話です。

信用されなくなった冥界の話

もう一つ、こんなのがあります。第三十六話で正一位藤原朝臣永手《ながて》という人がいた。実際に現存した人です。正一位の人ですから伝記を見てもわかる。藤原永手は光仁天皇のときの太政大臣です。永手の子どもに家依《いえより》というのがいる。家依がお父さんに関して悪い夢を見ます。見知らぬ兵士三十余人が父親を連れにきた。これは悪い兆《しるし》です。仏に祈禱し、災厄をお祓いなさるのがよいと思いますと言うんです。おもしろいのは、お父さんは、何を言っているかと言って信じない。だんだん前兆とか夢が信じられなくなってくるのがよくわかる。家依は夢を信じている。「お父さん、悪い夢を見ましたからなんとかしてください」というと、お父さんは「何を言っているか」と聞き流す。そうすると、永手は、しばらくすると死んでしまう。夢が当たったというわけです。

お父さんが死んでから家依は長いあいだ病気をします。病気になって困っているとき、看病にきていた一人の禅師が、家依の身代りに自分を差し出すといって捨身になって祈禱する。そうすると「病者託《くる》ひて言はく」、例の「託《くる》ひて」というのが出てきます。家依に永手がつき、「私は永手だ。私は生前法華寺の幢《はたほこ》を倒させたり、西大寺の八角の塔を四角にし、七層の塔を五層に減らしてだいぶ倹約した。そういうことをやった罪で閻魔大王に召されて火の柱を抱かせられたり、折れ曲がった釘を手に打たれたりして困っている。ところで、今閻魔の宮に煙が立ち込めてくる。「なんの煙か」と閻魔大王が問うので、「家依が病気になって、みんな一所懸命拝んでいる。そのときに呪文を唱える僧がお香を焚く。その煙が閻魔さんのところに匂ってきているのです」というと、閻魔大王は、「そんなことをやっているのか」というので私を許して追い返された。しかし、体は焼かれて、霊魂の落ち着くところがないので、宙に漂っているんだ」と言います。そういうふうに言った後、急に家依が元気になって、食事をほしがり、病気も治って起きあがった。

ここで教訓として書いてあるのは、永手という人は、七層の塔を五層にしたり、八角を四角にしたり、仏事の金を節約するからいけない、それは罪だということです。永手はどうなったかというと、帰るところがなくて、漂っているだけで、次にどうなったか書いてありません。

ここでおもしろいのは、永手は息子の見た夢の前兆を信じていない。こういう前兆など信じない人が多くなったのではないでしょうか。後で景戒が、前兆をもっと信じなきゃいけないと書いてあるところがあります。

その次の第三十七話がまた信用されない話です。「因果を顧みずして悪を作《な》し、罪報を受けし縁」これも第三十五の話と似たようなので省略しますが、やはり大切な点は冥界の話が信用されない(後には確認されますが)というところです。

現実の生活と宗教

このように時代が下ってくると前兆を信じないとか、冥土の話を信用しないなどという話があらわれてきます。このことは、人間の表層の意識の合理的な面が強化されてくるほど、あっちの世界と通じるような、そういうところがだんだんわからなくなっていくことを示しています。もっと厳密な言い方をすると、人間が自分の死にかかわるような意識というか、それがイメージとして展開するような意識とは、だんだん切れた存在になってくる。

「私」が生きているうえにおいて、私という存在がどのように世界と関係し、どのように支えられているかということはものすごく大事なことです。そのときにふつうに生きているときはそんな心配はない。なぜかというと、帰ったら家があるし、黙っていても銀行へ行けば月給が送り込まれている。そのお金をもっていって買物すればものが買えるわけです。

たとえば、私がタクシーに乗って千円札を出す。これは使えませんよとタクシーの運転手が言ったとしたら、びっくりしますね。本当の金を出しなよ、本当の金を、と言われるとびっくりしますね。要するに私は金を頼りに生きているということです。ところが、死んでからは役に立たない。舟で渡るとき、本当の金を出す人に限り極楽に連れてゆくなどということになると大変です。われわれは現実生活に支えられて生きているからなんとも思わないんですが、急に自分のもっているお金がほんものかどうかわからなくなるような経験をする人があります。

どんな人かというと、例えば家へ帰ったら急に奥さんが死んでいたということがありますね。自分の目の前で恋人が交通事故で死ぬ。あるいは自分自身が思いがけない病気になることがある。急に会社がつぶれることがある。われわれの世界が急にコロッと変わる。自分が支えられていたものを急に失っていく。そのとき、私は本当は何に支えられているかということが問題になる。

そういうとき、自分の支えをこの世の支えを超えて、超越的な、絶対的なものとの関連において考えることが宗教的なことだと思います。たとえば、死んでからあちらの世界で住む家が確立している人は、この世が急に変化してもそれほど驚かないことでしょう。

そういうことをイメージの体験として相当リアルに生きていたのが『日本霊異記』の時代です。われわれはそういう時代から変わってきて、現実に何を食べているか、何が食べたいかをものすごく大事にしていますので、表層の意識をすごく強化している。あまりにも強化してくると、これと同じことで、深層の話は信じられなくなってしまう。そういうところへ下りていけなくなってしまうという状態にある。

そこでわれわれとしては、現実の意識も強化し、現実の世界の中で生きながら、しかも深いところにつながる意識をもつにはどうしたらいいか、あるいはもてるのではないかということを考えるわけです。そういう点を考えるうえで『日本霊異記』は、しょうもない話が書いてあるようでありながら、参考になるところがある。ときどきおもしろ半分でもいいですから考えてみるのも意味があるのじゃないかと思います。

と言っても、いま写経しても、字は上手になるかもしれないが、向こうで役に立つかどうか。『宇治拾遺物語』にあったと思いますが、写経してもだめだという話がちゃんとある。写経しているんですが、自分は戒を破って魚を食ったり、女性とまじわったりして、身を清めないでそのまま写経していると意味がなくて、閻魔大王に連れていかれる。汚い川の流れがあらわれたので、あれなんやというとお前が写経した墨やという(笑)。写経をしても平生の心がけが悪かったらあまり意味がないし、写経を見て下さる坊さんがあまり清らかでなかったりすると、ますます……。

それではわれわれにはいったいどんな生き方があるのか、どういう死後の世界とつながるのかということに対しては、おそらく誰にもあてはまるような便利な答はなく、個々人が努力してそれを発見してゆく、その過程こそがその人のかけがえのない人生だということになるのでしょう。そのときに、あんがい『日本霊異記』のような古い物語を読んでみるのも参考になると思います。

第四章　物語のなかの男性と女性

――思春期の性と関連して

これは思春期の講座ということになっていますが、思春期というのは長い人生の中で非常にむずかしい、ひょっとしたらいちばんむずかしい時期ではないかと思います。そのむずかしい時期にいる方々にわれわれはお会いするんですが、やはり思春期の問題としては男性と女性を結びつける性ということが非常に大事になります。そのことを考えて、性教育ということを一所懸命にされる方もありますが、ほんとうのところは教育できるほどこちらがわかっていないというのが実情ではないかとさえ思います。

こんなことがありました。京大の相談室では大学院の人がいろいろと相談を受けていますが、そこへ思春期の子が相談に来ました。来るときにいつも漫画をもってくるんです。漫画をもってきて、「この漫画、すごく面白いから」といって、続きを教えてくれる。その話をすること自体が非常に意味がありますので、ずっと聞いていたら、何回目かのときに漫画をもってこなかったんです。おかしいなと思って、終わる頃に「今日はあなた、漫画をもってこなかったね」というと、「はあ、ちょっと話が先生にはきつすぎると思って、もってきませんでした」といった。つまり漫画の主題が近親相姦の主題だったので、それは私ならいいけど、先生にはちょっときつすぎる、と思って、ちゃんと心遣いをしてもってこなかったということがあります。だからひょっとすると、思春期の子どもさんのほうがわれわれよりもよく知っていることがたくさんあるのかもしれない。

そんなわけで、そういう大変むずかしい時期にむずかしいことを考えながら若い人は人生に当たっていきますので、ほんとに考えだすとわけがわからなくなる。私もほんとうのところはわからないなあといつも思っています。わからなくても、わかっている範囲内で本が書けたり、話ができたりするわけで、今日もわかっている範囲内で話をするんですが、案外話がむずかしくなるかもしれません。これはもう仕方ないですね。男と女の話はほんとうにむずかしいと思います。

男と女という分類

男性と女性ということに対して、私は非常に関心があります。なぜ関心があるかというと、ひとつ言えますことは、人間が物事を考えるときに、物事を分類して考えると非常に考えやすい。だから上と下とか、東と西とか、いろいろそういう軸をわれわれはもっている。たとえばここへ来るにしても、高速神戸の駅から降りて北へどのぐらいとか、東へどのぐらいというと、大体わかる。そういう考える軸というのをわれわれはもっていて、その軸に沿って物事を考えている。

そのときに、皆さんのおのおのの人生観を支えているいろいろな軸がありまして、正直であるか嘘つきであるかという区別をすごく大事な軸にしておられる方もあります。あの人は正直だというと、これは良い人だ、あいつは嘘つきだというと、悪い人だというふうに、正直であるか嘘つきであるかということがすごく大切な軸になっている。それとは反対に、そんな区別を自分の人生観の中であまり大事にしていないという人もいる。

皆さん、考えられたらわかると思いますが、正直と嘘つきというと、善・悪というふうにその軸がピタッと決まってしまう。しかしひょっとしたら、嘘つきのなかにも立派な人がおられるかもしれませんね。あまり嘘つくのが上手だから総理大臣になられた方もあるような気もするんですが……(笑)。なかなかそう簡単に善悪と重なるかどうかわからないですが、ある人にとってはそれは絶対的な軸である。

皆さん、自分で考えられますと、たとえば「女たらし」なんていうと、悪というふうに考えている人が多いのじゃないでしょうか。中にはその悪をちょっとやってみたいと思う人もいますが、女たらしというのは絶対悪だというふうに考えておられませんか。

ところが昔の物語をみますと、「色好み」という言葉があります。色好みというのは、いろんな女性のところへあちこち訪ねていく男性のことですが、そういう色好みの男性について、なんとなく色好みが強すぎて困るというニュアンスをもって書かれているときと、色好みをするような素晴らしい人間、色好みをするような豊かさといいますか、そういう意味で書かれているときとがあります。だから色好みというのは、われわれが考えている女たらしとは違う感じなのです。

たとえば、在原業平なんて人は色好みの最たるものですが、ああいう人はすごく尊敬されているところがあります。なぜそういう色好みが尊敬されるのかというと、その頃の色好みであるのかないのかという分類がすぐに善悪の区別と重なっていないからですね。そのところが非常に面白い。

そんなふうにわれわれは物事を分類するんですが、その分類のなかで、男と女という分類がある。これは非常に明白で、たとえばここで皆さんに向かって、「こちらの席には男の方、こちらの席には女の方が座って下さい」といった場合に、「私、どちらに座りましょうか」と相談にくる人はない。みんなぱっと明確に分かれてしまう。

もちろん皆さんがお会いになるような人のなかにはちょっとわかり難い人もおられると思います。見たところは女性に見えるけれども男性だという人もいますし、見たところ男性だけれども肉体は女性だという方が実際おられます。そういう人がおられますけれども、一般常識に従う限り、男・女というのは非常にはっきりした分類です。

同じ人間でありながら、非常に明確に男と女に分かれるわけです。もちろん大人と子どもという分類もありますが、その場合にちょうどあいだぐらいの人がたくさんいてわかりにくいのですが、男と女というのはピタッと分かれる。

そういう意味で、人間が自分の人生観、考え方をつくりあげるときに、男と女という区別は非常に大事な軸になってきます。現代はちょっと変わってきましたが、ほんの少し前でしたらどんな文化でも、男性はこういうことをする、女性はこういうことをするというふうな考え方が強かったと思うんです。ただし、たとえばマーガレット・ミードの調査によれば、男の人が子守をしたりお化粧をしたりして、女の人が仕事をしているというところもあります。ありますけれども、その場合にしても、男と女の仕事はものすごく明確に分かれている。男はこうあるべきだとか、女はこうあるべきだ、という考え方で男女を分けて考えている。それはほとんどの文化においてあったと思います。

これはなぜかというと、人間がものを考えるときに分類が明確な場合は秩序を保ちやすいからです。つまり、東西南北というような軸がはっきりしているからわれわれはものがはっきり言えるので、日によって東西南北が変わったりすると大変で、人に地図を教えるときに困ります。だから男女というのもピタッと決めているほうが秩序がとれる。

皆さんのなかでも、秩序ということがすごく好きな人はそういうことに自分でもこだわっているような気がしませんか。何かものを言うときに、女のくせにとか、男のくせにとか言いたくなってくる。男のほうがなよなよとしていると秩序が乱れるような気がするし、女の人があんまり勇ましいことをやると秩序が乱れるような気がする。それは昔から人間が考えてきた秩序のなかで、男・女というのがひとつの非常に大事な軸になっているということを示しています。

私はそれがいいと言っているのではありません。間違わないでほしいのですが、そういうふうに人間は考えてきたということです。実をいうと、その軸をいま壊そうとする動きがあったり、あるいは自ら壊れつつあったりして、いろいろむずかしいことが起こっているんですが、まず最初にそのことはわれわれが念頭においておかなければなりません。

そして、男らしい・女らしいという区別はある程度勝手に決めているわけで、絶対的なものではないということも知る必要があります。たとえば私が子どもの頃は、男らしいというのはともかく強いということでした。男は簡単に泣くものでないとか、喧嘩しても負けないとか、苦しくてもヒーヒーいわないということになっていました。私は残念ながら体は弱いし、ヒーヒーいうし、泣くし、その分類でいうと、男のほうに入らないので、すごく苦労しました。

平安時代の物語にみる男と女

そんなこともあってなのかどうかわかりませんが、平安時代の物語を読むと非常に羨ましく思います。平安時代の物語を読むと、男はしょっちゅう泣いていますからね。嘘だと思ったら『源氏物語』を読んで統計をとられたらよろしい。どこで男が泣いて、どこで女が泣いたかと計算すると、大体男女半々ぐらいでしょう。悲しかったら泣きますし、嬉しくっても泣いてます。

私は平安時代の物語が好きで、よく読んでいますが、感心するのは、あそこに出てくる男の場合には、殴り合いの喧嘩をしないんです。たくさん男性が出てきて、たくさん女性とのさやあてがあるけれども、殴ったとか蹴ったとかいうのはまず出てこない。これは非常に珍しいことじゃないかと思います。もちろんあの時代にああいう物語があったということ自体が珍しいことなんですね、西洋の小説などはもっと後から出てくるわけですから。たとえば皆さん西部劇のことを考えたらよくわかると思います。西部劇というのは非常にわかりやすいお話ですが、あの中で殴り合いがない例はものすごく珍しいのじゃないでしょうか。ピストルを撃たないし、男がガーンとやるところがない西部劇、そんなの考えられないですね。ところが平安時代の物語には、私が読んでいる範囲内で殴り合いというのはひとつも出てこない。

そして男は何をしているかといったら、泣くか和歌を作るかしている。そんな時代に生まれたら僕もよかったような気がします、和歌が作れないのでだめだと思いますけれども。ともかく、そういうのをみると、男らしさ、女らしさというのは、時代によって、文化によって違うということです。だから男はこうだ、女はこうだと、そのカルチャーのもつ秩序のうえで決めているけれども、それは本来的にそういうものではないということをわれわれはよく知る必要があります。

たとえば『日本霊異記』などを読んでみますと、あの中には女の人でやたらに力の強い、百人力みたいな女の人などが出てきます。だからあの頃はわれわれがいま考えているような男女の分類と違う考え方をしていたのではないかと思います。

そして、あの当時の物語をみますと、たとえば皆さんが『源氏物語』を読まれてもおわかりだと思いますが、男性が綺麗な女性を目当てにして訪ねて行って歌を渡して、返歌が返ってくるときと返ってこないときとあるんですが、返ってこなくても何度も何度も出したりして、男女の関係ができていく。それが非常に大事な話になっています。

ところが、物語はあのようになっていますが、あの頃の日本の男性たちがいちばん熱心になっていたことって何かわかりますか。『源氏物語』などをみると、男といったら、いつ女性のところへ訪ねて行くかとか、何人訪ねるかとか、そればかり頑張っているように思いますが、あれは物語でして、実際に男たちがいちばん頑張っていたのは官位が上がるということです。自分の官位が中将から大将になり、それから右大臣、左大臣、太政大臣と上がっていく。といいましても、もちろん生まれによって決まっていますから、そんなにむちゃくちゃには上がれないんですが、その人なりにずっと上がっていける。それをどのように上がるかということに男どもは必死だった。

ただし、面白いのは、それを殴り合いの喧嘩とか殺し合いをやらずにやっている。ものすごい贈り物をしてみたり、男女関係を上手に使ったりしながら、男は官位を上がることに一所懸命になっている。その一所懸命になっているなかで、女性のところへ訪ねて行くことをしているわけです。

女性の人たちは男が訪ねて来るのを待っていて、男との関係ができて、ただそれだけのように見えますが、おそらく裏で、男どもの官位の上がり下がりのなかでいろんな陰の仕事をしていたのではないかと思います。たとえばある既婚の女性に恋人ができた場合、自分の夫がその男性より上のほうだったら夫に昇進を頼むということができるわけですから。しかし、そういうことは物語にはあまり出てこない。

それからあの当時の物語を読んで面白いと思うのは、女性が相当な拒否権を持っているということです。いくら男が訪ねて来ても、戸をパチンと閉めてしまえば入れない。戸を破らない限りは入れないけれども、破って入ったという話は全然ない。これはそのルールを守らなかったらもう人間扱いされなかったのではないかと思います。

アニマと魂

そういう男女のことがあのなかにずっと書かれているのですが、われわれの時代になってもやはり男女のことというのはみんな非常に関心があります。誰と誰が婚約したとか、婚約を破棄したとかいうだけでものすごい騒ぎになるんですから。考えてみたらアホみたいな話ですが、あのために新聞記者が何百と出て行って、同じ写真しか撮れないのにパチパチ写真を撮っているわけです。それを見て、われわれも何のかんの言っているということはすごく関心があるということですね。

そして、われわれの若い頃には、映画でも文学でも中心はほとんど恋愛だったといっていいのじゃないでしょうか。私と同年配ぐらいの方がおられたら思い出されると思いますが、われわれは映画をたくさん観たものですけれども、その映画のほとんどは男性と女性のことでした。恋愛が成功したり成功しなかったりする、それを観ては感激していたわけですね。

だから、男女の関係については、平安時代から今に至るまでずっと繰り返されて、そして幸か不幸かこれだという答がありませんので、いくら作品をつくってもかまわない。いくらでもつくれて、いくらでも観に来るというふうになっています。それほどわけがわからないのです。

そういうわけのわからない男性と女性の関係について、軸であるということのほかに、ユングの心理学では、男性にとってアニマというものが女性の姿で現れてくると言ってます。アニマとはラテン語で魂ということです。ユングがいちばん関心があるのは魂の話なんですが、心理学者ですから、哲学者のように、魂とは何かとか、魂と心はどう違うかとか、そういうことをいうのではなくて、人間の心の中で魂はいったいどんなふうに現れてくるか、どんなふうに見られるかということに関心をもったわけです。

そうすると、私の心の中にある女性のイメージとぴったり合うと思われるような方が現れると、私はまるで私の魂に対して憧れるように、あるいは私が私の魂となんとか接触したいと思うような、ものすごい心のエネルギーが動いて、その人を好きになる。その人に会うだけでいいと思う、あるいはその人の声を聞くだけでいいと思う、という状況が起こるということを言ったわけです。つまり、われわれが体験する恋愛ということについて、いわゆる色恋沙汰といいますと、なにか嫌な感じになるんですが、そうじゃなくて、そこに魂の問題が入っているというのです。

事実、皆さんは自分の体験を思い出していただくとわかりますが、異性の誰かを好きになった場合には、確かに全く普通と違う感じになりますね。あの人に会えると思うと、二時間や三時間ぐらい待っていてもいいとか、あるいはあの人がにっこり笑うかもしれないと思えば、いままで嫌いだった数学もやってみようとか、そういうことが起こると思います。高等学校のときに、いままで歴史が嫌いだったけれども、ハンサムな先生が出てきた途端に歴史ばかり勉強したとか、つまりその人が喜ぶということが自分にとってすごい感動を与えるわけです。

そして、自分でも途方もないことをようやったなというほどやったときというのは、大体恋愛のときだと思われませんか。まだ経験のない方は非常に残念ですが、そのうちにあると思います。ありすぎて困っている方もありますが、そういうなんともいえん心の動きというものを魂の問題としてとらえようとします。

その時に、魂といっているけれども、いったい何なのか、わかっているのか、ということになりますが、私はこんなふうに考えています。魂は、命ということとすごく関係が深いように思います。私が命あるものとしてここにいるということはものすごく不思議なことですね。ほんとに不思議なことです。私はどうして今日この机にならずに人間になってきたのかと考えると不思議ですね。しかも同じ命があるにしても、どうして羊にならずに人間になったのか、これを考えたら大変なことになりますね。

ちょっと横道にいくようですが、何年か前、大学で学生さんがすごく元気よく活動したときがありました。あのときに、入学試験の問題をあの学生さんにとられて破られたらお終いですから、入学試験の問題は秘密のところに隠してある。そして係の人間が密かに行って、車でそれを試験場までもって来ることになっていた。

そのとき私は副委員長で、試験委員長は上田閑照という、宗教哲学をやっておられて、禅のことをよくお書きになっている、私の非常に好きな先生でした。上田先生と私があるところへ行きまして、その問題をもって自動車で来て鴨川の辺りを通りかかった。その時上田先生が急に「河合さん、河合さん」と言われるんです。あっ、誰か現れたかと緊張すると、「河合さん、カモが見えるでしょう」とおっしゃった。確かに鴨川でカモかなんかが飛んでいるんです。ものすごく真面目な顔をして上田先生が、「われわれはここで人間になっているけど、どうして、あれは鳥になっているんでしょうねえ」と言われたので、びっくりしたことを覚えています。私は試験用紙のことばかり思っていたんですが、上田先生は試験用紙のことなんか完全に問題でなくて、どうしてあれはカモに生まれたかということを考えておられたのです。やっぱりスケールが違うなと思って感激しましたが、ほんとうにそうなんですね。

試験問題なんて破られようが、試験がなくなったってまたやったらいいんですが、こっちは、カモになっているか、人間になっているかと、これは大問題ですからね。ところが、そのことをあまり一所懸命に考えると、試験が始まるときになって「試験用紙、どこかへやってきましたなあ」とかいって、「どこでなくしたのですか」ときかれて、「私はカモに……」なんて答えると、これ絶対京大を辞めにゃいかんことになると思うんです(笑)。

そういう非常に本質的な、自分の存在にかかわってくることについては、不思議なことにわれわれは考えないことになっている。そして私はよく思いますけれども、人間はあまりそういう本質的なことを考えないために毎日忙しいのではないかと思ったりします。要するに、判定表を書かにゃいかんとか、税金の申告をせにゃいかんとか、何か思っているお蔭で、自分が人間に生まれてきたという大事なことを考えずに済んでいる。というか、忙しさのためにみんな普通に生きているといったほうがいいのじゃないでしょうか。

その証拠に、とことん暇なところへ一年間も行かされたら、誰でもだんだんおかしくなってくると思います。「月給はたくさんあげますから、何もしないでこの家に一人で住んで下さい。料理も全部運びますから、……」、これが続く人は珍しいと思います。半年ぐらいいたらたまらんようになります。

「私」とは?

しかし、ほんとうは人間はそういう問題をもって、命をもって生まれてきている。そしてここで話をしている私というのは、一応私の心を表現していると考えるわけですね。何でそんなことを言うかというと、ほんとうは心をみんな見たこともないし触ったこともないけれども、私の心がといってもみんなあまり怒らないのは、すぐに表現できるからです。たとえば「ここに来て、私は嬉しいです」と、嘘でも言えますね。そうすると、みんなはそうかと思います。あるいは「こういう本を読んで、面白かったです」というふうに表現できます。あるいは皆さんが私に「どんな職業ですか」とたずねたら、「いまどこに勤めております」と答えるわけです。皆さんが言葉によって表現できるそういうたくさんのものは、それがどこにあるかというと、心の中にあるといったらわかりやすい。それで「心」という言葉を使っているわけです。

それとともに、私の体というものもあるわけです。このごろ私はつくづく思うのですが、「私の」なんていっていますけれども、私は私の体のことをほとんど知らないわけです。知らないどころか、私の思うとおりにもできないんです。私がここへ来て、紹介されたときに、あっ、これは講演せにゃいかん、だから心臓のほうにちょっと動いてもらおうとか、脳もしっかりやってとか、そんなことは全然できないので、私はただしゃべっているだけなんです。ほんとうは心臓も脳も休まずに頑張ってくれているわけで、これらに急に休む気を起こされたら大変なことになるわけですが、それを私はコントロールできない。心臓どころか、たくさんのことを私はコントロールできない。ということは、私の知らない部分がほとんどだということじゃないでしょうか。あるいは、いま手を動かしていますが、こういう手を動かしたりするのは自分の意思でできますが、私の肝臓をいま自分の意思で頑張らすということはできない。

そう考えると、「私」なんていっていますけれども、ほんとうは私の知っている私なんていうのはほんのちょっとで、知らない私のほうがよほど多い。しかし一応「私の体」ということは言えるわけです。

ところが、皆さんご存じのデカルトという人が、人間というものを心と体にはっきり分けて考えようではないか、と言ったのです。なぜかというと、体のほうは実体で、実際にあります。ところが心は、確かにあると私が言っているわけですから、そのように言っている私の心はある。そこで実体がない心というものと、実体がある体というものを明確に分けて考えることが大事ではないか、とデカルトは考えたわけです。そこがデカルトのすごいところで、そういう考え方をもとにして近代の医学も出てくるし、近代の科学も生まれてくる。

ここであまり近代科学の話をする気はありませんが、そのように心と体を明確に分割することによって近代の科学が出てきたということは非常に大事なことです。皆さんは大学などでそういうことを習っておられると思います。観察するものは、観察する現象から離れて観察しなくてはならない、客観的に観察しなくてはならないということを習われたでしょう。そういうことをやって科学が進んできた。

ところが、私という人間はほんとうに心と体だけでできているのだろうか。心と体を足したら私になるのだろうか。どうもそう簡単にいえない。心といっても、どうもぴったりこないし、体といっても、どうももう一つといえるようなことがある。そういうものの最たるものは性、セックスだと思います。

わかりにくい「性」の問題

性ということが、ものすごくわかりにくいのは、それを体の問題として語ることができる。しかしそれは一部にしかすぎないからです。性教育をする場合にちょっと残念に思うのは、性教育を体のこととして話す人が多すぎるのではないかということです。なぜかというと、体のこととして性教育の話をすることは誰でもできる。私は知っています、というふうにいえる。それは男性と女性がどう結合するかとか、どう子どもができるかということはいまは非常に詳しくわかっているので、いくらでも詳しく言えるからです。

しかしたとえば、私のところに誰かが相談に来られて、「私は自分の夫以外の男性をすごく好きになって、ここまで人を愛したら性的な関係ができるのも当然……もうそれがなかったら話にならないと思う。しかし夫がいる。先生、私はどうしたらよろしいでしょうか。その男性がどこかへ遊びに行こうと言ったときに、一緒に行くべきでしょうか、行かないほうがよろしいでしょうか」というようなことを言われたときに、「いや、それは性の問題ですから、性教育の方にお聞きになったらどうでしょう」とは答えるわけにはいきませんね。性教育の人はどうしたら避妊はできるかというようなことを教えてくれますよ。ひょっとして恋人がエイズの場合はどうするか、なんていうこともちゃんと教えてくれます。が、相談に来られた人の言いたいのはそんなことではないんです。

それでは何を言いたいのでしょうか。実は、「私にとって性的な体験ということは何を意味するのでしょうか。私の人生観のなかでその性ということをどう位置づけたらよいのですか」ということを訊ねておられるわけです。

そのときにわれわれがあるひとつの考え方でぱっと割り切っている場合は、答は非常に簡単に出てきます。たとえば私が、日本の近代の考え方によって、「いや、あなた、不倫はいけません。それは倫理を破っています。ご主人がいちばん大事ですから、そんなのやめなさい」といったら、これは非常に簡単に理屈で割り切れます。ところがその人は「先生、それはわかっているんです。わかっているんですけど、やめられないんです。というのは、そんな頭の問題ではなくて、私の存在全体がそう動くからです」といわれる。

それからまた、片方の極の考え方の人は簡単です。なぜかというと、好きだったらいくらでも肉体的な関係があったって、問題ないと思っているから、「そんなに好きだったら行きなさい」という人がいるかもしれない。しかし相談に来られた人に、「そんなに好きだったら別にかまわないじゃないですか」といったら、その人は必ず「いや、先生、私には夫があるんです」と言い出すでしょうね。

そのときには単純な理屈で、「はい、こう、はい、こう、」と答を出すのではなくて、自分の人生をどう生きるかということのなかでの性の問題としての相談を受けたと考えるべきではないでしょうか。その場合に、われわれはどうするのか。私は思うんですが、そういう性というものはその人の魂に関わっているのです。つまり「それは体の問題です」、「心の問題です」、などといえない。その人の存在全体を底から動かしているようなものです。そしてその問題を抜きにして私は生きていても仕方がない、とその人は言われているのだと思うのです。

そのときに、たとえば男性との関係があって、それが不倫だということで常に自分を責めて責めて人生を生きている人もいますし、そして自責の念のために自殺する人もあります。あるいは、夫との関係は破りたくない、この人との関係も結びたくない、最後は死ぬより仕方がないというので死ぬ方もおられます。これは昔からたくさんの小説のテーマになっていますね。だからその人には自分の肉体を消滅させてもまだ大事にしたいものがあるのだ、と考えますと、人間は心と体だけでできているのではなくて、人間を全体として、私も知らない私として存在させているものがある。そういうものを魂と考えたらどうか。

魂の洗浄

ユング派のヒルマンという人が非常に面白いことを言ってまして、魂というのは、あるとかないとか、そんなものじゃない。そうではなくて、魂というのはひとつの見方なんだ。自分の人生をみるときに、魂があると思って人生をみてみる。それはどういうことかというと、人間を心と体に分割してしまわない。これは心の問題だから、体の問題だから、などといわずに、心も体も全体として人間をみていこうという見方をする場合に、「魂」という言葉はすごく強力である、というわけです。

私はこんな経験をしたことがあります。あるクライエントの方で、ほんとうに大変な苦労をされた方がいました。これは、思い間違いをする人が多いのですが、私のところに心理療法を受けに来たり、分析を受けに来たりしたら悩みが解決して、ぱっと楽になると思っている人が多いのですが、逆に私のところに来れば来るほど悩みが深くなるという場合もあるんです。この方も私と会っているうちにどんどん、どんどん苦しみが深くなっていく。そして次々むずかしいことが起こってきて、これがよくなったかと思うと、また苦しいことが起こって、というようにずうっと続いていくんです。

私は一緒にずっとやっていて、まあ、そうだろうなあと思っているわけです。これだけの苦しみを味わわないことにはこの人は生きていけないだろうと思っていますから、一緒に付き合っているんですけれども、もうとうとうそれを抜け出したかと思ったときに、またバーンと大きいのがくる。あんまり気の毒で、私は本来そういうことを言わないんですが、つまりだいたいの場合は慰めることはしなくて、クライエントが苦しかったら一緒に苦しんでいるだけのことが多いんですが、さすがにたまりかねて、ちょっと慰めを言いたくなってしまった。

「あんた、せっかくとうとううまいことといったかと思ったのに、またすごいのがきましたね。ほんとうに気の毒に思うけど、あなたが生きていこうと思うと、これだけの苦しみは仕方ないんじゃないですか。僕も一緒に付き合いますから、もういっぺんこの苦しいのをやりましょう」というたら、その人が「いや、先生、そんなこと慰めてもらわなくてもわかってます」といわれるんです。「えっ？」というと、「私は先生に最初にお会いした日から、先生と分析を続けていくあいだに、そういう苦しいことはずっとずっとあるということをちゃんと覚悟してました」といわれた。で、僕は感心して、「あんた、すごいな、よう覚悟してたね」といったら、「いや、いや、先生が一回目に言われました」というんです。「僕が何言いましたか」といったら、その人がこういうことを言われたんです。

その方は心身症的なところが多くありましたから、「これは先生、心のほうが原因なんですか、体のほうが原因なんですか」と私に聞かれたらしい。私は覚えてないんですよ。しかし聞かれた私は「あなたの問題は、心が悪いのでもないし、体が悪いのでもないです」といったらしい。その人が「何が悪いんですか」とたずねたら、私が「あなたは魂が腐ってますから」と答えたらしい。で、その人は、「ああ、腐っている魂の掃除をするんだったら、これは大変なことが起こる」と、そのとき覚悟した。「だからその後は魂の洗浄をやっているのですから、大変なことが起こってあたりまえなんです。大変なことが続きましたが、何とか生き抜いてこられました。」普通の人だったら、ほんとに死んでいてもおかしくないと思います。

そのときに私はそれを聞いてびっくりして、「まあ、ひどいことをよう言うたもんですな」といったんですけれども、その人は「いや、先生、それはほんとうだから仕方ない」と。僕は覚えてないんですけれども、そのときにぱっと言ってしまってたんですね。これはよほど覚悟してもらわないとできないと思ったから言ったんだろうと思いますが、そんなときに「魂」という言葉は非常にぴったりくるんですね。あなたの心がけが悪いんですとか、体のどこが悪いんですとか、あなたはお父さんをどう思ってますかとか、お母さんにどう育てられましたかとか、というようなことを言うと、お母さんの育て方が悪かったのとちがうかとか、父親が怖かったとか、考えるかも知れませんが、そんなことじゃないんです。もう魂が腐っているんだから、魂の洗浄を毎日やらにゃいかんのだから、これは大変です。どぶ掃除どころじゃないですね。そういうときに「魂」という言葉はものすごくぴったりして、あなたの存在自体をもっと自分で掃除せにゃいけない。ひとのせいにできないということですね。

そんなふうに考えると、幸か不幸か、思春期に魂の問題に直面させられている人はたくさんいるんですね。思春期というのは魂がかかわるときです。先ほど私がちょっと冗談半分に入学試験とか税金とかで忙しいから他のことを考えられないのだといいましたが、大体人間はそれほど魂のことなど考えずに生きています。あんまり考えていたらおかしくなりますから。ところが時期によって、魂のこともある程度やらざるをえない場合があって、そのいちばんはっきりしているのが思春期です。それから私は中年にあると思っています。中年というのはどこかで思春期とすごく似ている。もちろんそんなこと全然経験されない方もありますが。

思春期は「蛹の時代」

思春期の前というのは、子どもなりにある程度自分というものができてくる時期なんですね。皆さん自身、子どものころ体験しておられる人が多いし、自分の子どもがあると思いますが、見ていると、小学校五年か六年ぐらいの子どもというのはすごいと思いませんか、記憶力にしても何にしても。たとえばあるときにサッカーの選手なんかが好きになったりしたら、どこに所属しているだけでなくて、生まれはどこだとか、どんな靴を履いているとか、全部覚えているでしょう。ああいう時期には、ぱあっと読むと全部覚えられるぐらいすごいんです。

ある意味で、人間は十一歳、十二歳ぐらいで完成するところがあるんじゃないかと思っているぐらいです。

そして、ある程度できたというところで、もういっぺんつくり直して、大人という変なものにならなくてはならない。これは毛虫が蝶になるのと一緒じゃないでしょうか。毛虫を見ていて、あれが蝶になるということはなかなかわからないと思います。何も教えていないのに、毛虫を見た途端に、「ああ、これは蝶の子どもや」とわかる人は少ないんじゃないでしょうか。あるいはオタマジャクシを見て、「これは蛙の子」とぱっとわかったら相当な人ですね。

それと同じことで、人間だって子どもが大人になるというのは大変なんです。ものすごく大変で、その蛹の時代が思春期なんです。そのとき、毛虫は蛹という殻に囲まれて、そして蝶になる。だから私は、人間も思春期には実は蛹の中でものすごい変換が起こって、そのときにどの子どもたちも人間存在の非常に根源的な魂の部分に触れていると思います。一見何にもせんでぶら下がっているようですが、すごい変換が起こっているのです。

それはどういうことかというと、わけがわからんということです。思春期の子どもがものを言わなくなるのはあたりまえなんです。あれは隠しているとかなんとかじゃなくて、何を言うていいかわからないわけです。蛹だったら殻に入って黙っていたらいいんですが、人間は殻に入って黙っていることができない。みんな学校にも行かにゃいかんし、勉強もせにゃいかんし、お父さんやお母さんも話しかけてくるわけですね。「どうや」とか、「元気か」とか、「勉強やってる?」とかいうけれども、子どもが「うるさい! もうほっといてくれ」と言いたくなるのは、お父さん、お母さんが関心をもっているレベルと違うものが動いているわけです。

お父さん、お母さんたちは、幸か不幸か、大体もう魂から切れているんですね。そういう人を常識の豊かな人というんです(笑)。そういう方がものを言うてくるから、子どもにしたら「うわあーっ」と言いたくなる。「ほっとけ」とか「うるさい」とかいうか、あるいはじっと黙っているか。いずれにしても自分のわけのわからない魂というのが動き始める。そしてそのことは、当然ながら、先ほど私が言いましたような性ということと関係してくるわけです。

そういうふうに非常に不可解な仕方で、魂の底からもういっぺん自分をつくりあげるという作業をしますので思春期は大変なんですが、そのときに蛹の殻のように、その子をぐっと守っている力が強いほど、その子はそこを乗り切ることがうまくできる。そして蛹の殻は誰かというと、家族であり、地域であり、学校であり、社会です。そういうものがみんなその子を守っている。ところが残念ながら守りの弱い、お父さん、お母さんがあまり守ってくれない子とか、学校もあまり守ってくれない、そういう子どもたちがいます。そういう子どもたちは大体は性的なことが非常に前面に出てきます。これは大人が考えている性よりむしろ聖なるものと言ってもいいものです。それに衝き動かされて、自分でも何をやっているかわからない。

「性」は魂にかかわる

ここでちょっと話題を変えて、性というものをなぜ大人は嫌なものに思ったり、穢いものに思ったりするのか、を考えてみる必要があります。さっき言いましたが、女たらしというと、なんか嫌な感じがするし、そして皆さんでも会っている女の子が次々と男性と肉体関係ができたりすると、嫌な子やなとか、嫌らしい子やなとか、勝手なことをしているというようなことをなぜ思ってしまうのでしょうか。性ということについてなぜそう思うのかを考える必要があると思います。

これは私の会いましたある女の子の場合ですが、不特定多数の男の子と性的な関係のあった高校生であるその子が非常にうまいことを言いました。先生が怒って「不純異性交遊だ」と言ったのに対してその子は「先生、何で私が不純ですか。好きな男の人ができるから、その人とセックスの関係があるんです。これは純粋だと思う。先生のように、好きでもないのに奥さんと関係があるのは、これは不純じゃないですか」と。先生がなるほどと思ってしまったので(笑)、どう説明していいかわからないからというので私のところに来たことがあります。なかなかうまいことを言いますね。そういう論理が成立するかもわからないのに、われわれはなんとなく、性のことというと、嫌なことみたいに思ったりするわけです。その逆に、性は素晴らしいと、力説する人もいますが、あんまり素晴らしいとばかりも言うてられない。

そういうことがなぜ起こるかというと、性というのは、先ほど言いました、ちょうど心と体のあいだにあるといってもいいぐらいで、魂の問題なのです。性的な関係はわれわれを一種の融合する状態にもっていく。あるいはわれわれの通常の意識を相当揺すぶる。実際に皆さん、恋愛したあとで振り返ってみると、馬鹿なことをしたものだと思うときがありますね。あんな男のために何をうろちょろしたんだろうとか、騙されたと思って腹が立つようなことがある。あとで常識的に考えると、馬鹿なことをしたものだなと言いたくなるようなところがあるというのは、恋愛はわれわれが通常生きている意識の状態をものすごく壊してしまうものなんですね。われわれが普通に持っている理性というものに対して、これをものすごく衝き動かす力をもっている。だから理性的に物事を考え、われわれが普通は前提にしている秩序を大事にしてこの世を生きていこうとする限り、セックスは恐ろしいものであり、嫌なものであるということになるわけです。

皆さんのなかでも、私の話を聞いているだけで腹が立っている人がおられるかもしれません。そういう方は、秩序とか理性とか、そういうことを非常に大事にしている人ですね。そういう人は私の話にも反発を感じられるかもしれない。それほどセックスというものはすごいパワーをもっている。

そういうセックスに対処するひとつの方法は、そんな恐ろしい嫌なものはできるだけ排除して、表に出さないようにしようとか、性的な関係というのはできるだけもたないようにしようとか、あるいは夫婦の関係だけでぴしっときめていこうとか、そういう考え方がでてきますね。

あるいは、自分は宗教的な仕事をするのだから女性との関係はもたないというようなことが出てきます。日本の坊さんは違います。日本の坊さんはは仏教やキリスト教の場合、非常に強い。仏教の戒律は強いですが、日本の坊さんは違います。これなぜ違うかということはともかくとして、もともとの仏教あるいはキリスト教では聖職者は女性と関係をもたない。これはどういうことかというと、神に仕え、仏教であれば自分の悟りを開くべくひたすら修行する者がそれを脅かされないためです。そのことが入ってくるとめちゃめちゃに揺すられますから、そこは切っていこうという考え方が出てくる。そういう考え方をとると、性というのは恐ろしいものだ、なるべくそれに触れないでおこうということになります。

今度はそのまるっきり裏返しになりますとどうなるか。「セックスというのは体のことだ。体と体の関係であって、それが楽しかったら別にかまわないじゃないか」という考え方が出てきます。それはさっきの裏返しなんです。つまり、性のほんとうの体験をすると、自分の存在を揺すぶられますから、体のことに限定して、あれは生理的なことで、楽しかったらよろしいというわけですね。ただし、エイズになったり性病になるのは嫌ですから、それはやめておきましょう、というような考え方の人は、それもまた性のある半面だけを見ているということです。

そして不思議なことに、仮にそういう生き方をしようと思っても、それはできません。そういうことをしているうちに、その人の魂はだんだん腐っていきます。ものすごく恐ろしいものです。エイズは防げますけれども、それは防げない。なぜかというと、一人の人間と一人の人間がそこまで融合する体験をするということは、体のレベルだけですますことはほとんど不可能なんです。

もちろんある程度意識的に割り切って、「セックスのことは楽しみましょう」と言っている人がおられます。そういう人は不思議なことに、きちっと割り切ってやっている限りは、たくさん男性との関係があったとしても、その女の方の容貌は衰えません。そのときに生半可にやっている人は見るだけでわかりますね。あの人はくずれているということがぱっと見るだけでわかるような場合は、自分は割り切っているつもりでも心が既にやられているのです。心では別に苦しんでいない。多くの男性と平気で付き合っていた人が夢を見ました。夢に現れた自分のボーイフレンドの後ろ姿を見て抱きつくと、ふりかえった彼がおいぼれた老人の顔をしていたので驚いて目を覚ましました。夢はほんとうに真実を語っています。その人の魂はどれだけもう老いさらばえているか。その人のボーイフレンドは若くて素晴らしくて、セックスは楽しいんだけれども、魂のほうはまるっきりということが夢には出てくる。そういうことがその人にわかりはじめると、やっぱり生き方を変えざるをえない。と言ってここから一般的道徳を導き出す気はありません。異性の遍歴を魂のこととして受けとめて苦悩しつつ成長する人もありますので。

いま女性が男性の夢をみられた話をしましたが、男女ともに異性というのは大事ですから、男にとって女性が魂であるように、女の人にとっても男は魂であるかという問題が出てきます。

「アニマ・アニムス」の問題

ユングという人は、女性にとっては魂のイメージは男性として出てくるといい、それをラテン語の「アニマ」（魂）という言葉の男性形の「アニムス」という言葉であらわしています。ユングは哲学者でも宗教家でもなくて、私と同じように心理療法をしている人だったわけです。いろいろな人が相談に来られても、普通の常識的な話し合いだけでは答が出てこない。だからもっと心の深いところを知ろうとして、夢を引き出すわけです。夢には本人があまり意識していないけれども、その人の非常に深いことが出てくる。先ほど私が言いました例がそうです。自分はボーイフレンドをたくさんもって楽しくやっていると思うんだけれども、夢のほうは、あなたはすごいじいさんを相手にしているんですよ、ということをいってくれるわけです。そういう深い真実を語るものとしての夢ということをユングは大事にしました。もちろん自分の夢を大事にしてそれを記録して考えるし、クライエントの人の夢も聞いて記録した。そうすると、男の人にとっては夢の中に出てくる女性のイメージが非常に大事であり、そういう女性のイメージは、これを魂のイメージであると考えたら話が非常に合うというふうに考えた。

それと同じように、女の方たちのみる夢の中に出てくる男性をみると、異性との関係というものは、女の人にとって魂との関係といえるのではないかと考えたユングは、「アニマ」と「アニムス」ということを言い出して、それを非常に大事にしました。

ところが、どうも話はそう簡単にいかない。男の人の夢の分析をしていると、確かにアニマ像が相当はっきり出てきて、この女性像こそその人の魂を表わしていると考えていけるのだけれども、女の人の場合にはいろんな男が出てくるし、これがアニムス像だという明確なものが見えない、とユングは書いている。自分のアニムスということについて非常に明確に話ができる女性はほとんどいない、あるいはいなかった、と書いているんです。そのことはあとで非常に問題になってきます。また女性の方たちが自分で考えてみて、どうもぴったりこないじゃないかということを言い始めた。皆さんも自分でいろいろ考えてもらったらわかると思うんですが……。

どこまでみんな賛成されるかわかりませんが、ついでに言っておきますと、ユングはこんなことも言っています。男性にとって心の中のアニマ・イメージはどうも一人だという気がする。これぞ永遠の女性といいますか、自分の心の中で、この人が私の永遠の女性だというような一人の異性。ところが女の方が自分の心の中の男性像を考えると一人にならない。これもこれもとたくさんある、あるいはひとつの集団の場合もある。

その次が面白いんですが、そういうふうに心の中はそうなるので、それを補償するような形で外的現実においては、男性はたくさんの女性を好きになり、そして女性は一人の男を好きになる、というのです。どう思われますか。次のようなことを言う人もいますね。女の人に、「あなたは誰が好きでしたか」ときくと、「何のなにがしさん、あの人が好きです」と、はっきり一人の男性の名前を言えて、その人のためであれば命を捨てようというぐらいに思い込んでいる。

ところが男のほうは、「あなたは誰を愛しましたか」ときくと、「女を愛しました」という言い方をする。つまり何のなにがしというのではなくて、女の代表としてのたくさんの女の人たちが好き。ところが心の中では逆になっているのだということをユングは言っているんです。これは賛成する人と反対する人と、ユングは男だからずるいことを言っていると言う人もいます。私は賛否の判断を差し控えたいと思います。わかりません。そんな簡単に割り切って言わないほうがいいんじゃないか、と私は思います。

なぜそう思っているかというと、ここからまたちょっと話が変わってきますが、次にこういう問題が出てきます。魂というのは、ほんとうはわけがわからないわけです。心でさえ何かわからないのに、魂となると、ほんとうにわからない。だからユングも、男性にとって女性が魂だなどと言ってないんです。厳密にいうと、魂のイメージだ、と言っている。魂そのものはわからないけれども、それをイメージとして表現したら女の人になる、という言い方をしている。だから男性も女性も誰もみんな魂というものをもっているのだけれども、魂そのものはほんとうは誰にもわからない。魂そのものが、わかったというふうにいわれる人がいたら、大体どこかの病院に行ってもらわねばならないのじゃないでしょうか。ただし、魂そのものはわからないけれども、私の魂を具現しているイメージというのは、これはわかる。

そのときにユングは、男の人にとって魂のイメージは女性像だということを言いましたが、私はこのごろこう思っているんです。魂そのものは、男で表わされるとか、女で表わされるとか、そんな単純なものではない。ところが私が男であるということは、面白い言い方をすると、私の可能性がものすごくたくさんあるなかで、一応男といわれるように生きたほうがいいわけですね。あんまりなよなよ、ぐにゃぐにゃしていると評判が悪いので、無理して男らしく涙を捨てたりして頑張っている。ということは、私は私を男としてつくってきているわけです。それをユングはペルソナという。ペルソナというのは仮面と言ってもよいでしょう。

だから私はみんなが言っているような男らしいペルソナをつくってきている。私の魂は私にとっての不可解な、わけのわからないものですが、その魂ともういっぺん結合することによって私の存在全体を回復したいと願うのだったら、それは女性の姿で出てくるのがいちばんわかりやすいのではないか。なぜかというと、実際に男と女が結合して結婚し、子どもが生まれます。これはすごいことですから、私が男としてのペルソナをつくればつくるほど、私の魂は女性の姿をとって出てくるほうがぴったりくるのではないか。

ヨーロッパと日本の違い

ところが次に生ずる問題はこういうことです。日本はちょっとおいておきまして、ヨーロッパの例を考えますと、ヨーロッパの文化そのものがすごく男性優位の文化です。レディーファーストというけれども、あれは女の人が弱いから大事にしているのであって、強いのは男だと思っている。その男性優位ということが単に現実に生きている男と女というだけでなく、考え方としての男性――つまり、心と体を分けるとか、天と地を分けるとか、善と悪を分けるとか、そのようにばっちり物事を分けて、明確に判断して、明確な考え方で生きていこうという考え方――が非常に強い文化です。だからヨーロッパの文化は男性性というものを非常に評価する。

たとえば西部劇を考えてもらうとわかりやすいのですが、物語の中でいいやつと悪いやつが正面からぶつかって戦いますね。ピストルを撃つにしろ、殴り合いにしろ、必ずそういうのがあって、正しいやつは必ず勝つ。そういう正面からぶつかる戦いなんです。そしてその戦いの中で正しいものは結局勝ちますという、非常にわかりやすい形の話が西洋には多い。それはどういうことかというと、そういう男性的な自我というものをつくって、物事をはっきり明確に分けて、なるべく正しく、なるべく強くというふうにどんどん頑張って生きていかなくちゃならないというのが欧米の考え方です。だから話にもそれが出てくる。

ところが、私が先ほど言いましたように、日本の物語を読むと、特に平安時代の物語を読むと、そういうことがないんです。そこが非常に日本の面白いところですね。これは私がよく言う例なんですが、『落窪物語』というのがあります。皆さん、読んで下さい。このごろは何でも現代語訳があるので、それですごく助かります。

これは継母と継子の話です。継母に綺麗な娘がすごくいじめられて苦労しているんですが、そこに素晴らしい男性が現れて恋愛関係になる。男性が訪ねてくるのを継母が知るわけです。それでお母さんがものすごく怒って、娘を物置に閉じ込めて、男が来ても会えないようにしただけでなくて、継母の親類筋の六十のおじいさん(典薬助とかいう名前の)に「あの娘をおまえの好きなようにしてよろしい」というわけです。そのじいさんはものすごく喜んで、物置に夜中に忍び込もうとする。映画などでそういうシーンというのはよくあるでしょう。綺麗な女性を変なじいさんが凌辱しようとするときに、若くてハンサムな男性が出てきて、ポカーンとじいさんをやっつける。音楽が鳴って、男はさっそうと帰っていく。西部劇などではこうなるんですが、日本の物語は全然そういう解決策をとらない。

どんな解決策になるかわかりますか。じいさんが必死になって戸を開けようとするんですが、中から突っ張り棒をかけたりしてバリケードを築いているから開かない。じいさんが夜じゅう開けようと思って必死にやっていたら、だんだん腹が冷えて下痢してくる。「ピチピチと音がして」とか、ものすごく詳しく書いてあります(笑)。そしてじいさんは袴を汚してしまって、衣類を洗っているうちにしらじらと夜が明けてきた——そういう話になるんです。

世界中にこんな話ないんじゃないでしょうか。つまり、悪いやつのところへそれより強いのが来て悪いやつが懲らしめられるという話ではないんです。何が素晴らしいかといったら、自然現象です(笑)。やっぱり冬は冷えるということですね、それだけの話なんですが、それが物事を解決しているわけです。そういう考え方で物事を見ていこうとする。この場合の、自然というのは何でしょう。例えばこれはやっぱり魂の動きをあらわしていると考えたら、ものすごく面白いと思いませんか。その汚いじいさんが自分の下着を一晩中洗わねばならなかったなんていうと、ものすごく話が合いますね。そう思うと、その女性にとって、女性を救う魂の動きは男性ではなくて自然現象、冷え込みというやつなんです。

それで私の言いたいのはどういうことかというと、男性優位の、物事をはっきりさせて、力で頑張っていこうというのではない考え方を日本人はもっているけれども、西洋のほうは男性優位できましたから、女性の自我も非常に男性性を身につけてきた。つまり西洋の女の人たちはどうしても自分が一人前に生きるためには男性的な自我をもたなければならないということになります。そしてそれをもとうと思えばある程度もてるんですね。

西欧の女性にとっての大きな問題は、自分が女性であるということと、それにもかかわらず男性的なものを身につけないと一人前になれないというところがあって、非常にむずかしくなってくる。だから自分の魂のイメージを単純に男の姿でみつけだすなんていう格好にならないのではないか。女性にとって自分の魂のイメージというものはそう単純にはいかないのではないかと私は思っています。ひょっとして、女性にとっても魂のイメージは女性で出てくることがあってもいいのではないか、と私は思います。

そんなわけですから、いまのお話を聞いておられて、皆さんちょっと混乱してくると思うんですが、私は男性、女性と分けていますけれども、それは考え方として分けているのであって、実際、自分がどう生きるのかということになると、私という男性がいわゆる男性的ではなく女性的に生きる力をもすごくもっていることになります。女の方もいわゆる男性的に生きる可能性ももっているということになります。だからその中のどれをどう生きるのかということはなかなかむずかしい問題になります。

『とりかへばや物語』

そしてそのように生きることはみんなが思うよりもはるかに可能なんだ、ということを書いたのが『とりかへばや』という物語だと思うんです。私は『とりかへばや、男と女』という本を書きましたが、これは日本にある『とりかへばや物語』という物語について分析した本です。これも皆さんぜひ読んでほしいと思いますが、ほんとうに面白い物語です。

どう面白いかというと、一応姉弟にしておきますが(兄と妹という人もあります)、姉さんは小さいときから男の遊びが好きで、そこらを走り回っている。弟のほうは几帳の陰に隠れたり、貝遊びをしたりして、その当時の女性的な生き方。だからお父さんも仕方ないので、姉さんのほうは男として育てて、弟のほうは女として育てた。そうすると、もともと女ですが男として育った人は宮中に召されて、どんどん出世して、大将にまでなってしまう。しかもそれだけならいいんですが、結婚までする。それを結婚させるときに、お父さんはずいぶん迷うんですが、お母さんのほうがしっかりしてまして、「そんなものどうでもええわ」というわけで結婚させるんです。結婚して、しかも子どもまでできるんです。どうしてだかわかりますか。それは誰か男がいたということですが、ともかく結婚までする。また弟のほうは女性として生きますから、ちゃんと女官として宮中に勤める。そういう非常に不思議な物語です。そして結果的にどうなるかというと、女性は大将になっていくし、片方の男性は女官になっていく。そしてある時点で二人は役を交換して、めでたしめでたしになっていく話なんです。

そういうふうに、まさにとりかえができる話なんですが、私はこれを読んでいて思ったのは、作者はおそらく女性ではないかということです。つまり、女の人がこれを書いて、それみろ、男の人たちはいろいろやっているけれども、こんなの女だってできるんだ。女だって大将も中将もできる、と。実際そうですね。このころはそんなに戦争がないですから、大将も中将も和歌を作っている。そのように、男どものやるようなことは女ができるし、そして女のすることを案外男もできるのではないか、ということが非常にうまく書いてある。

そしてその中で私が非常に面白いと思ったのは、男女入れ替わっていますから、たとえば女の人が男になっていますけれども、ものすごく綺麗で、非常に美男子だから、男性でも心を魅かれる。なんとなく同性愛的な感情が芽生えているんだけれども、ほんとうは男女なんです。そういう関係になったり、あるいは今度は逆に女の人が男になっているわけですから、その美男子を好きになった女性が近づいていく場合は、男女の関係のようでありながら、これは同性愛になっている。そういう倒錯した形の姿が書かれるんですが、非常にうまく、綺麗に書いてある。そこに一種の素晴らしい、美的な描写が出てきます。

この『とりかへばや物語』では、男性と女性が入れ替わりますからいろいろ変なことがよく起こる。女性だと思って近づいて、ようみたら髭が生えていたりするので、ひところは日本の国文学者の人は、これは非常に変態的な話である、と考えていたようです。ある時『とりかへばや』を研究しておられた桑原博史先生と対談したことがあります。桑原先生は、自分が『とりかへばや』を研究するというと、それだけで変態的だと思われたというぐらい、国文学の世界では嫌がられていた本なんだと言っておられました。

私はそうとは思わなくて、この『とりかへばや』という物語は、男と女は思うよりもはるかに交換可能であるということと、もうひとつは、男と女が愛し合うということだけが美しいとは限らない、男と男の愛とか、女と女の愛という関係にもすごい美しさがあるということを言おうとしたのではないか、と考えます。

要するに、男と女を明瞭に分けて、男はどうする、女はどうする、男と女が愛し合うというのは非常にわかりやすいことですが、それからちょっと次元が変わってきて、見かけは男でも実は女かもわからない、女も男かもわからないという関係が出てくると、だんだんおかしくなってくる。そしてその時に、それはどうもグロテスクだとか、嫌らしいとかいう見方と、それだからこそすごく美しい世界が生ずるというのと、両方あると思います。実は『とりかへばや』の話を私はスイスでしまして、そのときに『とりかへばや』のひとつの非常に大きなポイントは、ビューティ、美ということではないか。日本人は美ということを非常に深めていこうとした場合、常識的な男女のあり方を壊して、もっと深いところを見ようとして、こういう美的なシーンを演出しようとしたのではないか、という話をしました。

そうしますと、聴衆のなかの一人の外国の分析家の方があとで私のところに来られて、「おまえが話をした今日のビューティはソウルのビューティ、つまり魂の美である」というんです。普通の美ではない、魂の美である。魂の美というのは、ちょっと揺れるといっぺんに醜くなる。そうでしょう。同性愛のほうが異性愛よりきれいとは簡単にいえないところがありますね。しかし考えてみたら、日本の文学のいろんな表現のなかでは、男性が女性役をしたり、女性が男性役をしたりしますね。そういうなかでみんななんともいえない不思議な美を感じるところがある。それはどこかで美しさというものの次元がちょっと変わっているわけです。魂は男と女というような通常の分類を超えた次元にかかわるのです。

というと、皆さんわかって下さると思いますが、また思春期のことに帰ってきたわけです。思春期のときに、魂が動きだして、他の人の魂と接触しだすと、常識的な分類は超えてくるわけです。そうすると、そこには同性愛的なことが起こったり、「うわっ、嫌らしい」と言いたくなるようなことがいろいろ起こるのだけれども、それは嫌らしいとばかりも言っておられない。ひょっとしたら、そこには魂というものが深く関連しているかもしれない。

間違わないように聞いてほしいのですが、そういう変なことをやっている人ほど魂のことがわかっている、と私は言っているのではないのです。そういう人は魂に揺り動かされているのであって、ある意味でいうと、被害者といえるかもしれない。しかし揺り動かされている場合には、どうしてもわれわれの常識を超えたことが起きる。そのときにわれわれがそういう人にお会いして、この変な人とか、この嫌な人とかいうのではなくて、私は何ができるのか、そういう人に会っている私の魂はどうなっているのか、考えたいと思うのです。

つまり、常識的な世界の立場に立って、こいつら駄目だとか、馬鹿だとかいうのは誰でもできるんです。「あんな嫌らしい女はない」とか、「あんな女たらし」とか、それはみんな常識で言えるわけであって、常識でものを言うとしたら、私は専門家ではないと思います。われわれがそういう人たちに会う専門家であるということは、常識的なレベルでないところがみられるからですね。われわれが常識を超えようとする限り、われわれは魂のあり方について自分なりに考えねばならない。そのときに、性ということがすごい重みをもって出てきます。そしてこれはほんとうにむずかしいということがわかると思います。

物語の重要さ

そういうなかで、たとえば私がこの『とりかへばや物語』に注目するということは、そういうことを考えていくのに非常によいきっかけになると思うんです。ある意味では、心理学の教科書を読むよりも、この『とりかへばや』という物語を読んでいるほうがよほど意味があるように思います。そして読みながら、それこそ自分の魂のあり方と照らし合わせて読んでいると、ははあ、こんなこともあるのかとか、思いがけぬ発見もでてきます。

そしてその物語のなかで、例えば色好みの男性についてそういう男性の魂はいったいどうなっているのだろうか、というようなことを思って読んでみますと非常に面白い。私は物語というものはそういうものじゃないかなと思います。

つまり、ここにあるこのコップを科学的に述べるという場合は、それをディスクリプション、記述するといいます。私がこれを、たとえば上の直径何センチ、質はガラスでできているとか、そういうことを言うと、皆さんにそのまま伝わります。正確にいえばいうほど皆さんに正確に伝わっていきます。そのときには、私がしようとしていることはどういうことかというと、このコップというものの事実をそのまま皆さんに伝えたいということですね。そのときには、私がいかにこれを記述するかということが大事なんです。

ところがこのコップについて客観的にこういうものだというだけでなく、ここにコップがあるということは私の魂との関係でいったいどうなっているのだろうかという問題になってくると、話は全く変わってくる。そのときに、たとえば「私が今日ここで皆さんにお見せしているコップは、実は今日私が神戸へ来るというので、私の教え子でコップを作っている人がここにわざわざ持ってきてくれたものです」というと、いっぺんに私とこのコップとの関係ができてくる。私とコップの関係ができるだけでなく、そうなのかと感心して皆さんが見られると、コップと皆さんとの関係ができる。しかももっと面白いのは、私の教え子を見ていないのに、その教え子と皆さんとの関係までできてくる、どんな人だろうとか、そんな教え子があったのかとかいうふうに。つまり、皆さんの心がすごく動き始める。それが物語なんです。だから物語というものはつなぐ力をもっている。私とコップをつなぎ、私と皆さんをつなぎ、皆さんの見ておられない私の教え子ともつなぐ。

なかには物語の嫌いな人がいて、「とりかへばや？　そんな馬鹿なこと言うな。男と女、そんなの替われるか。すぐバレるじゃないか」という場合、それは男と女のディスクリプションがうまくできていない、つまりそんな記述があるかということを言っているんですね。しかし、そうではなくて、男と女ということを物語るとすると、どうなるか。私が男であり、女の人がおられるということを考えて、その関係をどう表現するのか。あるいは私の意識的にいま考えている常識と、私の魂との関係をどう見るかという場合には、これはもう物語るより仕方ないわけです。大体からして、私の今日の話がもう物語なのです。

そしてまた面白いことに、物語というのは人と人との関係の中で語るほうがやりやすいんですね。今日お話したことを文章に書くのはすごくむずかしいと思います。やっぱり私が生身で出てきて、生身でおられる皆さんにしゃべっているから、こういうことができたんですね。しかし素晴らしい物語というものは字で書いてあるけれども、われわれにそれを可能にするし、そしてまた皆さんが物語を読むときには、そういうつもりで読まなきゃいかんです。初めから記述的に読むと馬鹿くさくて読んでられないですね。そうじゃなくて、魂のことを書いているんだと思えば、物語はすごく読みやすい。

そんな意味で、今日は物語の話をちょっとしかしませんでしたが、『とりかへばや』とか、『源氏物語』もそうですけれども、日本の中世の物語を私は非常に面白いと思っています。というのは、やはりあの時代には、われわれ現代人ほど自然科学的な考え方でぱっと物事を割り切って、切断して考える考え方をしていませんからね。みんなつながって生きているわけですから、そういうつながりのなかから自然に生まれてきたものを書いていますので、すごく意味の深いものが出てきているのではないか。そういう意味で、物語というものが、われわれが忘れかかっている魂のことを語っているのです。思春期の性を考える上で、皆さんも思春期における身体的変化などについてよく知るだけではなく、今日あげましたような物語も大切なものとして読んでいただきたいと思います。

第五章　アイデンティティの深化

深層心理学の仕事

きょうは、「アイデンティティの深化」という題でお話をしたいと思います。

この創造的市民大学で、私は「心理学」ということになっております。それで、はじめにちょっとおことわりしておきたいのは、心理学といいますと、人間の心を研究する学問ということになっておりますが、その研究方法、あるいは考え方というものが実はそう簡単ではありません。

皆さん方は、心理学といいますと、私のようにノイローゼの人を治療したり、それから人間の心のあり方について考えたりする人間が心理学者だと思っておられるかもしれませんが、実際は私のような心理学者で大学で教えている者はむしろ少数です。大学で心理学を研究しておられる先生方というのは、明確な言い方をしますと、客観科学として人間の心の問題を研究する。客観科学というのはある事柄を客観的な対象として研究する。たとえば、ここにこういうガラス製品があるとしますと、これを客観的な対象として、これを見てどういう形をしているのか、あるいはつぶしてみてどのくらいの強さをもっているのか、というふうに研究をすすめています。それは、これを見るなり、感じがいいなとか、だれそれにあげたら喜ぶだろうというふうに、自分にすぐ関係づけて考えるのとずいぶんちがいますね。

客観科学としての心理学というのは、前者、つまり人間の心というものをいちおう突き放して、客観的に研究していこうというのですが、実際は人間がどんなふうなことを感じたのかとか、どんなふうなことを考えているのだろうというようなことは考えだしたら難しい。

ですから心理学というけれども、実際は、人間は何か感じたりする前にいろいろ見るのですから、まず人間の見る力というものは、いったいどのくらいあるのだろうとか、人間はどのくらい物事を記憶し、どのくらい忘れるのだろうといった、ある程度は客観的に計測できる問題にしぼって研究していこうという行き方をするわけです。そしてこれまでは、そういう考え方がむしろ心理学の主流を占めていたといえると思います。

私はそういう方法ではないほうに属しております。私のような考え方をする心理学にも、いろんな派があるのですけれども、これを総称して深層心理学とよんでおります。

こういう深層心理学などということを考えるところがわれわれの特徴でして、客観的な考え方をする人でしたら、「深層」なんていえない。

深層とか浅層とかいっても、いったい心のどのへんからを深いというのか、何センチくらいからかなどということはもちろん私たちはやりません。そういう何センチとか何メートルとかということをやめて、ともかく深いところをやりましょうと、いいかげんなところから出発するのがわれわれのやり方なのです。

だから、私がきょうお話をすることは、心理学全体の話をしているというふうに決して思わないようにしてください。むしろ心理学のなかでは一つの部分のことです。しかし、皆さんが実際に生きていかれる上においてはいろいろ意味をもつといいますか、有用なことが出てくるだろうと思います。

いま深層心理学というふうな言い方をしましたが、われわれがやっておりますような心理学は、さきほどもいいましたが、どのようにして人間というものを客観的に研究するかとか、どういうふうな方法でやれば人間のことが厳密に研究できるかということをやるというより、人間の治療といいますか、ノイローゼの人、あるいはけんかする人、憎しみ合う人はどうすればよくなっていくだろうかという、非常に実際的なところから出発した心理学なのです。

ノイローゼといっても非常にいろんなのがありますけれども、日本の人がよくなるノイローゼに、たとえば対人恐怖症というのがあります。こういう所へ出てこられても、なにか人に会うといやだから、なるべく隅の暗い所へ座るとか、あるいはそもそもこういう所へ出てこられない。しかも大事なことは、そういう人は頭の中では人間はなにも怖くないということはご存じなんですね。それはわかっているのだけれども、ともかく怖い、どうにもならない。だから非常に気の毒なのです。そういうノイローゼをなんとか治してください、といってわれわれのところに来られる。それをなんとか治さなければなりません。

そのときにわれわれとして非常に大事なことは、その人がどんなふうに苦しんでおられるのか、どんなふうにその問題を克服しようとしておられるのかということをいっしょに考え、いっしょに悩んでいくということです。その人を、さきほどいいましたような、客観的に突き放して観察する、研究するというのではなくて、怖くて外へ出られないという人がおられたら、外へ出られないというつらさを「共感」しながら聴いていく、私どもも共にという姿勢です。

そんなふうにして、そういう人と話し合っているうちにわかってきたことは、これは外へ出られない人を出るようにしてあげるとか、あるいはこのごろよくあるように、不登校の人を学校へ行けるようにしてあげるとかいうふうな単純な問題ではなくて、そこにはいかに生きるかということが入ってくる。つまり学校へ行けない人は、ほんとうは行けないということについて、行けないだけのその人にとっての意味があるわけで、それはどういうことなのだろうかということを考えているうちに、その人の考え方、人生観、世界観、そういうふうなことがだんだん問題になってくるわけです。

このようにわれわれの心理学は、はじめはノイローゼの人を治療するという非常に現実的なことからでてきながら、結局は生きるということはどういうことなのか、あるいは生き方としてどういうことがあるのだろうか、という人間の根本問題にだんだん近寄らざるをえなくなる。何らかの意味で人間の人生全般について考えねばならなくなってくる。そのなかで、きょう申し上げますアイデンティティということが、非常にだいじなことばとしてでてきたわけです。

アイデンティティとは

アイデンティティという英語は、日本語で「同一性」というふうに訳されている場合が多いと思います。なかには「主体性」などと訳す方もおられますが、最近では「アイデンティティ」のままよく使われておりますので、皆さんも聞かれたことがあると思います。

このアイデンティティということばは昔からあったのですが、われわれがいま使っていますような意味で非常に大切だということをいいだしたのは、アメリカの心理学者のエリクソンという人です。エリクソンという人は精神分析の治療をしている人でして、フロイトのもとでいろいろ勉強したりした人です。

このエリクソンのいいましたアイデンティティということばが、アメリカで非常にはやりまして、日本でもみんな使っているんですが、実はこのことばは考えだすとわからなくなるのですね。

お互いに話をしているとわかっているような気がするんだけれども、ちょっとわからないところがある。とうとう誰かがエリクソンに、これは一言にしていうとどういうことですかと訊くと、エリクソンは苦笑いをしながら、いや実は自分もはっきりわからないんだと言った(笑)、というジョークみたいな話がありますが、このアイデンティティというのはいったいどういうことかといいますと、非常に簡単にいってしまえば、「私は私である」ということです。

私は私であって、私以外の何ものでもない。しかし単にそれだけでなくて、私は私であって、私以外の何ものでもないということを、私がちゃんと感じ、私がそれを自分の心にはっきりとおさめることができる。主体的にちゃんと自分のものにできているかどうか、というふうにいっていいと思います。

「私は私である」なんていうと非常に簡単なことでして、私はまさか他人であるはずはありませんし、そんな馬鹿なことはないようですが、よくよく考えだすと困るんですね。

たとえば誰かからまじめな顔をして、「河合さん、あんたはいったい何者ですか?」という問いを発せられたとします。これがふつうの会話だったらいいのですけれども、たとえば禅のお坊さんから「おまえは何ものか?」と言われたときに、「私は河合でございます」と言ったら、おそらく「喝ッ」とやられるのにきまっていますね。それで、こんどは「大学教授です」と言ったら、これも「喝ッ」とやられるでしょう。——どうも禅の坊さんというのは、カツ、カツのカツばかりで、いつ負けるのかと思うんですが——実際のところ、「私は大学教授です」と言っても、そんなものは話にならんのです。というのは、いずれ定年になりますね。それで大学を辞めたら私は私でなくなるか。そんなことはない。

あるいは、今は「河合でございます」なんて言っていますけれども、ひょっとしたら養子に行くかもわかりません。それに河合だと言うけれども、河合という人はいっぱいいるではないか。「河合隼雄」、これなら少ないだろうと喜んでも、探すとどこかに同姓同名の人がおいでかもしれません。

そんなふうに、おまえはおまえだということを何で証明するのかということをやっていきますと、だんだん心細くなってくる。

はじめのうちはいろいろいってますけれども、ラッキョの皮みたいなもので、だんだんむいていって、最後に何もないのがおまえかといわれたら、非常に困るわけです。そういうふうに考えていくと、私は私なんです、ということを単に人に言えるだけではなく、自分が自分に対してそう言える。自分で納得がいくというのはこれは大変なことです。

つまり、ここでいっているアイデンティティ——同一性の問題というのは、私はいつも同一なんだ、おとついの私も私だし、きのうの私も私だ、今の私も私で、あしたの私も私だ、というふうに、ずっと私というものがほかのだれでもない私として生きつづけていると確かにいえるかという、そういう問題なんですね。

エリクソンが、一言にしていえばアイデンティティとはどういうことなんだ、と訊かれたときに、簡単にはいえない、と言ったのは、単に冗談めかして言ったのではない。われわれのやっているような心理学といいますか、あるいは人間はいかに生きるかといった問題に関係してくるかぎり、非常に大事なことばというものは、一言にしていえないということが多いからではないか。一言でいえるようなことだったら、あまり大事だということにならない、すぐわかってしまうんですね。

そういうことからいえば、アイデンティティということばのように、そのことを訊かれてだんだん大事な気がしてきて、そうだ、アイデンティティを確立しなくてはならないと思って、考えだしたら考えるほどわからなくなるといったことばがいいことばなんですね。

なぜかというと、それをめぐってわれわれは格闘しなくてはならない。何度も何度も考え直さなくてはならないからです。

たとえば人生において、何が大切ですか、金です、というように端的にポッとわかるものではなくて、もう一つわかりにくい、わかったようでわかりにくいことばの方が、みんなをひきつけ、みんなを考えのなかに追い込んでいくのではないかと思います。私はアイデンティティというものは、そういうものの一つだと思っています。

つまり、アイデンティティというのは、みんなが普通の客観的な科学で使う概念というものではない。あることについて、できるだけかっちりと概念を決めてことばで定義し、それを使って論理的に一つの学問を構築するというのはわかりやすいのですけれども、われわれのようなこういう深層心理学をやっているものは、そういう概念として把握できない、いくらつかんでも何か残るという、そういう不思議なことばを発明して、そしてそれを使いながらみんないっしょに考えていく、そういうことをやっているわけです。

そういう点でもアイデンティティというものはいわゆる客観科学における概念とはちがってしまうし、またそういうものを使うということで客観的な科学の好きな人からは批判されるのですけれども、私は逆手にとりまして、そういうことばを使うことによって、われわれは自分の人生をより深く考えられるのではないかといっているわけです。

西洋人の自我と日本人の自我

ところで、これは非常に大事なことなんですが、エリクソンはアイデンティティというときに、単にアイデンティティというのではなくて、その上に英語でいいますとエゴをつけまして、エゴ・アイデンティティということばを使うことがあります。

日本語に訳しますとエゴは「自我」ということですから、「自我同一性」と訳されていることが多いのですが、ここに非常に大きい問題が起こってきます。

それは、この「自我」というものが、なかなかくせ者でして、わかったようで実はわからない。それからもう一つ大きい問題は、われわれ日本人が考えている自我と西洋人が思っている自我とはどうもちがうらしいということです。

エリクソンが、エゴ・アイデンティティということをいいだした背景には、きょうそこまで申し上げられるかどうかわかりませんが、結局、ユダヤ＝キリスト教という宗教的背景が全体に流れているように思います。すると、ユダヤ＝キリスト教とはずいぶんとちがう考え方でこの世に生きてきたわれわれ日本人の思っている自我とでは、そう簡単に重なりあわないのではないかと、僕は思っているわけです。

非常に簡単な例をあげますと、自我というのは、いってみれば「私」ということですが、「私」というのはずいぶんくせ者です。「私」なんていうと誰しもわかりきったことだと思うんですけれども、私は、「私」というのは非常に恐ろしいことだと思っているんです。

たとえば、アメリカあるいはヨーロッパへ行ってすぐに気のつくことは、彼らにとって「私」というものは非常に堅固といいますか、かっちりしたものであって、非常にだいじなよりどころになっているということです。これはどういうことかというと、たとえば話をしていても、あちらではすぐにおまえの意見はどうかということをパッと訊かれる。すると日本人の場合、何かしらんけれども、反射的に「アイ・ドント・ノウ」と言う人がものすごく多いのです。それでむこうの人はびっくりする。

私がアメリカへ行っていたときに、たしかアイゼンハワーが日本へ来られないという事件があったと思うんですが、そのときに彼らは「アイゼンハワーはなぜ日本へ行けないのか」と、日本人に意見を聞きたがりました。そうしたら、日本人はみんなびっくりして「アイ・ドント・ノウ」と言うわけです。相手はけげんな顔をして、「おまえは日本人だろう。日本人としていったいどう考えているんだ」と追及してくる。それでも「いや、まあいろいろ」とか、「メイビー……」とか、「たぶん」といった非常にあいまいなことばはたくさん出てくるんだけれども、「私はこう思う」、ということがなかなか出てこない。これは私もそういうことを訊かれてハッと気がついたんです。

ただし、私はそういうことを知っていましたから、アメリカ人に馬鹿にされないように頑張らなくてはと思って、心を奮い起こしてものを言ってきたんです。それでもやはりなんとなく心配になってきて、「アイ」と言えないで、ともすれば「ウイ」つまり「われわれ」と言いたくなって弱ったことがあります。

どこかの犯人ではないですけれど、日本人はすぐ「わしら」とか(笑)、一人だのに「私ら」とか「ぼくら」とか、自分のことをいうときでも「ら」をつけたがるでしょう。アイという一人の人間として意見を主張するのを何となく怖がっているし、恐れているところがある。「私はこうです」と言うのが非常に難しい。「ご意見は」と聞かれたら「みなさん、こうお考えではないでしょうか」などと、何もみんなのことを訊いてやしないのにそういう言い方をする。この場合「私」とは言っていても、その「私」には外のことが相当に入り込んでいるわけです。それに対して西洋人の「私」というのは、非常にかっちりと確立した「私」です。これを西洋人は「自我」とよんでいるわけですね。

つまり、西洋人にとってエゴ・アイデンティティというのはどういうことかというと、「私」というものはこういうものなんだ、私はこうで、私の意見はこうである。また私の考えは、誰それとはどうちがうということを明らかにする、それがエゴ・アイデンティティなんですね。

私は実はこのことに非常に関心がありまして、いろいろと本にも書いているんですけれども、そういうことから西洋人のいう自我と、日本人の「私」はちがうのではないかと考えているわけです。

日本人は「私」といっていても知らん間に「私ら」になっている。何かほかのものが入り込んできている。これはそういうふうに小さいときからつくりあげられてきているのではないか。そしてそういうことができなかったら、日本人としては非常に住みにくいし生きにくい。

日本では何か訊かれたときに、「はい。私の意見は」などとどんどん言っていると、あいつは生意気だとか言われますね。だから自分の意見があってもなかなか言わなくて、あとまで待ってみたり、皆さんそうお考えだと思いますとか言って、みんなうまくやり合いながら生きているわけです。

そういうことで、エリクソンが、エゴ・アイデンティティということばでいっていることは、日本人にはちょっと通用しにくいところがある。そこに大きな問題があるとまず思います。

そうかといって、日本人とアメリカ人はまったくちがうのかというと、そんなことはない。まったくちがわない証拠に、われわれでも頑張れば彼らと話ができますし、欧米の方でも日本のことも相当わかって話し合える人がある。ということは、むちゃくちゃにちがっているわけではないわけで、大まかなところでアイデンティティということを見ているかぎりは、日本人とアメリカ人は、かなり通用するところがあります。

自我同一性の確立と断念する力

その大まかなところで通用する範囲内でアイデンティティについて、エリクソンがいいましたことをもうちょっと考えてみますと、結局、私が生きております社会で、私という人間がちゃんと社会の中にはいり込むことができるか、具体的には、たとえば職業は何かというと、大学の教師だ。家庭は、家内と子どもが何人いる。市民税はちゃんと払っているというようなことで社会のシステムの中にちゃんとはまる。あるいは、はまることができるということがでてきます。

このちゃんとはまるという場合、非常に難しいことがあります。どういうふうに難しいことかというと、たとえば、あなた大工さんをやりますかといわれても、手先が不器用でしたら、やっても物の役に立ちませんね。つまり、大工さんという職業を介して社会にはまることができない。逆に、大工さんをやれる能力があっても、それはやりたくない、それでは自分は生かされないということもあるわけです。つまり個人としての私を生かすということと、社会の中にはまり込むということの二つがうまく折り合いがつかないとアイデンティティは確立しない。

たとえば、大学生で卒業せずに長いあいだ大学におられる人がよくいますけれども、そういう人に、「きみ、何やるんや」というと、「いや、心理学もやりたいけれども、心理学だけではやっぱりだめだと思うし、少し生理学の勉強もしている」。その後「どうなんや」というと、「いや、やっぱり経済も少しは知らなくちゃ」とかいう。すごく勉強しているような、あまりしていないような、ある話をするとすごく才能があるようだけれども、何か大事なときにおらなくなったりとか、そういう人がいるわけです。

御当人は非常に楽しくやっているみたいだけれども、これは社会の方から、あるいは両親からするとどうも困ったもので――日本語で「身を固める」といいますね――もうちょっと身を固めてくれないだろうかと、心配されたりしている。といって、身を固めさえすればいいのかというと、そうばかりでもない。早いとこ固めすぎて、あとどうもつぶしがきかなくなるという人もおられる(笑)。

これはわかりますね。自分の方をおろそかにしすぎて社会の型に早くはまった人は、あとで困っていますし、それから自分の方を大事にしすぎた人は、なかなか社会にはまっていかない。

エリクソンにいわせると、こういう二つの面をうまくやってちゃんとできたひと、これがエゴ・アイデンティティの確立した人です。

そしてそういう意味のエゴ・アイデンティティというのは、つまり「おとな」になるときに確立する。エリクソンの言い方を逆にいいますと、エゴ・アイデンティティをちゃんと確立するということが「おとなになる」ということではないだろうか。

だからエゴ・アイデンティティの確立している人というのはどういう人かというと、ちゃんとした職業をもって社会のために役に立っているし、家族もちゃんと養っているし、そして社会的な事柄とかいろんなことに対して、やはりそれなりの自分の意見をもっている。たとえば選挙のときにだれに投票していいかわからないというのではなくて、自分はこの人がいいとか、この党がいいと私は思うという判断力を身につけている人。あるいは何かで話し合いがあったときには自分の意見を言い、決まったことには自分の意見の如何にかかわらず、それに従って責任をとる人だとか、そういうことになります。

そしてここで非常に大事なことは、自分はこれで自分のアイデンティティを確立しましょうということで、たとえば大学へいって研究者としての道をすすんだという場合、これはそのことでほかの仕事をやめたということだということです。あるいはある人が俺は絵かきでいくと決意されるということは、政治家になるということを断念されるということである。

この、おとなになるときには断念する力が要るということが非常に大事なんです。何かの道を選ぶというと、みんな非常にいいことばかり考えるのですが、何かを選ぶというなかには、その代わりこれはやめることになるんだという、あきらめというものがある。あきらめる力をもっていない人はエゴ・アイデンティティというものは確立しない。さきほどいったような、あれもいい、これもいい、あれもできるかもわからん、これもできるかもわからんといっている人は、なかなかアイデンティティは確立しないわけです。

そういうふうにして、人はアイデンティティを確立していくわけですけれども、それがなかなか確立せずに拡散してしまう人があります。

それを同一性の拡散、アイデンティティのディフュージョンといいます。そして、青年期に「同一性拡散」を起こしてしまった人は、どうしてもなかなかうまくゆかなくて、いろいろ問題がでてくるのではないか、というようなことをエリクソンはいいました。

皆さんご存じのように、いま青年期の人たちはいろんな問題をかかえていますし、留年も多い。このエリクソンのアイデンティティおよびアイデンティティの拡散という考え方は、そういう青年期の人たちを理解するために、非常に役に立ちましたので、やがて非常に重宝がられるようになりました。

それときょうは詳しくいってないのですが、実はエリクソンは、そういうアイデンティティが確立していくためには、乳児、幼児のときにどうであったか、児童期はどうであったかというような段階を考え、エゴ・アイデンティティがつくられるということを段階的にも提示しています。そしてその考え方も非常にわかりやすくて大切なことでしたので、みんながもてはやすようになったわけです。

何が「私」を支えているか

ところが私がこれからお話したいのは、そういう考え方をもっと超えて、あるいはその考え方と異なる考え方でアイデンティティを考えねばならないのではないかということなんです。

その第一点は、さきほど申しました日本人の問題です。エリクソンの考えを喜んでいるのもいいけれども、はたしてわれわれ日本人は、エリクソンのいうとおりのことはできるのだろうか。おそらくできないだろう。そうしたら、日本人は日本人のアイデンティティということをどう考えたらいいのかということが一つ。

それからもう一つ、これはアメリカの内部でできた批判なのですが、非常に面白いことにそれが女性たちからでたのです。

それは、エリクソンのいっているアイデンティティの確立というのは、男性の原理にもとづく男性のためのものである。女性のアイデンティティの確立の仕方はそのようなものとちがう。だから女性が男性の原理にもとづいて無理にアイデンティティを確立させるように努力すると矛盾が起きるのではないかという批判でした。

それから三番目に、これはまだ誰にもいっていませんん。私が考えていることですが、では老人はどうなるのかということです。

エリクソンのいうように、職業をもって結婚して社会になんとかかんとかというのだったら、年をとって職業がなくなって、それほど社会と関係しなくなり、家族もみんな死んでいって、一人だけ残った人、この人のアイデンティティはどうしてくれるのか、ここのところが不問になっているではないか、ということを私は思うのです。いまいったようなところからアイデンティティということを考えだすと、さきほど紹介したエリクソンのアイデンティティのとらえ方ではちょっと心もとなくなります。

きょうはお年寄りの方もたくさんおられますが、お年寄りの人のおかれている立場から、あるいは本格的に考えたらわかると思うんですが、エリクソンは「私」という人間が社会の中にはまり込んでいるいないということをいい、この「私」を支えているのは、たとえば職業であり、家族であり、あるいはご近所の人である、何とかであるといっているわけですが、これはすべてなくなる可能性があるんですね。職業は定年退職その他でなくなる可能性があります。近所の人は家がかわるかもしれません。養子や嫁になれば名前までかわることが多い。

そういうふうにどんどんかわっていくということを考えると、これこれが私のアイデンティティですとえらい喜んでいても、ほんとうは宙に浮いているときと同じではないのか。もちろんアイデンティティを、職業とか、もろもろのみんなが考える支えで考えることは大事なんです。大事なことなんですけれども、それだけではだめなのではないか。すると、いったい私を「私」たらしめているものは何なのか、いったい何が私を支えているのか。

柳田國男の『先祖の話』

そんなことを思っていますと、実はなかなかおもしろいものがでてきました。それは私のところの大学院の学生の浜野清志君という人がアイデンティティのことで書いた論文です。

彼は、アイデンティティといったって、もっといろいろおもしろいことを考えていいではないか、というので、柳田國男の『先祖の話』という本を紹介して論じているのですが、この話はどういう話かというと、柳田國男があるとき、自分から御先祖様になるんだといっている人に出会った。その人はどこそこの町に住む何とかという年輩のご老人で、ゴム長靴を履いて、はんてんを重ねて、白い髪が垂れていて、大工さんをしていた人である。もちろん兵隊に行き、子どもができ、孫もいる。そして自分の墓もちゃんとできている。そして自分もそのうちに御先祖様になるんだといっているという話なんです。

こういう人は、もう職業とかは、その人のアイデンティティを支えていないんですね。支えてくださるのは御先祖様というわけです。この御先祖様の一員になるんだというアイデンティティはすごいですね。たとえ原爆か何かで地球がパッと全部つぶれてしまっても、この人のアイデンティティは揺るがないと思います。なぜかというと、御先祖をやっつけるのは非常に難しいですからね。誰も御先祖をなくするということはできるものではない。つまりその人は御先祖とつながっていて、私はもうそのうち御先祖になりますよといって生きておられるんですね。それを柳田國男はすごく感動して見ているんです。

柳田國男の時代にはアイデンティティということばはありませんでしたが、私は柳田國男という人は、日本人のアイデンティティの研究をしていた人ではないかと思っているんです。書かれたものをみると、どこにこういう古い話があったとか、古い民具があったとかいったことばかりやっているようですけれども、実は、そういうちょっとした物とか、ちょっとした話とか、そういうものが案外にわれわれのアイデンティティを支えているのではないか。そしてその収斂していった形の御先祖様というものがその人を支えているのですから、こんなすごいアイデンティティはないのではないだろうか。

そして、この場合そうすると、いったい御先祖様とは日本人にとって何なのだろう。御先祖様とつながるということはどうしてつながれるのだろう。

この、御先祖様とのつながり方、といったら変ですが、これは英語でいうと、アイデンティティの確立ということに、ある意味でなると思うんですね。

私は柳田國男の本を読んで感激することが多いのですが、彼の本をずっと読んでいると、なんとなく、ああ、私も日本人として生きておりますわと、そういう感じがグッとしてくる。そこには、アイデンティティということばは使われていないんですが、彼はアイデンティティという問題をちゃんと潜在的に語っているのではないだろうか。一方、民俗学というようなことをやっておられるほかの人の本であまりおもしろくないのは、柳田國男が考えていたようなそういうアイデンティティの問題をなにか忘れてしまって、単に古い物を集めたりして、骨董屋の下請けみたいになってるからではないのか、これは悪口みたいになりましたが、私にはそんなふうに思えるのです。

そんなことをいいますと、今ごろ御先祖様なんていうてもろうたら困る、われわれはべつに御先祖様なんか思っていない、実際、御先祖様はどこにいるのか、山の上にいるとかいう話だから、ずっと行ってみたけれどもまだ出会ったことはない。お盆に来るという話だけれども見たことはないとか(笑)、そんなふうにいわれると非常に困ります。

これは、今のわれわれが現代の近代的な科学によって、御先祖様なんてことを、そう簡単に実在するものとは思えなくなっているためでしょうが、昔の人にとっては御先祖様はおそらく実在したにちがいありません。

神様への手紙

といって、今のわれわれにはそういう御先祖様によるアイデンティティなんていうのはまったくなくなったかというと、そうでもありません。

実は私は最近こういうのを読んで非常に感心したのです。

だいたい私はこういう日本人のアイデンティティといったことを考えていますから、御先祖様とか、神様とか、お化けとか、そういうものに親近感をもっているのですけれども、いったいこのごろの小学生は、神様とかお化けとかいうとどんなふうに思っているのだろうと思っていたのです。しかし、あんた神を信じますかとか、そんなことを一年生の子に訊いても仕方ありません。そこで、小学生の子に神様に手紙を書いてもらったらどうやろ、お化けに手紙を書いてもろうたらどうやろ――これには実は種がありまして、『神様への手紙』という本が実際にあるのです。アメリカの子どもたちが書いた非常に楽しい本で、谷川俊太郎さんが訳しておられます。その本を読みますとなかなかおもしろい手紙がある。

これを日本の子にやってもらおうと思いまして、京都市教育委員会のカウンセリング室のカウンセラーの方とか、そこに来ておられる先生方に頼みまして、小学二年生の子に神様に手紙を書いてもらったのです。その中にこういうのがあります。私は非常に感激したのです。ちょっと長いですけれども読んでみます。

かみさまへ

かみさまはどうやってかみさまになれたのですか。おばあちゃんが、かみさまは、しんだ人。それからかみさまは月にいるよといっています。おじいちゃんが死なはったら、おじいちゃんも月にいってかみさんになっているかなと思います。わたしは、おばあちゃんが死なはってかみさまにならはったら、どんなかみさまができるだろう、きっとがんこなかみさまになると思います。だって、わたしの弟といつもテレビのとりあいをしているからです。弟は野球だし、おばあちゃんは時代げきだからです。わたしもよくおばあちゃんとテレビのとりあいのけんかをします。わたしはまんががとっても大すきです。だからけんかをします。かみさま、そんなところみないでね。わたしはずかしいからね。

それからが大事なんです。

わたしもいずれか死んでかみさまになります。かみさまになったら、えらいかみさまになろうと思います。

おばあちゃんも神様になる、頑固な神様になるやろう、そしてわたしもいずれか死んで、そして神様になって、またあっちでチャンネル争いをやるんでしょうね、どんなチャンネルがあるか知りませんが。

この子はこの年齢のときから、ある意味で、アイデンティティをもっているといえないでしょうか。つまり、職業があろうとなかろうと、何しようと、ともかく死んだって大丈夫なんですからね。そうですね。あっちへ行ったって行くとこ決まっているし、月に住んでおばあちゃんとチャンネル争いをやることになっているのですから。

私は、これを読んで非常に感激したのですが、おそらく欧米で、小学校二年生の子どもが「わたしもいずれか死んで」と書くことはまずないだろうと思います。そしてそれがいま生きているおばあちゃんとつながっている。おばあちゃんは私を大切にしてくれます。おばあちゃんとチャンネル争いをしてけんかもしますが楽しい、これはおばあちゃんとのかかわりの中の、この世のアイデンティティですね。

そして、おばあちゃんが死なはって、私も行きまっせというのは、これはあちらに根ざすアイデンティティです。

そう思うと、この子は人生における相当な深さといいますか、強さといいますか、揺るぎなきものをもっているというふうに私は思うのです。

人によっては、何をばかなことをいっているのか、どっちにしろお月さんなんていうのは宇宙飛行士が行くところだから、神さんと関係ないといわれるかもしれませんが、私はやっぱりこれはすごいことだと思います。

ファンタジーをもつこと

そのすごいことというのは、私にいわせますと、この子のファンタジーです。

おばあちゃんも頑固な神様にならはって月にいるというのはファンタジーです。しかしそのファンタジーがこの子を支えている、というふうに考えますと、われわれはアイデンティティを深めるためには自分のファンタジーをもたねばならない。といって、この子の神様への手紙を読んで、僕もそうしようと思っても、私は残念ながらもうそうは思えません。たとえば私の母が、お月さんへ行って婦人会をやっているとは思えない。思えないけれども、「私なりの」ファンタジーはもちうる。

「私なりの」ということをすごく強調しましたが、これが私なりではなくて、すごい天才がでてきて、その天才がわれわれにファンタジーを示してくれて、そのファンタジーを共有しましょうというふうに考えたもの、それは一つの宗教になるだろうと思います。

死んだら善い人は極楽へ行く。悪い人は地獄へ行くんだ、だから極楽へ行けるようにやりましょう。極楽へ行ったらどんなことがあるのか、地獄にはどんな種類があるのかというようなことを、皆さんご存じのように、たとえば日本の仏教でしたら非常にくわしく書いてあります。それをみんなが信じ、みんなが共有していって、それによって自分を支えている場合、一つの宗教の派といいますか、宗教ができますね。いま仏教のことをいいましたが、もちろんキリスト教のそれもありますし、あるいはユダヤ教、イスラム教のそれもあります。

ただ、そこで非常に難しいことは、今のわれわれは簡単にそういうファンタジーを自分のものにできない。地獄・極楽の話を聞いても、そうだ、だから頑張ろう、というようになかなか思えない。また、この神様への手紙のように、そうすんなりとは自分も死んでおばあちゃんといっしょに神さんになれるとは考えにくいということです。

このことは私は現代の非常に大きな問題だと思います。といいますのは、自然科学がすごく強固に発達してきましたから、われわれはファンタジーと現実をどこかでいいかげんにして、なにかそこらに地獄があるように思ったり、そこに極楽があるように思ったりすることができにくくなっている。日本人には、西の方に浄土があると思って、舟に乗って出ていったという人たちが、事実、いるくらいですから、そういう実在的な空間の中に何か関係を見出して、自分の心のよりどころというものをつくろうとすることができた民族なのですが、それは今は非常にむつかしくなっている。

いまいいました月だって、われわれの宗教的な体験を支えるものにしがたい。月だって人間が実際に行って帰ってきてるんですからね。そういうところでわれわれが自分のアイデンティティを確立するためには、どのようなファンタジーをもつのだろうか。そういうときにまた日本人としてのアイデンティティという問題もでてきます。

つまり、さっきいいましたように、日本人というのはエゴを確立して、おれがこうやり、こう考えるから、おれはアイデンティティを確立したんだというのではなくて、「私」が考えるというときにはほかのいろいろなものも入っている。そう考えてみますと、私はファンタジーということをいいましたが、ファンタジーということと日本人のアイデンティティというようなことも、どこかでつながってくるのではないかなと私は思っているわけです。

根本的なジレンマ

つまりいま私が考えていますのは、さきほどもいいました、私は私であって、私以外の何ものでもない、というのは、単純なアイデンティティである。われわれがこれから考えねばならないアイデンティティというのは、私は私であって、私でないものでもあるんだ、ということです。

つまり私といっても、この「私」の中には、実はニュートンとかガリレオがいってくれたことも、私の意見の中に入っていますね。もちろん「私」という中には私の子どもの意見も入っている。それからもう父も母もいなくなりましたけれども、父や母がかつて生きた生き方が私の中に入っています。

そうすると、私は私である、というのは非常におこがましいのであって、私は私であって、私以外のたくさんの何ものかなんです。そういうふうに考えたほうが、このアイデンティティの問題はもっとおもしろくなるのではないか。何か、私、私といっているアイデンティティよりももっと広くなってくる。

そして私というものは私以外のすべてのものというか、宇宙といいますか、そういうものとの関連の中の私ということが——これもファンタジーの一つでしょうが——ファンタジーとして、あるいはある程度、現実としてでもいえる。そういうふうなものがつくっていけると、自分が年取っていくこと、自分が死んでいくといったこともアイデンティティという中に取り入れることができてくるのではないだろうか、というふうなことを考えています。

棟方志功というすばらしい版画の名人がおられましたが、棟方志功が晩年になってこういうことをいわれたんですね、「おれもとうとう自分の作品に責任をもたなくてもよいようになってきた」と。

これは非常にすごいことでして、だれでもぼくの作品だからぼくが責任をもつというのがあたりまえなんですね。それを棟方志功が、もうとうとう自分の作品に責任をもたないようになってきたといったのは、もう自分がやっているのではない、棟方志功がつくった版画でないものをとうとうつくるところまできたという、すごい言い方だと思うんです。こういうアイデンティティは決して西洋人的なエゴ・アイデンティティではないですね。そして非常におもしろいことは、いま実は欧米では、私がいま棟方志功とか、「日本人の」というふうにいいましたような考え方をしたほうがいいのではないか、あるいはそういうアイデンティティの問題を考えるほうがおもしろいのではないか、というふうに考えはじめている人もおられるということです。

さきほど私は、エリクソンがいったアイデンティティに対して、日本人としても、あるいは女性としても、あるいは老人としても考え直したいということをいいましたが、この考え直しが入ってきて、このアイデンティティということが非常に広く、そしていろんな方向から深く追求されるようになりつつあるように私は思います。

そうかといって、いつもと同じようなことをいうようですが、ここで日本人の考えているアイデンティティは世界に誇れるとか、これはすばらしいんだというふうなことを私はいう気はありません。というのは、やっぱり西洋の人がまずはじめに考えたように、自分というものをはっきりつかんで、そして、自分の判断と責任をもって、物事をやり抜いていくという強さ、そういうものも、やっぱりわれわれはある程度もたねばならないことだからです。

それなしで、たとえば棟方志功のいった、自分のやっている作品に責任がないということを、文字どおり受けとめて、まったく無責任に勝手なことを日本人がやりだすと、これは大変です。欧米の人たちは、日本人のやるいろんなことについてそういう悪い意味の無責任性ということを感じているように私は思います。

貿易問題にしろ、外交の問題にしろ、どうも日本人というのは自分としての意見とか、自分としてのあり方というものをどこかでいいかげんにしておいて、なにか突飛なことを平気でやるような、そういうずるさがあるのではないか、自我の責任を悪い意味で消してしまっているのではないか、ということでわれわれを非難しているように思います。

そんなふうに考えますと、はじめにいいました、エリクソンのエゴ・アイデンティティという考え方、これもやっぱり私はそう捨て去る気はおこらない。そこにはすごいジレンマが、つまり、私というのは私以外の何ものでもない、といいたい気持と、ほかのものもたくさん入っています、という気持の両方があります。

それで、いったいどうするか。それでは話が矛盾しているではないかということになるかもしれませんが、矛盾しているからこそ、理屈で私のアイデンティティはこうなりますとか、日本人はこうしましょうとかいうのではなくて、それぞれがその人に固有のもの、私はこう生きるんだとか、私はこうだとか、そういうものをつくりだす義務——といったらおかしいですけれども、そういうものをわれわれはもっているのではないか。

せっかくこの世といいますか、現代という時代に生まれてきたのだから、やっぱり西洋人がつくりだしたような自然科学のいろんな成果、宇宙に飛び出していけるほどの成果、これも受け入れなければならない。そうかといって、われわれは西洋人と同じように考え、同じようにしたりできるわけでもない。そのときに自分固有のファンタジーというものはどうなるかということなんです。

自己実現の過程

私はいま「固有の」という言い方をしました。また「個人」ということを平気でいっていますけれども、「個人」というのは英語でいいますとインディヴィデュアルというんですね。インディヴィデュアルというのは、分けることができない、ということです。ずっと分けていって最後に分けることができない残ったもの、これが個人である。

そしてこれしかない唯一の個人が生きるから非常に個性的に生きられる。これが西洋人の考え方です。ところが日本人というのは、西洋人がいうような意味のインディヴィデュアルというのはないですね。日本人は、さっきいいましたようにみんながどこかでつながっていますから、ずっと切って分けていったらパチンと個人がでてくるということにはならない。といって日本人は個性がないかというと、やっぱり個性はあるんですね。西洋的な意味ではないかもしれないけれども、けっこう個性的な人はおられて、個性的なものをつくりだしているわけです。そういう人のアイデンティティというのはいったいどうなっているのか。

その点で、私はこのごろ、非常にすばらしい仕事をされた日本の人、たとえばノーベル賞をもらわれたような人、そういう人は自分の個性とか、あるいは自分のアイデンティティというものを、西洋人とちがう形でつくりあげていたような気がしますので、それはどんなふうにつくりあげていかれたか研究してみようと思ったりしています。

ところがその場合、日本人というものは言語表現が下手ですので、あるいは言語表現をしてしまうとパチッと決まってしまうので、あるいは日本人というのはどこかで何かとつながっていますから、言語でパチッとやってしまうとそのつながりが切れてしまう。それが怖いために、何か非言語的な表現、言語によらない表現というところに非常に重きをおくという傾向がありますので、そのことを頭においてどうやっていくかという問題がでてきます。

それで私は日本人のファンタジーというものを言語でないもので表現する方法はあるだろうかということで、これまで箱庭療法なんていうのをやってきているわけですが、これは、ただ箱庭をつくってもらうだけのことでして、それでいったい何事が起こるかと思うけれども、実際、非常に大きなことが起こってくる。というのは、そういう箱庭という、言語でないものの表現に、いわばその人のファンタジーがでてくるんです。

とくに、日本の人につくってもらいますと、何の気なしにつくられるものの中に、その人のいわば広い意味でのアイデンティティを支えるもの、そういうものができてくる。そういういわば「場」といいますか、それを土台として、なにか非常に不可解な場の中で「私」というものがそこに位置づけられている。それも「私が」というのとはちがって、「場」のほうからスーッと「私」というものが浮かび上がってくる。そういうことによってその人が進んでいくということがあるわけです。

それで私は箱庭療法をずいぶんやっているのですが、この私がやっています箱庭療法を外国の人に見せると非常に感心する。これは、やはり日本人のそういう表現が外国人の想像を超えた深さというか、そういうものをもっているからだと思います。

そんなふうに考えていきますと、アイデンティティというものは、どこで確立したか。二十五歳でとか、二十八歳で確立する、したというようなものではなくて、ずっとつづくもの、ある程度できたなと思うと、また次のものがやってくるというふうに、実は死ぬまで、あるいは死んでからも続くほどの一つのプロセス、過程なんであって、ある点で確立するというものではないのではないかというふうに思います。

ユングという人は、自己実現の過程、プロセスということを非常に強調しますが、私も、今いったようにアイデンティティというのは、どの一点で確立するか、どこで確立させるかという考え方ではなくて、確立の過程を歩んでいるというふうに考えたほうがおもしろいのではないかと、考えているわけです。そう思ってエリクソンの本を読みますと、彼も「無意識的につづく一生の課題だ」というような書き方をしているところがあります。

結論的にいうと、アイデンティティはいつできるというものではない、全生涯を覆って流れている問題ではないか。さっきの小学二年の子が自分はいずれ死んでもおばあちゃんといっしょに月の世界に住むんだといっているときは、そのことが、そのときのその子のアイデンティティを支えるファンタジーになっていますけれども、そのファンタジーはその子が中学生になればそんなに力をもたないかもしれない。そうすると何か新しいファンタジーがやっぱりできるのではないか。

だからわれわれは生涯の中で、その生涯にふさわしい自分のファンタジーというものをみつける必要がある。そしてそういう難しいことを辟易せずにやりぬくということが、非常に深い意味における宗教性というものにつながるのではないかというふうに私は考えます。

きょうはその話ができなくて残念でしたが、エリクソンという人も実際はアイデンティティのことをいう前、つまり精神分析家になる前は、絵かきさんになろうとして頑張ったし、いろんなことをやっています。いろんなことをやったあげくに、エリクソン自身がそういう職業アイデンティティを確立しているのですが、それまでに長いことかかっているんです。だから皆さん誤解のないようにしていただきたいですが、職業についたからアイデンティティができるとか、アイデンティティが確立したから職業につくとか、そんなものではない。生きている、生身でやっている中でそういうものができていき、また壊れ、できていき、壊れしながらだんだんアイデンティティが強固なものになっていくのだと、そんなふうに考えていただいたらいいと思います。

II

ユング研究所の思い出
——分析家の資格試験を受ける話

資格試験

スイスのチューリッヒにあるユング研究所の所長リックリン博士から、「日本人として最初の」という祝福を受けながら、ユング派の精神分析家の免状を受けとったのは、一九六五年の二月のことであった。それ以来、文字どおり十年一昔の歳月が流れ去ってしまったが、今になって振り返ってみると、盲蛇におじずの無鉄砲さと、多くの幸運のおかげで、困難な仕事をやりとげることができたものと痛感される。

ユング研究所の思い出のなかで、今も忘れ難いエピソードをひとつ、ここに述べるつもりであるが、これは、私も含めてあまりにも生身の人間がかかわりあうことなので、今まで殆ど誰にも話さずにきたことである。一昔の歳月も過ぎ去ったし、この話のなかで重要な役割を占めるJ女史も亡くなってしまわれたので、話してみる気になったのである。

話を始める前に、ユング研究所の資格試験のことについて、少し紹介しておこう。ユング派の分析家になるためには、先ず博士号をもっていなければならない。医学、心理学の博士号をもっている人が多いが、その他の分野のものであってもよい。分析家になるための訓練はあくまで、自分自身が分析を受けること(これを教育分析という)が中心となるので、教育分析を受けながら、研究所でいろいろな講義をきく。入所して少なくとも一年半たつと、訓練生は第一回の資格試験を受けることができる。試験は精神病理学や分析心理学の理論から宗教学、神話学などにまで及ぶ八科目もあるので、一年半目に受験する人は殆どいない。ところで、これにパスすると、Diploma Candidate と呼ばれ、自分で患者をもち、それについて個人指導を受ける。これがいわゆる統制分析である。教育分析と統制分析を併行して行いつつ、最終試験にそなえて勉強し、資格論文を執筆する。

この統制分析を二五〇時間以上経験しなければならないが、下手をすると患者が来てくれなくなるので大変である。これらのすべての条件を満たして資格を取ることは相当な努力が必要で、最小限度五年はかかることを覚悟しなければならない。多くの人が途中であきらめてゆくのも当然である。

さて、私もこの長い階段をだんだんと登りつめて、最終試験を受けることになった。ヨーロッパの資格試験は口頭試問が案外に多く(筆記試験もあるが)、三人の試験官にいろいろと質問されて、答える方式である。私はもちろんそれに備えての準備をしていたのであるが、ここに大きい問題が存在していた。

日本人として

ユングの心理学は「無意識」ということを重視する。人間は自分が意識し得る心の動きのみでなく、意識することのできない深層の心の動きに影響されるところが大であるとし、その無意識的な心の動きを何らかの方法で把握しようとする。その方策として、夢や絵画や空想などを取りあげ、それを通じて無意識の世界を知ろうとするのである。

そこで、夢や絵画の「解釈」ということが大切な技法となってくるのであるが、これが問題なのである。ある人が、ライオンに追いかけられている夢を見た場合、いったいそれをどう「解釈」すればいいのだろう。これは権威的なものを怖れていることを示しているのか、あるいは、父親との葛藤か。夢を見た人自身は、昨夜見たテレビのシーンに影響されているというかも知れない。ともかく、夢というものは多義的なものである。その人個人にとっての意味や、文化的な意味、あるいは人類全体にわたって普遍性をもつ意味もある。それに、その人の過去、現在、未来のことも重なってくる。それら多義的なもののなかから、分析家は夢を見た人と対話を重ねつつ、その人にとって意味のあるものを見出して言語化し、意識化する。それを夢の「解釈」と呼ぶわけである。

「解釈」の難しさは、それが二面性をもつことである。あまりに早く断定し言語化するときは、多くのニュアンスや深い意味が失われようし、さりとて、黙っていたのでは不明確で話にならない。この点については、ユング自身もいろいろと警告を発しており、彼は一方では夢についての大胆な解釈を発表し、一方では、「分析家は何をしてもいいが夢を理解しようとだけはしてはならない」という警句を吐いたりもしている。

この二面性のなかで、できるだけ言語化をおさえ、全体的なニュアンスを生かしてゆこうとするか、逆にある程度のロスはあっても、明確にし得ることをできるかぎり言語化しようとするかは、分析家の個性、あるいは「好み」にかかわっているとも言える。しかし、これが日本人と西洋人となると「好み」の次元を越えて、質的なものと感じられるまでになってくる。われわれ日本人から見れば、彼らはあまりにも明確化しすぎ、言い切りすぎるように思えるし、端的に言うと「西洋人はどうして、あれほど簡単に信じることができるのだろう」という感じになるのである。これを、彼らから言わせると、日本人のやり方はあまりにも不明確で、「解っているのか、解っていないのかも解らない」状態と見えるのである。

意識化を急がず、意識も無意識も「まるごとにつかむ」ような私のやり方に対して、私の二人の分析家、マイヤー先生(男性)とフレイ先生(女性)は、私が私なりに成長してゆくのを育てる考え方のようであった。これに対して、片方の極にあったのが、J女史である。J女史はユング研究所の重要なメンバーであり、著書もあって有名な人である。ところが、この人の講義を聞くと、あまりにも単純にものごとを割り切りすぎていると思われ、私はどうも感心できないのである。クラスのなかでの質問や、レポートなどで私はそれに対して弱々しい抵抗を試みるが、たちまちにしてJ女史の威厳によって押し切られるのが常であった。何しろ、J女史は威厳に満ちた人で、研究所の訓練生たちは怖がっていたものである。彼女の目からすれば、私などは知識を明確に把握することができず、何を迷い言を述べているのだろうと思われたことであろう。

ところで、このJ女史を主査とする試問を私は受けねばならなかった。私が考えたことは、彼女はどうせ単純なことを聞くのだから、その場では私の考えを主張せず、彼女の気に入るように答えることにしよう。J女史の重視する「理論や知識」など、三時間もあれば覚えこめる、という真に不埒なことであった。彼女の科目について私はあまり勉強しなかった。試験の三時間前に研究所に着き、そこでノートを読んで一息に準備完了する作戦である。私はもともとこんな離れ業をするのが得意であった。

対決

その日、予定どおり三時間前に研究所に着き、準備をしようとした時、私は肝心のノートを家に忘れてきたことに気がついた。私はローカル線でチューリッヒから四十分ほどかかる村に住んでいた(住居費が安いため)ので、ノートを取りに帰ることは時間的に無理だった。というより、これは何か意味のあることが起こるぞという予感のようなものがあって、図書室ででもいくらかは準備できたのだが、居合せた友人と馬鹿話をしてすごしてしまった。

試験場にゆくと、J女史が何時になく大変優しい様子で、まず「ミスター・カワイ、自己《セルフ》の象徴としてはどんなものがありますか」と尋ねた。自己《セルフ》とはユング派の重要な概念で、心全体の中心とでもいうべきものである。ユングは自己《セルフ》の象徴について多くの研究を発表しているが、わけても東洋の曼荼羅《マンダラ》を重要視している。こんなことであれば彼女に気に入って貰うことを言えたはずであったが、私の口は私の意図に反して、「世界中のもの、すべてのものです」と答えてしまった。つまり森羅万象は自己《セルフ》なりというわけである。彼女の目はにわかにきびしくなって、「すべてのもの！　ではこの机もそうですか」とたたみかけてきた。「机もそうですし、椅子もそうでしょう」とこちらが答えたので大変なことになってきた。

それは試問というよりは対決に近い様相になった。しかしながら、その間にJ女史は何度も事態を和らげようと努力し、陪査として同席していたフレイ先生は、場をとりなすような発言をしてくれ、私自身も何とかスムースに事が運ぶようにとは努力するのだが、駄目なのである。それは雪道でスリップを始めた車のように、いくらハンドルをまわしても運転者の意図を無視した暴走を続け、衝突を避けることができない。

試験の終了後は、悔恨の気持を交えながらも、私はむしろすっきりとした気分であった。それは、大切な試験に「ごまかし」をせずにすんだという嬉しさのようなものを含んでいた。あるいは、J女史はさすがに、ごまかしを入りこませない何かを持った人である、と言ってもよいかも知れなかった。

数日後、フレイ先生は、J女史が相当に怒っていたことを伝えてくれた。カワイは全く知識が不明確で貧困であるので、落第にするところだが、感情の深さという点で非常にいい素質をもっている。それに日本からはるばる来たことも考慮して、一応パスにしておこう。彼が自分の素質を生かしつつ、もっと理論や知識の勉強を積むことを条件にして認めようというのである。私はすぐに抗弁した。それは知識の有無の問題などではなく、もっと根本的な態度の問題である。自分は自分としての生き方があるので、それを認めるのではなく、単なるお情けで資格を呉れるのなら、そんな資格は要らない、と言った。

フレイ先生は私の言い分を理解してくれたが、せっかくJさんも折れているのだから、いまさら事を荒だてなくてもよいではないか、資格を取るということは全く大変なことだから、ここは黙って貰うべきだと言うのである。こんなときの彼女は、まったく日本の母親と同じくらい優しかった。しかし、私は根本問題を無視することはできないと主張し、これはユング研究所全体の在り方にも関係することだと言った。

ある程度はJ女史にも一理あるとしていたフレイ先生も、よりよく私を理解してくれ、そこまで言うなら、あなたの主張を資格委員会で代弁してみようと言ってくれた。しかし、他の委員がどこまでそれを理解してくれるか解らないし、Jさんもそうなると自分の立場を守って、落第を主張するだろうから、資格を貰えぬ可能性が大きいが、その覚悟があるかと念を押された。「私は生まれながらに、河合隼雄という名があって、それだけで十分です。その上にユンギァンという飾りがついてもつかなくても、私の存在には変りがありません」と私は答えた。

アレンジしたのは誰か

フレイ先生の家を出た途端から、私はデプレッションになった。先ず妻子の顔が浮かんだ。それに日本で、私が資格を取るのを期待している人たちのことも思った。私が資格を取れずに帰国して、そのいきさつを話したとき、そのうちの何人かは私の考えに同調してくれるだろう。しかし、多くの人は私が失敗したことの自己弁護をしているとしか思わないだろう。決定が下されるまでの幾日かを私は全く憂鬱な気持ですごした。一時はJ女史に和解の手紙を出そうとさえ思ったが、どうしても書けなかった。

委員会は私に資格を与えることを決定した。それは相当長時間にわたる激論の末であったらしい。その決定の趣旨は、リックリン所長が免状を授与するときに、「ミスター・カワイ、あなたは今まで何事もあまりスイスイとやってゆくので、イエスマンではないかと、われわれは危惧していた。しかし、最後になって研究所をゆるがすほどの大きいNo!を言ってくれた。これで、われわれは安心してあなたに資格をあげられると思いました」と述べたことに端的にあらわされている。

フレイ先生とこのことを話合ったとき、私は日本人としての自分を主張して、Noと言ったのだが、事態をまるく収めようとせず、あくまで自己主張を通そうとしたところは、むしろ西洋的で、結局ユング研究所で学んでいる間に、私もある程度西洋的な自我をつくりあげることができたと言えるのではないか、と言った。これに対して、先生は、それもそうだがと賛成した後で、しかし西洋人なら自分の方が正しくてJがまちがっている、だから免状を呉れるべきだと言ってけんかをするだろうが、あなたは免状はいらないと言ってけんかをしたのだから、そのところは日本的と言うべきだろうと言われた。これには、私もなるほど参ったと感じたことであった。また、先生は、資格を取る人はすべて教育分析の過程のなかで、一度は相当な危機におちいり、それを乗り越えるプロセスがあるのだが、あなただけは一度も危機に陥ることなく成長してゆくので不思議だったが、一番最後になって相当なデプレッションを体験しましたね、と言われたことも非常に印象に残った。

私が免状を貰った後でささやかなお祝いのパーティがあったが、それも終りとなる頃、J女史がしずしずと現われたのである。彼女は不可解な笑みを浮かべながら、帰ってからみるようにと白い封筒を手渡して立去った。帰宅後開けてみると、真紅のバラの絵があるカードに資格を得たことに対する祝福の言葉が書かれてあった。それを見ているうちに、私にはこれらすべてのことが、まるで私という人間が分析家として一人立ちしてゆくためのイニシエーションの儀式として、巧妙に仕組まれたものではなかったのかとさえ感じられてきた。すべてのことがあまりにもうまく「出来ている」のである。

これらのことを分析家のマイヤー先生に報告すると、「まったくうまく出来てるね」と満足そうであったが、「ところで、そのすべてをアレンジしたのは誰だろう」と問いかけてきた。彼は言葉をついで「私でもないしお前でもない。ましてJでもなく研究所が仕組んだのでもない」と言い、暫く沈黙した後に、「誰がアレンジしたのだろうか」と、再び問をくり返したが、それはむしろ自分自身に向かってなされているようであった。われわれは無言で微笑し合った。

これに何と答えるかはあまり重要でないかも知れない。大切なことはこのようなアレンジメントが存在すること。そして、それにかかわった人たちがアレンジするものとしてではなく、渦中のなかで精一杯自己を主張し、正直に行動することによってのみ、そこにひとつのアレンジメントが構成され、その「意味」を行為を通じて把握し得るということであろう。このことを体験に根ざして知ることが、分析家になるための条件のひとつででもあったのであろう。

ユングと深層心理学の現在

はじめに

深層心理学は多くの学派に分れているが、その中で、ユング派に対する関心が欧米においても、わが国においても、最近とみに高まってきている。筆者がアメリカに留学し、ユングを学びはじめた一九五九年の頃は、ユング派は全くのマイノリティであった。アメリカにおいては、フロイトの考えは一般の人々にまで普及していたし、大学で学ぶ臨床心理学の講義の中に、フロイトの大きい影響力を常に感じさせられた。ユングについては、彼の初期の研究結果である、内向―外向の概念や、コンプレックスを見出す連想検査などについて触れられるだけで、完全に過去の人として扱われていた。ところが、一九七〇年代になってから、ユングに対する関心がにわかに高まってきたのである。筆者がユング派の分析家の資格を得た一九六五年には、ユング派の分析家は全世界で二百人ほどであったが、今では六百人ほどに増加している。

ユングに対する関心のこのような高まりは、現在における状況と密接に関連しているものと思われる。本稿においては、ユングの現在における意義を明らかにすると共に、それを深層心理学の発展の中に位置づけてみることを試みたい。ユングはよく知られているように、今世紀の初頭、フロイトと共に精神分析の確立のために協調し、早くも一九一三年には別れて、自ら分析心理学という学派をたてたのである。ユングより少し先に、アドラーもフロイトから別れて、個人心理学という派をたてたので、この三人の巨頭がそもそも深層心理学の分派のはじまりである。その後、フロイト派が特に目ざましい発展を遂げたが、それだけに、その中においても多くの分派が生じてきた。これらの分派は、深層心理学の発展の系譜を論じたブラウンも指摘しているとおり、どれも「その起源は、概してフロイトにあり、正統派の見地を批判することによって、自分たちの立場を展開したものが多い(1)」ということができる。ただ、その中でブラウンも指摘するとおり、非フロイト派の中でユング派だけがいまでもその立場を維持してきているのである。これは、後に明らかにするが、フロイトとユングの間のギャップが相当大きいものであったことを示している。このため、フロイト以後の発展の流れを見てゆくと、それは、フロイトに欠けたものを補ったり、批判したりしてゆくうちに、おのずからフロイトとユングの間隙を埋めてゆく動きとして見ることも可能である。従って、フロイト以後の発展の過程を述べつつ、それによって、ユング派の特徴を明らかにするという、ユング派の立場からの極めて我田引水的見方さえ出来てくる。これは余りにも一面的な見方と言われるだろうが、深層心理学におけるユングの位置を示すひとつの方法として面白い試みと感じられるので、敢えて、それをここに行なってみることにした。

まず最初に、ユングがなぜ現在において注目されるようになったかを、フロイトとの対比の上において簡単に述べておきたい。ユングが現在的意義をもつ理由として、まず第一に欧米中心主義の崩壊の現象をあげることができる。近世になってその強力さを全世界に示すこととなったヨーロッパ文化は、自然科学とキリスト教という、二つの柱によって支えられている。それは「進歩と繁栄」を旗じるしとして、特にアメリカにおいて著しい発展を遂げ、アメリカは全世界を支配するほどの勢いを見せた。しかし、ヴェトナム戦争の失敗が象徴的に示すように、自然科学を武器としての「進歩」のモデルは崩壊したのである。これには、公害に対する自覚も重なっている。

フロイトの学説には、十九世紀後半における自然科学主義が強く影響している。フロイトもユングも無意識の心的過程に注目したのであるが、それに関する知見を、フロイトは出来るかぎり合理的、客観的な自然科学の言語によって述べようと努力した。これに対して、ユングは彼の元型に関する理論が示すように、メタファーを用いて説明する方法に頼った。もっとも、彼自身は自分の方法について「科学者として、だれもが自由に検証しうる経験的事実から出発している」ことを繰り返し強調する。しかし、ここで彼の言う「経験的事実」は、一般人の普通に考えつくものとは異なっていることに注意しなくてはならない。ここで、よく言われるように、フロイトが専ら神経症の治療に力を注いだのに対して、ユングは精神分裂病の治療に強い関心をもっていたことが重要となってくる。ユングのいう「経験的事実」は、無意識の非常に深い層——彼のいう普遍的無意識——における内容とかかわってくる。このような内容を問題とするかぎり、十九世紀後半における自然科学のモデルは通用しなくなる。ユングのいう「経験的事実」が、アメリカにおいて急激に理解されたことの背景には、ドラッグの使用という現象がある。合理主義の信奉者であったアメリカ人はマリファナなどの力を借りることで、はじめてユングの言う普遍的無意識の世界が存在することを「体験」したのである。このような現象が生じることは、現代人の不安が極めて深いことを意味しており、一般に言われているように、フロイトの時代の不安は神経症的であったが、現在のそれは分裂病的である、と言われることに呼応している。このような意味においても、ユングがにわかに注目されてきたのである。

フロイトとユングの相違は、ユング自身も述べている如く、フロイトの父性原理の強さに対して、ユングは母性原理の重要性を強調したという点からも考えられる。フロイトはユダヤ人として、キリスト教徒よりもなお、父性を強調した。ユングはもちろん父性の重要性を否定しないが、それに対する補償として、母性の必要性を述べたのである。このことは、実際に子どもの成長過程における、母子関係の重視という面と、理論構成における母性原理の導入という面と、ふたつにわけて考えられる。フロイトにとって、父―息子という軸を主とするエディプス・コンプレックスは、彼の理論の中核となったのであるが、ユングにとっては、それのみならず、グレートマザー元型の作用の大きさも重視したわけである。理論構成という点で言えば、先にのべたフロイトの合理主義的父性原理によるものであるし、ユングの理論は、母性原理が混入してくるので、論理的な筋立てがあいまいなものに感じられるわけである。このような点は、彼が意識も無意識も含んだ心の全体の中心として「自己」の存在を仮定するところにもみることができる。自己はユングにとって重要な概念であるが、フロイト派からみれば極めてあいまいに見えるであろう。しかし、ユング自身も述べているように、このような考えは東洋からの影響を大きく受けている。

ヨーロッパ中心主義の喪失のなかで、多くの欧米の若者がキリスト教をあきたらず思い、東洋への傾斜を見せつつあるが、この点においても、ユングの心理学は西洋と東洋の間のブリッジとして現在的意義をもっている。フロイトが「名誉、権力、名声、そして女性の愛」を分析の目標としたことはよく知られているが、現在の欧米の人々は「進歩と繁栄」のモデルに興味を失い、フロイトの言うようなことは、人生の目標とはならないのである。ユングのいう個性化の過程は、彼が人生後半の仕事というだけあって、むしろ、老い、死んでゆくことの準備という面が強い。このことも、現在という時代にマッチしていると思われる。今後、老人の数はますます増えてゆくだろうから。

以上、簡単にユングの現在における意義について述べたが、ここで話を戻して、フロイト以後に、精神分析の流れがどのように変化してきたかを明らかにし、それによって、フロイトとユングのギャップの埋まってゆく様相を見ることにしよう。

フロイトのアンファン・テリブル

初期におけるフロイト、アドラー、ユングの分裂に続いて、フロイト派の中で多くの分派が生じてくる。これらを通じて精神分析の理論が発展してゆくのであるが、ここでは、フロイトのアンファン・テリブルと呼ばれるフェレンツィ、ランク、ライヒの三人を取りあげて論じることにしよう。

フェレンツィ(一八七三—一九三三)は精神分析における先駆者の一人であり、一九〇八年にはフロイト、ユングと共に渡米し、その間、互いに夢を分析し合ったことは有名である。フェレンツィは精神分析の技法の発展において多くの貢献をした人であるが、彼がフロイトと真向から対立するのは、分析中の治療者の態度の問題である。フロイトは、治療者はあくまで厳正中立の立場をとり、受動的、客観的であるべきと考える。治療者は患者の背後に坐り、このような態度をとるので、それは「分析家の隠れ身」と言われる。これに対して、フェレンツィは分析家が能動的に患者にはたらきかけ、場合によって柔軟な態度をとるべきだと主張する。常識的に考えると、フェレンツィの方が当然正しいようにもみえるが、実際の分析状況では、患者の無意識に触れる危険性を考えると、フロイトの考えも、当然と言っていいほどの理をもっている。この二人の立場は、先に述べた点に関連づけると、分析家の態度の父性と母性の問題としても受けとめることができる。フロイトはあくまで、態度をくずさぬ厳しい父親的な治療者であり、それに適合しない患者を分析すべきではないと考える。従って、フロイトは、ある限定された神経症以外は精神分析の対象にならないと考えていたのである。ユングは既に述べたように、分裂病の治療をこころみていたこともあって、早くから分析家の積極的で柔軟な態度を必要と考えていた。

フェレンツィの考えは、フロイトによって厳しく拒否されたが、その後のフロイト派の発展の中で徐々に取り入れられてきている。このため、当初はフロイトとユングの間で相当差のあった、分析家の態度について、フェレンツィの貢献によって、その差は埋まってきたと見ることができる。フェレンツィのこのような態度は、次節に述べるメラニー・クラインにも影響を与えている。

ランク(一八八四—一九三九)は、はじめはフロイトの弟子として活躍するが、後には離別した。ランクは医者ではなく、ひろい教養の持主で、ユニークな理論を展開した。それは教育や社会福祉の領域にまで相当な影響を与えたが、今日、ランク派と称する人は少数である。彼の理論は後に述べるフロイト派の発展の中に直接、間接に取りこまれている。ランクは「出生外傷」を唱えたことで有名である。子どもがこの世に生まれて来るときに経験すると考えられる苦しみや恐れを、すべての神経症の起因として考える説である。ランクの説は出生外傷を重視するので、母子関係に注目することになり、ここでも母性の強調がフロイト説の補償をなしている。彼は渡米した後に、分析期間を短縮する手段を考え、治療における「意志」の力を重視するようになった。フロイトに対する批判として、彼が無意識の解明に力をつくすあまり、自我の重要性を忘れる傾向があることがよく指摘される。アドラーの説は多分に自我の力を強調しており、ランクもそのような点で、アドラーに近い。このような流れは、後に述べる自我心理学や、ネオ・フロイト派に継承されるものと思われる。

ランクの「意志」は最初のうちは、やや意識的な面に重きをおきすぎる感じがあったが、後期になると、それは人間存在全体としての「意志」といった趣をもち、ユングの言う「自己」に極めて近接したものとなってくる。

彼は意志を「個人の中の自律的な組織力で、……全人格の創造的表現をつくり出し、個人を他と区別するもの」[2]であると定義している。これは、ユングの自己に極めて近い。そして、ランクがそのような「意志」の力を体して生きる人を「芸術家」と呼ぶとき、ユングが無意識の創造的な面を評価するのと同様の立場に立つものと思われる。

ライヒ(一八九七―一九五七)の精神分析学の発展に寄与したところは、実に大なるものがある。もっとも、彼は晩年に精神分裂病となり、彼の発明したオーゴン・ボックスは販売禁止となり、それを破ったため刑務所に入れられ、そこで死亡するという悲劇的な最期を遂げている。ライヒの精神分析学への貢献として、彼が性格分析の技法と理論を確立したことが、まずあげられる。フロイトがその治療対象を限定しようとしたことは既に述べたが、ライヒはその限界を越えて、神経症と分裂病の境界例にまで治療を行おうとした。フロイトが無意識の解明を行なったとき、それはある程度確立した自我をもった神経症者が、それによって把握し得た無意識的内容に関するものであった。ところが、境界例の患者を対象とすると、その自我の在り方そのものが問題となってくる。ライヒが性格分析というとき、その性格とは、無意識的な力によって歪まされ、あるいはそれとの対抗上つくりあげられてきた性格を意味するものであり、それは意識、無意識を含めた人格全体を問題とする態度に通じてくる。一般に、精神分析学における発展の系譜を述べる際に、彼の性格分析を取りあげ、それを継承する自我心理学(後述)への流れを強調する。これは、もちろんその通りであるが、彼が境界例などを対象として、人間を全体として捉えて分析しようとする治療態度は、後にのべるメラニー・クラインらの流れにもつながるものがあると感じられる。

ライヒの妥協を許さぬ徹底した態度は、二つの流れに向かって展開する。ひとつは分析による自己変革を社会変革へと拡大しようとする方向であり、他のひとつはラディカルな性の解放であった。しかしながら、ライヒはこのどちらにおいても成功しなかった。彼は共産党員であったが党から除名されたし、彼が個人や社会の問題を理解するために最も重要なことは、オルガズムの形で表出された性欲であるという極端な主張をするとき、フロイト派からも見離されてしまった。これらのことをユングとの対比で考えてみるとどうなるであろう。ライヒは分裂病になってしまったが、ユングも分裂病とまがうほどの体験をし、それが彼の心理学を形成する基礎となったことはよく知られている事実である。フロイトが限定した分析の領域を越えようとした点で両者は似ているのだが、ライヒがその方向を社会や、性に求めたのに対して、ユングがシンボルや宗教の世界に求めたことが、両者の差をわけたのであろうか。軽々しくは断定できないが、興味深い事実ではある。なお、社会の改革という点については、ユング派は、フロイトと同じくあまり関心をもっていないことをつけ加えておきたい。

現在の精神分析

現在の精神分析は正統派と称する人でも、大なり小なり、それまでの分派の人たちの説をうまく取り込んで、フロイトの説を適当に修正している。フロイトの説を発展修正せしめてゆくための分岐点として、アンファン・テリブルと言われる人々を先にあげたが、それらの考えを継承しつつ、現在の精神分析において重視されている学派として、自我心理学派、ネオ・フロイト派、対象関係論学派の三つをとりあげることにしよう。

自我心理学派　これは精神分析の正統派と見なすべきかも知れない。既に述べたライヒの性格分析を経て、フロイトの娘、アンナ・フロイトは『自我と防衛』という著書に示されるとおり、精神分析における自我の役割を強調した。フロイトが自我を、イド、超自我、外界という三人の暴君に仕える頼りない仲介者としたことは有名であるが、自我心理学者たちは、自我の自律性を認め、その適応的な側面をも強調する。これはフロイトが無意識の自律性を極端に重視し、ペシミスティックな決定論を唱えることに対する補償性をもち、アメリカにおいて特に発展したものである。この学派のなかで特にユングとの関係で問題となるのは、芸術の精神分析的研究を通じて、クリスらが主張する「自我のための退行」の理論であろう。フロイトは無意識の否定的な面を重視していたので、退行の現象をすべて病的なものと見なしていたが、ユングは無意識のもつ創造的機能を認め、退行には病的なものと建設的なものがあることを早くから主張していた。クリスは自我心理学者として、自我が「自我による一時的部分的退行」を行い、エスのエネルギーを生産的なものに昇華する機能をもつことを明らかにしたのであるが、彼がこれを芸術活動の分析を通じて知ったことは興味深い。ユングは神経症や精神病の治療において、患者が何らかの創造活動を行うことが重要であるとし、そこに生じるシンボルの研究に没頭したのである。ただ、ユングはそのような無意識からの産出物を「芸術」と呼ぶことを好まなかったが、いずれにしろ、無意識のもつ創造力と、その治療的意義を認める上で、自我心理学とユングとは一致したわけである。

　自我心理学の流れの中で、ユングとの関連を述べねばならぬものに、エリクソンのアイデンティティの考えがある。アイデンティティという用語は、わが国においても流行語のようになってしまったが、いざとなると明確には意味を把握し難いものである。エリクソン自身もアイデンティティについて書いた書物のなかで、その概念について定義的説明をするつもりはないと断り、「この主題について書けば書くほど、この言葉は、総括的で不可解な何物かをさす術語になってしまう(3)」と述べている。アイデンティティとは簡単に言ってしまえば、「私が私であること」の本質の如きものであり、エリクソンはそれを歴史的・社会的存在として位置づけようとする。しかし、なおかつそこに「不可解な何物か」が混入してくるのは、ユングの言う「自己」とのかかわりが生じてくるからではなかろうか。
エリクソンは人間の成長の段階を八段階にわけて記述しているが、エレンベルガーは、最初の五段階まではフロイトの考えに類似しているが、後の三段階はユングの個性化の過程からヒントを得たものであろうと述べている。[4]「名誉、権力、名声、そして女性の愛」を得た後に、なお「成熟」の段階をアメリカにいるフロイト派の人々も考えざるを得なくなったのであろう。

ネオ・フロイト派　フロイト左派とも呼ばれたりするが、精神分析における生物学的アプローチを拒否し、文化・社会的側面を強調する立場で、一般に、フロム、ホーナイ、サリバンらを指して呼んでいる。これらの三者はまたそれぞれに理論を異にしているが、フロイトが自説に客観科学的な形態を与えるために用いた生物学のモデルを認めない点で共通している。これは、アメリカ文化のもつ楽天性に通じるものがあり、人間の成長過程における社会的文化的な影響を最大限に認めるわけである。俗な言い方をすれば、遺伝的要因よりも環境的要因を重視するので、教育や治療によって人間の成長を最大限に可能とするような楽天的な考えと結びついてくる。
ネオ・フロイト派の人々は(サリバンは別として)、フロイトのもつ合理性を継承しつつ、フロイトの用いたペニス羨望のような身体的、性的モデルを、対人関係や社会学の用語に言いかえることを行なったので、一般に理解されやすい。治療においても自由連想法を避け、対面の面接法がとられるので、意識の方に重点がおかれやすい。これらの点はアドラーの影響が強く見られ、アドラー派の人たちはホーナイがアドラー派の説を非難し、ホーナイ派はそれに真剣に反論するようなこともあったという。[5]
ホーナイについて興味深いのは、晩年になって、人間の「真の自己」について関心をもち、それは東洋への心の傾斜となり、はるばる日本の禅僧に会うために来日していることである。[6] 晩年のホーナイのこのような面はあまり知られていないが、ユングが「自己」の概念を重視し、かつ、東洋の意味を深く認識していたことと考え合わせると極めて示唆深い事実である。ランクの「意志」と同じく人間の全体性ということを何らかの形で問題とせざるを得なくなるのであろう。

サリバンはアメリカ生まれの極めて特異な分析家である。精神分裂病の治療に専念し、心理的問題のすべてを「対人関係」に還元せしめたといってもいいほどに、対人関係の重要性を強調した。その中で彼の強調する共感という観念について、ブラウンが「エムパシイ(共感)というような、ユング派以外誰もがその必要を認めていない、明瞭に分析不可能な、感情的基礎のない概念に訴えたりする」(7) ことを非難しているのは、まことに興味深い。筆者は、人間同士の無意識的なコミュニケーションを含むとも思える「共感」という現象は、心理療法における極めて重要な概念であると思うが、それが「明瞭に分析不可能な」ものであることも認めざるを得ない。これもエリクソンにおけるアイデンティティと同様の性格をもつ語であると思われる。ともあれ、このような中心的な用語において、サリバンとユングが結びつくのは面白いことである。ここにも、精神分裂病を治療対象としていることが共通点として作用している。

フロムはわが国でもよく知られており、あまり言うことはないが、ユングとの関連で言えば、フロイト左派とユングの位置関係が興味深い。つまり、次にのべるメラニー・クラインらは、フロイトの生物学モデルを推しすめていったものとして、フロイト右派と言われ、対比される。ところが後述するように、クラインらの理論はユングの元型論と極めて近似してくるので、ユングを右派の方におきたい気もするが、さりとて、ユングを左派におく通説も存在するのである。ブラウンは、ユングもランクも独自のカテゴリーに属するべきだと断りながら、彼らを「精神分析の左派グループにふくめてもよさそう」と述べている。あるいは、現存在分析の立場に立つボスはフロムについて「ユングの影響をだれよりも強くうけている」[8]ことを指摘している。これらは、ユングがフロイトの自我を軽視する態度を批判していることや、治療中に対面法を用い自由連想を用いないこと、文化的側面の重視などを考慮しての発言であろう。実のところ、筆者はユングがフロイト派の右派にも左派にも近似する面をもつという事実から、フロイトとユングの距離が埋められる動きとして、フロイト派の発展をみようとすることに思い到ったのである。

対象関係論学派　ロンドン在住の分析家、メラニー・クラインおよび、それから発展してきた学派である。（厳密にはクラインと対象関係論とは分離して考えるべきだが、ここでは、おおまかに一括して論じることにする。）メラニー・クラインは既に述べたフェレンツィに教育分析を受けたので、患者に対する態度は、いわゆるフェレンツィ的なものであり、フロイトのそれとは異なっている。このことは、彼女が治療の対象として、それまで関心をもたれなかった、児童や精神分裂病を取り扱うようになったことと無縁ではあるまい。彼女は治療者の態度においても、患者の幼児期体験の理解においても、母性を重視せざるを得ず、ここでユングへの近接性が高まってくるのである。

メラニー・クラインらは、フロイトが根本的と考えていたエディプス・コンプレックス以前の母子関係の問題に注目せざるを得なくなり、そこで内的対象という概念をもち出してくる。たとえば、幼児にとってはいかなる母親も極端に善い母であり、悪い母であるという体験をもつであろう。授乳されているとき、母親はすべてを与えてくれる善母として体験されるが、何かのことで授乳中に急に乳を離されたり、ほっておかれたりすると、それは自分を見棄てる悪母として体験される。それらのことはそのまま、幼児にとって「内的対象」として取りこまれる。幼児がその後成人していっても、内的対象はそのまま心のうちに存続するので、成人してからも、それは時に強い影響力をもつであろう。たとえば、思春期になって、母親が子どもを少しでも規制しようとしたとき、それが子どもの内的対象としての悪母のイメージと重なり合うと、子どもは母親に「殺される」とさえ感じるかも知れない。(このような理論は、現在わが国で多く生じている家庭内暴力の解明に大いに役立つであろう。)

対象関係論の強みは、今まで神経症・精神病などに対して、親子関係や幼児期体験に「問題があった」のではないかと単純に考え、それによっては解明できなかったことを、「内的対象」の問題としてみる点にある。アメリカにおいて発展した、ネオ・フロイト派や自我心理学が、どこか楽天的・常識的であり、一般に受け容れられやすかった反面、「進歩と繁栄」のモデルが崩壊しつつあるとともに、どこかで現実とそぐわない感じを与えるものとなってきたため、いかなる態度を親がとるにしろ、内的対象としての悪が存在し得ることを前提とするクラインらの説の方が、現状に合うものとして注目されてきたと思われる。ところで、この内的対象は、ストーが明確に指摘しているように、ユングのいう元型とほとんど差がないのである。[9] 紙面の都合で、このあたりのことは詳しく論じられなくなったが、われわれの心の中に存在し、われわれの生活に強い影響を与えている。魔女や神などのイメージが、ユングの言うように生来的な元型によるものか、クラインの言うように、ほとんど意識すら持ち合わせていない幼児期に摂取された内的対象なのか、理論的には興味深いが、ストーの言うように「実際的にほとんど問題ない」こととも言うことができる。

ユングの知

以上、極めて簡単にではあるが、フロイト派の発展をユングに引きつけて読みとるという、極めて我田引水的なことをこころみてきた。このようなことが可能であるのは、エレンベルガーがいみじくも指摘しているように、ユングはフロイトと異なって、「人間の魂(Soul)とも言える領域[10]」に注目していたからだということができる。これはユング流に言えば、フロイトは個人的無意識の層に注目していたが、ユングは普遍的無意識の層に注目していたのだということになろう。なお、これに関連していえば、分裂病とはユングのいう魂の領域で病んでいる人であり、現代人の不安は多かれ少なかれ、この領域に根ざしているということができる。

それではユングの知をいかに位置づけるか。筆者は中村雄二郎[11]の「さまざまな知」の分類に従って、これを「神話の知」として、「自然科学の知」と区別するのが妥当ではないかと思っている。ここに言う神話の知とは、近代科学が明晰と判明を旗じるしにしたため、対象と私たちとを有機的に結びつけるイメージ的全体性を喪失したのに対して、それを回復しようとするいとなみに必要と考えられるものである。「神話の知の基礎にあるのは、私たちをとりまく物事とそれから構成されている世界とを宇宙論的に濃密な意味をもったものとしてとらえたいという根源的な欲求」である。もっとも、ユングの心理学がすべて神話の知であるのではなく、科学の知も含んでいる。そのために、フロイトは自説をあくまで科学の知の容器にとじこめようとしたし、それを以後に発展せしめた人たちは、分析対象の拡大につれて、フロイトのもつ「科学の知」としての形態をどこかで守り、どこかで破りつつ、ユングの知に近接していったということができる。

これに対して、ユングは「科学の知」の範囲を飛び出して、メタファーを自由に駆使し、同時代の人々をはるかに先がけていたが、ユング、および、ユング派の人々が、自分の知の位相をどれまで認識していたかは疑問に思われる。ユングは常に自分を「科学者」として位置づけてきたことは最初に指摘しておいた。もちろん、この際彼は自分の探索している領域が「魂」という新しい領域であることは自覚していた。しかし、その研究方法は科学と呼べるものであろうか。このあたりのあいまいさを最も鋭く批判しているのは、「哲学の知」によって自らを守ろうとするボスであろう。確かに、ユング派の危険性は、神話の知と科学の知を混同しがちな点にあり、ボスの批判には耳を傾けるべきであるが、筆者にとっては、彼の「哲学の知」が臨床の実際といかに結びつくかが解りにくい。

ユング派の現状は既に述べた状況を如実に反映している。ユングの知見をあくまで「科学の知」に還元して、アカデミックな心理学のサークルに受けいれやすいものとなるように努力すべきだという論も存在しているし、その反面、「魂の領域」の学としての確立を重要とする論もある。(12) ただ、科学の知と異なり、神話の知は生命力によって支えられているものである。それが固定し生命力を失うときは、ただちに迷信へと下落してしまうものである。ユングの知は常にそのような危険性をはらむものとして自覚することが必要であろう。その点、どこかで「科学性」を保持しているフロイト派は危険性が少ないとも言えるが、既に述べたアイデンティティにしろ、内的対象にしろ、科学的概念としてよりは、イメージとして受けとめる方が賢明とも考えられるので、困難な点は常に残される。ユング派の中には「魂の科学」という主張をする人もあるが、ユングの知の位相については深層心理学全般も含めて大いに検討を要するものと思われる。

注

(1) J・A・C・ブラウン、宇津木／大羽訳『フロイドの系譜』誠信書房、一九六三年。
(2) O. Rank, Beyond Psychology, 1941, Posthumously and privately printd. これは T. Progoff, The Death and Rebirth of Psychology, The Julian Press Inc., 1965. に引用されているものである。ユングとランクの関係については本書を参考にした。
(3) E・H・エリクソン、岩瀬訳『主体性』北望社、一九六九年。
(4) H. Ellenberger, The Discovery of The Unconscious, Basic Books Inc., 1970.
(5) ブラウン、前掲注(1)書。

（6） ホーナイの最後の弟子とも言うべき近藤章久氏より直接にお聞きした。ホーナイのこのような面はわが国でもっと追究すべきことであろう。
（7） ブラウン、前掲注（1）書。
（8） M・ボス、笠原／三好訳『精神分析と現存在分析論』みすず書房、一九六二年。
（9） A・ストー、河合訳『ユング』岩波書店、一九七八年。
（10） Ellenberger, *op. cit.*
（11） 中村雄二郎『哲学の現在』岩波書店、一九七七年。以下、引用は同書による。
（12） N. Goldenberg, "Archetypal Psychology after Jung," Spring, 1975, pp. 199-220. 参照。

説話の論理
――分析心理学の視点から

はじめに

編集者から与えられた「説話の論理」というのは、あまりにも大きい題である。これに応えるためには、筆者は少なくとも、説話をすべて読み通していることが必要であろう。しかし、最初に告白しておかねばならないが、筆者は日本の説話をすべて読み通しているわけでもない。今から二十年程前、スイスのユング研究所に留学中、日本のことに関心をもつようになって、『今昔物語』、『宇治拾遺物語』などの文庫本を送ってもらって、研究所に往復する電車のなかで読んだものである。しかし、それもそれ程覚えているものではない。ただ、自分の興味のままに読んで、読み放しにしていただけである。自分の専門との関係から、夢の話には特に注意を払わされたし、『今昔物語』のなかの夢について、私見をまとめて見ようと思ったことはある。

『今昔物語』の夢について論じるには、与えられた紙数は少なすぎるし、また、相当なエネルギーを必要とする。それどころか、「説話の論理」というのは、それをも上回るもので、おそらく、一冊の本をもって応えるべきテーマであろう。その上、筆者の極めて無責任な読み方をもってしても、説話のなかに一貫した論理を読みとることは困難であることは、明らかに感じとられた。一貫した論理など持ち合わせていないところが、説話の特徴であると言っていいだろう。これらのことを考え合わせてくると、どうしても筆がすすまず、長らく途方に暮れていた。

そこで、とうとう思いついたずるい方法は、『今昔物語』のなかで、印象的で一般にもよく知られている「参長谷男、依観音助得富語」(巻十六第二十八話)を取りあげて、そこに示されている論理について述べることにしよう、ということであった。この話は『古本説話集』『宇治拾遺物語』にも語られているし、何よりも「藁しべ長者」として、その類話が昔話としてひろく語られているものである。このような点から、この話を説話のひとつの代表として取りあげてくることには、あまり異論がないと思われるし、話の中核に「夢」ということがあり、これは夢分析を専門にしている筆者とのかかわりも深いので、この話を中心として論議をすすめることにした次第である。

この話はあまりにもよく知られているので、ここに繰り返す必要もないと思われる。身よりのない貧しい侍が長谷寺に参籠。観音の夢のお告げを信じ、最初に手にした藁しべを、つぎつぎと他のものと交換して、最後は長者になるという話である。

夢

主人公の侍は観音の夢のお告げを受けるのだが、当時において、夢が神や仏の意を告げるものとして尊重されていたことは、『今昔物語』の随所に見ることができる。それらのなかで、少し趣が変っていて興味深いものに、巻十九第十一話がある。これはある人が夢に、ある温泉に観音様が湯浴みに来られる、その人相、服装などはどのようであるか、ということを見る。人々に伝えて待っていると、夢に告げられたとおりの姿をした侍がやってくる。人々は伏し拝むが、侍は何のことか解らず不思議がる。そこで、一人の僧が夢のことを語ると、この侍は「我ガ身ハ然バ観音ニコソ有ナレ。同ク我法師ト成ナム」と言って出家する。ここで、他人の夢を聞いて、それならば自分は観音なのだと、たちまちにして納得し出家するところが、何とも言えず素晴らしい。まさに、説話の論理を体現している人と言うべきだろう。

日本人にとって夢は、近代になるまでは、常に意味深いものとして受けとめられてきた。もっとも、有名な青砥藤綱(『太平記』巻三十五)の話などがあり、一概には言えぬのだが、少なくとも、『今昔物語』の頃までは、人々にとって、夢とうつつの境も定かではなく、両者は共に同じ重みをもって受けとめられていた、というよりは、ある種の夢は神意をもたらすものとして、特別に尊ばれていた、と考えられる。したがって、素晴らしい夢を見た場合は、それを大切にすべきであり、みだりに他人に語るべきではないとされる(たとえば、『宇治拾遺物語』第四話)のも、うなずけるのである。

神意を告げるものとしての夢を尊ぶことは、洋の東西を問わず古代には共通していたことであった。西郷信綱はその名著『古代人と夢』(1)のなかで、われわれが取り扱っている『今昔物語』のこの話などを引用しつつ、わが国の古代人の夢に対する態度を見事に述べている。このような夢に対する態度は、西洋近代の合理主義によって根底から変革され、わが国の現代人も多くはその影響を受けている。しかし、われわれ深層心理学を学ぶものは、古代人の夢に対する態度に全面的には賛成し兼ねるにしても、そこから学ぶべきことも多いと考えている。そのことはすなわち、説話の論理ということにつながってくるのだが。

ところで、物語に話をかえすと、この物語の主人公は父母、妻子、知り合いもないという孤独で貧しい男であることが冒頭に明らかにされる。この世とのつながりの薄い者は、この世を超えた世界とつながりやすい。彼は必死の覚悟で観音にすがるのである。この世とのつながりの薄い者こそ、仏に近いというのは説話の論理のひとつである。このこともあってか、『今昔物語』には有名な高僧や貴人も登場する反面、名も無き人々がこのようによく登場するのである。この第二十八話に続く第二十九話において、長谷観音に助けられるのも、やはり父母も主もない貧しい男なのである。こちらは夢は語られないが、一種の夢幻体験のなかで、観音の顕現とも思われるものに接するのである。

ところで、主人公の侍が長谷観音を頼るのだが、そのときの寺僧たちの態度がなかなか興味深い。この男は何しろ決死の覚悟だから、観音より夢のお告げを貰うまでは退かないと、何も食べずに坐りこんでいるのだが、それを寺僧が見て、若し餓死されたら穢が生じるというので、誰を師としているのかと問う。男は平気で、自分は貧しくて師などはない、ただ観音を頼んでいるだけで、食べるものもないと答える。寺は「寺ノ為ニ大事出来ナムトス」というわけで、皆でこの男を養うことにする。つまり、この貧しい男のためにとか、観音様の恵みの一端として、などというのではなく、餓死されると穢れて困るという極めて現世的な配慮から、この男に食事を与えるのである。死を覚悟でひたすら夢のお告げを待つ世俗の男と、寺がよごされるのは面倒とのみ考える聖職者と、この取り合わせがなかなか見事である。説話の論理は決して、この世の現実を忘れているわけではない。

受け入れ

長らく待った後、男はついに夢のお告げを得る。「待つ」ことの重要さは説話のお得意のモチーフである。『宇治拾遺物語』には次のような話がある。鞍馬に七日参った僧が、なかなか夢を見ないので、もう七日、もう七日と日延べをして、百日目にやっと夢を見ている。ところが何とその夢は、自分は知らぬから清水へ行けというのであり、清水で百日待った後に同様にして賀茂に行けと言われる。賀茂でも七日、七日と日延べし百日目にやっと夢のお告げを得るのである。「待つ」ことの意味を知らぬものは、説話の世界で生きてゆくことはできない。

さて、夢のお告げは、寺を出る時にともかく手に入るものを給わり物と思えということであった。男は大門でつまずいて倒れ、起きあがるときに藁しべをつかんでいた。「これが?」と一瞬不思議に思ったが、夢を信じてそれを持って帰ることにした。

ここのところが非常に大切なことだ。倒れたときに、ふと手にした藁しべは、これは一般の論理に従えば、偶然によるものである。そのときに、観音の意志のはたらきを信じる者には、それは必然的な事象となり、藁しべは「給わりもの」としての価値を持つことになる。この男にしても、一度は「これが?」という気持をもった。しかし、どのようなことであれ、そこに生じたことは、「そのとおり」として受け入れることが説話の論理なのである。偶然とか必然とか、そんなことを言う必要もない。起こったことに対して、いかなることであれ、そのまま受け入れること、「はい」と肯定すること、それが尊いのである。

彼のこのような「受け入れ」の態度は、彼が捕えて藁でくくっていた虻《アブ》を、見知らぬ子に欲しいと言われたときに、ますます端的に示されている。彼は「此レハ観音ノ給タル物ナレドモ、此ク召セバ奉ラム」と、あっさりと与えてしまうのである。観音様からのせっかくの給わり物だからあげられない、などとは言わないのである。それほど欲しいのならあげましょう、というわけで、後のことなど考えていないのである。

考えてみると、観音様にひたすらに頼り、そのお告げをひたすらに信じるということと、その観音様からいただいたものをあっさり人に与えることは、簡単に両立し難いのではなかろうか。しかし、それを両立させてこそ説話の論理の筋がとおるのである。ともかく、事象の流れに沿って、ものごとを受け入れるのである。

ところで、彼は蜩を手放した代りに、柑子を三つ貰う。しかし、その柑子を、喉が渇いて困っている人を見て、惜しげもなく与えてしまうところは、先に述べたのと同様のことである。人が困っているときに、自分の持っている物を与えない、などということは考えられないことだ。

男は柑子三つを与えて、人の苦しみを救ったが、そのお返しに布三段を貰うことになる。藁しべが、柑子三つ、布三段とだんだん高価なものに変化してきたのだが、既に述べたように、このような徹底した受動性が、果して仏教的と言えるものかどうか、筆者には定かでない。夢を受け入れることは、もちろん、仏教と特に関係づける必要はなく、ひろく全世界に認められることである。『古事記』や『日本書紀』にも夢のことは語られているし、夢を尊ぶ態度は日本古来からあったであろう。そして、ここに展開された受容性の高さ、あるいは偶然に対する開かれた態度なども、仏教とは関係なく、古来からあったことかも知れない。この話は、観音様のお告げとして夢が語られ、結びの言葉にも「観音ノ霊験ハ此ク難有キ事ヲゾ示シ給ケルト……」とあるので、そのような意味では、仏教説話というべきであろうが、ここに展開された説話の論理が、仏教とどうかかわるかについて、筆者はあまり確信をもって述べることができない。

転回点

「待つこと」「受け入れること」を中心として話は展開してきた。しかし、説話の論理は次に思いがけない転回点を用意しているのである。話は次のように展開する。

布三段を手に入れて男がやってくると、素晴らしい馬に乗った人が来るのが見える。ところが、どうしたことか、その馬が急死するのである。主は残念がるがどうしようもない。従者を一人死んだ馬の傍に残し、立去ってしまう。従者は馬の死体を処分して、せめて皮でもはぎたいと思っても旅先のことで、それも出来ずに困っている。そこへ、男は寄ってゆき布三段と死んだ馬を取りかえる。従者は、あまりにも馬鹿げた取引きなので、男が心変りせぬうちにと、布三段をもって逃げるように去ってゆく。

このとき、男は手を洗い口を漱いで、長谷の方に向かって礼拝し、「若シ、此レ御助ケニ依ナラバ、速ニ此ノ馬生サセ給ラム」と念ずると、馬は生き返るのである。ここのところが、この話の際立った転回点となっている。主人公はそれまで、まったく受動的であった。しかし、ここでは馬の死を見て、馬の死骸と布三段と取りかえるということを、自分の方から積極的に申込んでいるのである。確かに、柑子三つも彼が与えたものだが、そのときは喉の渇きで死にかけている人がいる、というのっぴきならぬ状態が存在した。しかし、今度の彼の積極的行動は、常識からみて、まったく馬鹿げたことなのである。この受動から能動への転回が実に見事である。つまり、それはまったく馬鹿げて見えることながら、観音への絶対的信頼を前提とするとき、マイナスをプラスに一挙に変えることになるのである。

ここに示した、受動から能動への劇的な転回は、実は、筆者が日本の昔話の分析において既に示したものである。(2) 詳述は避けるが、「炭焼長者」の物語において、主人公の女性が最初は父親の言うままに受動的に結婚するが、その夫と離婚し、炭焼五郎と結婚しようとするところで、はっきりと能動性を発揮するのである。ここでも、炭焼五郎と、主人公の長者の娘が結婚することなど、常識的には考えられない馬鹿げたことだという事実は、われわれの物語のパターンと一致している。そして、このような受動から能動への転回を経た後に、主人公が幸福をつかむという点でも、両者のパターンは一致しているのである。

観音への信、という点から見れば、主人公が夢のお告げを信じ、手に入ったものは何であれそれを受け入れようとした態度と、敢えて死馬を手に入れ、馬を生き返らせて欲しいと願う態度と、両者にははっきりとした差があることは明らかである。待つこと、受け入れることに徹した後に、賭けることの大切さを、説話の論理は説こうとしているのであろうか。夢のお告げがあるまではここを退らないと言うときの決意と、ここで敢えて死馬を手に入れるときの決意には、質的な差があるように筆者には感じられるのである。これは、炭焼長者の主人公の娘が、相手が誰であれ父親の言いつけに従って結婚すると決意したときと、まったくの貧乏で愚か者とされている炭焼五郎と結婚すると決意したときと、質的な差が感じられるのと同様のことである。

数多くの話のなかから、唯一つの話を取り出して、しかも大胆なことを述べたが、ここに展開された論理は、わが国の説話の多くに共通に存在していると言えるように思われるのである。ただ、それと仏教の関係については、今後の研究によらねばならない。

注

（1）西郷信綱『古代人と夢』平凡社、一九七二年。

（2）河合隼雄『昔話と日本人の心』岩波書店、一九八二年。〔本著作集第八巻所収〕

日米のアイデンティティ
——ロスアンゼルスの講義体験から

ロスアンゼルス　ユング研究所

一九八四年十月三日より十一月二日まで、ロスアンゼルスのユング研究所で、「日本昔話に示された女性の意識」という題で、四回にわたる連続講義を行なってきた。その間に、サンフランシスコのユング研究所など、他にも招かれて講演や講義を行なって、短期間ではあったが多くのアメリカの人たちと接し、あらためて日米の文化差や、お互いの生きてゆく道や今後の在り方などについて考えさせられるところが大であった。そのような点について、在米中のエピソードを交えながら報告してみたい。

まずはじめに、ロスアンゼルスに行くことになった経緯について述べておこう。ロスアンゼルスは私にとっては大切なところである。それは私がはじめて西洋の文化に接したところであるとともに、ユング心理学への道をひらかれたところでもある。一九五九年の九月に私はフルブライト留学生としてＵＣＬＡに学び、そのときの指導者クロッパー教授の導きでユング心理学に触れ、彼の弟子であるシュピーゲルマンさんに分析を受けることになったのである。その後、彼らの推薦でチューリッヒに行き、ユング派分析家の資格を得て帰国したが、ずっとアメリカを再訪することがなかった。しかし、一昨年に機会ができて、ロスアンゼルスに一週間ほど滞在した。このときは、かつての分析家シュピーゲルマンさんのお宅に泊めていただき快適な時を過ごすことができた。ロスアンゼルスのユング研究所でも一度講義をしたが、好評でぜひもっと話が聞きたいということになった。それにやはり日米比較の話がでて、私が日本の昔話を例にあげて説明すると興味をもたれ、私が『昔話と日本人の心』(岩波書店)の内容について述べると、それをアメリカで出版してはどうかという話にまで発展した。

結構な話であるが、日本にいては忙しくてなかなか翻訳もできないと言うと、それならロスアンゼルスに一か月滞在して、昔話について講義をし、その間に翻訳に専念するとよい、英語を見て直してやることもできるし、と話がとんとん拍子に進み、当時のユング研究所所長のギルダ・フランツさんが熱心にすべてを進めて下さった。ところで、日本からロスアンゼルスまでの旅費はどうするか、ということになったが、これは国際交流基金の方にお願いすると、幸いにも許可されて、すべてがうまく整ったのである。

ロスアンゼルスのユング研究所には、日本人で分析家の卵として目下訓練を受けているリース幸子(旧姓、滝幸子)さんがおられるし、分析家のなかには、私についでユング派の分析家となられた目幸目僊さんもおられるので何かと好都合である。目幸さんはカリフォルニア州立大学で宗教学の教授として教えるとともに、分析家としても活躍しておられる方である。

ロスアンゼルス滞在中は翻訳に専念したいので、あまり人間関係にわずらわされないようにしたいし、パーティもお断わりと前もって言っておいたら、ギルダ・フランツさんがいい住いを見つけてあげたと言われる。行ってみると、それは彼女の親友で、かつて女優だったが今は結婚してニューヨークに住んでいる人の以前の家が空いているのでそこを借りておいたからというわけで、驚いたことに、ビバリーヒルの頂上にある温水プール付の豪奢な家に住むことになった。そして、皆に splendid isolation と羨ましがられながら、見晴らしのよい家にこもって翻訳に専念、疲れてくるとプールで泳いだりして、思いがけない一か月を過ごすことができた。この家の持主、ジョイス・アシュレーさんとは、昨年のトランスパーソナル学会でギルダ・フランツさんに友人として紹介され、少しの間の交際だったのに、こうして家を提供してくれるとは、日本人にはちょっと考えられない親切であると思った。彼女への礼状に私は「時に現実は夢に優ることを体験した」と書いたが、まさに夢よりも素晴らしい一か月であった。

日本への関心

ユング研究所での講義は週一回、四回にわたって行われた。その間に多くのことを言いたいので大変であるが、幸いにもリース幸子さんが、講義に使用する日本の昔話を前もって訳して受講者に配布して下さることになったので、彼らは昔話を前もって読んで考えておくことができ、大いに時間の節約になった。受講者は、前述のシュピーゲルマンさん、フランツさん、目幸さんをはじめ、研究所での訓練生や分析家で、皆きわめて水準の高い人たちばかりである。二十数名の人たちが出席した。講義のスタイルは原稿を準備して読むよりは、フリーに話す方がアメリカ人好みでいいと言われ、何しろ英語に自信がないのでためらったものの、決心してアメリカ流にやることにした。

講義をはじめて感じたことは、受講者の日本に対する関心の高さ、日本に関する知識を相当に持っていることであった。それは自分たちと異質の存在に対する好奇心などというものではなく、後にも述べるように、自分たちのアイデンティティの問題と深くかかわることとしての関心であった。そこにはできるかぎり学びとろうとする熱気のようなものが感じられた。この一か月の間に、サンフランシスコのユング研究所でも講義をし、サンディエゴの国際トランスパーソナル学会の会長、セシル・バーニーさんにも招かれ、彼の主催する研究会でも講義をしたが、どちらにおいても同様の熱気を感じたのであった。

アメリカ人の良さは、何事であれできるかぎり明確に把握し、明確に理解しようとする態度の強いことである。同時に、彼らの明確への志向が理解を浅薄な方に導く危険があるにしろ、日本人ならあいまいなままで済ますところに目を向けて、鋭い質問を浴びせてくるところは、非常に好ましい感じを受ける。ヨーロッパのスタイルと異なって、アメリカでは講師が話をしているときに、受講者は何時でも自由に手をあげて質問したり、意見を述べたりする。私は英語に自信がないので、これをやられると話が混乱して困るのではないかと思ったが、慣れてくると自分の話に対する反応がよくわかるので、こちらの方が結構面白いことがわかった。こうなってみると、日本のように聴衆からの反応が少ない方が物足らないとさえ感じられるのである。

日本に対する関心が強くなった理由のひとつとして、日本の経済成長の素晴らしさがあげられるであろう。実際、ロスアンゼルスの町でも、日本の車で溢れていると言ってもよいくらいであり、このような成功の「秘密」を何とか知りたいと彼らが考えるのも無理ないと思われる。つぎつぎと繰り出される彼らの質問に私はできる限り答えたのだが、これは私にとっても知的興奮を覚えることでもあった。日本の文化、日本人の特異性についてここまで考え追及しようとする日本人が果して、どれだけいるであろうか。私は彼らの鋭い質問に導かれて、日本人について、自分自身について再発見することも多かった。それと同時に、アメリカの人たちの真剣さにも心を打たれたのであった。

アイデンティティ

リース幸子さんが日系人のカウンセリングをしておられるという縁もあって、十月二十七日に、リツルトーキョウ・サービスセンターの主催で、東洋人のためにカウンセリングや福祉活動をしている専門家のための講演を行なった。「東西文化の衝突と、日本人に対するその影響」という題で話をしたが、私が今まで日本で述べてきたように、西洋と日本における父性原理と母性原理の優位性、およびそれと関連しての彼我の自我の在り方の相違について述べ、西洋の文化の影響によって日本も変化しつつあり、それが日本の家庭内暴力の問題などに生じていることを述べた。出席した人たちは実際に臨床場面に活躍している人なので、私の話が非常によく通じたらしい。そして、アメリカに在住している東洋人が、二世や三世でさえ同様の問題に苦しんでいることを話され、私も大変興味深く思った。たとえば、二世や三世の人たちが表面的にはアメリカ文化によく適応しているように見えても、未だ私の述べたような日本的特徴を潜在的にもっており、それが時に心理的問題という形で顕在化してくると言う。その人たちをどのようにしてアメリカ文化に適応させるか、などと考えるのではなく、「深いアイデンティティの問題」として取り扱うことが必要と思う、と一人の方が言われ、私はまったく同感するとともに、アイデンティティということについて深く考えさせられた。

アイデンティティということは、周知のようにエリクソンによってその重要性が指摘されて以来、わが国においてもひろく一般に用いられるようになった。しかし、エリクソンは、もともとそれを自我同一性(ego identity)として述べており、西洋的な自我の確立ということと切り離しては考えられないことなのである。すでに他でたびたび論じてきたように、私は西洋的な自我と日本人の自我は異なると考えているので、エリクソンが言う意味でのアイデンティティということが、そのまま日本に使用できるかを疑問に思っていた。従って最近出版したエッセイ集も、わざわざ『日本人とアイデンティティ』(創元社)という題にして、「日本人のアイデンティティ」とはしなかったのである。そこでこのときに、聴衆の一人が「深いアイデンティティ」と言われたのは、アイデンティティということを、エリクソンの言った意味と違ったニュアンスで考えていこうとしておられることが推察され、私も興味を惹かれたのである。

西洋的な意味で自我を確立し、望ましい職業につき一家を構え、社会的にも一人前として認められる。しかし、自分が自分であることを「深く」根づかせるには未だ足らないものがあるのではないか。あるいは、そもそも自我の在り方が異なるとすると、その「深いアイデンティティ」の問題は、どう考えるべきか。このような難しい問題が、日系の二世や三世の人たちの心理的問題の背後に存在することを、専門家たちは感じとっているのである。

一方、アメリカにおいては、エリクソンのアイデンティティ理論に異なった角度から疑問を呈する人も生じてきた。それは最近アメリカにおいて急激に強くなりつつある、女性の意識(feminine consciousness)の研究から出てきたものである。つまり、女性の意識は男性の意識とは本来異なるものであるのに、アメリカ文化における父性原理の優位性によって、女性も男性の意識を確立しようと努め、エリクソンのアイデンティティ確立の図式に従って生き抜こうとしてきたが、考えてみると、エリクソンの図式は男性のためのものであり、女性は女性でそのアイデンティティについては、エリクソンと異なる考えに従うべきだと言うのである。では、女性の意識は何によって深く根づくのであろうか、という問題が生じてくるのである。ところが、このことは期せずして私の講義と重なってくることになった。

シンボルの喪失

私が「日本昔話に示された女性の意識」と題して講義をしたのは、何も女性問題を考えてのことではない。詳細は『昔話と日本人の心』をお読み願いたいが、一言にして言えば、私の論は西洋の自我が男性の英雄像で表わされるのに比して、日本人の自我は女性像で表わす方が適切であるというのであり、そのことを日本の昔話に語られる女性像を通じて明らかにしようとしたものである。そして、これまではややもすると欧米中心の考えが強く、西洋の近代に確立された自我を最も高いものと考えがちであったのに対して、女性の意識はそれと異なりつつ同格の存在であることを主張したのである。このような点で、現在アメリカにおいて女性の問題を考えている人たちと論の重なるところがあり——ユング派では新しい女性論がきわめて盛んである——受講者のなかには、そのような人もおられ、ずいぶんと興味を示された。

ところで、昔話を例にとると、西洋の昔話では結婚によるハッピーエンドというのが実に多い。これは、先に述べたような男性の英雄が困難な仕事をやり抜いて自我を確立した後、その男性が女性と結合することによって完全な存在となることを意味するものであり、結婚ということが西洋においてきわめて高い象徴性をもつことを意味している。これに対して、日本の昔話は結婚によるハッピーエンドの話がきわめて少なく(たとえば、「夕鶴」などを考えていただきたい)、西洋人にはきわめて奇異な感じを与えるものである。これについて私は、日本では結婚ということがそれほど高い象徴価をもたず、「自然に還る」、「自然の美」などということが重要視されていることを示して、日米の差を説明したのであった。

「結婚」はこのように象徴性が高いにもかかわらず、現在のアメリカにおいて離婚率がきわめて高いことは、ハッピーエンドとしての結婚のイメージが崩壊していることを示すものであり、現在のアメリカの問題は、象徴としての結婚を喪失したという点によく示されているのではないか、と私は言った。すると、シュピーゲルマンさんがすぐに手をあげて、それに同意を示すとともに、では日本の「自然」はどうかと質問してきた。これは日本人にとって痛い問いである。

日本においても、すでに象徴としての自然は喪失されているのではなかろうか。私はすぐに水俣のことを想起した。いつか石牟礼道子さんに水俣のことを伺ったとき、そこに存在する最も深い問題は宗教的なものであることを私は感じた。水俣の「自然」は昔と姿を変えず同じように美しい。しかし、その「自然」は目に見えないところで汚染されている。水俣の人々は、その存在の根本を破壊されたのである。それに対して誰が「補償」などできるであろうか。

端的に言えば、アメリカでも日本でも「神は死んだ」のである。もう少し柔かく言えば古い神は死んだと言うべきであろうか。それにもかかわらず、古い神の支えによって、自分のアイデンティティを保とうとしている人が日米両国において、まだまだ多いのではなかろうか。われわれはまず、この重大なシンボルの喪失を自覚すべきであり、そこからこそ新しいシンボルが浮かび上ってくると思われる。私は実に大きい課題を背負ってアメリカから帰ってきたと思っている。

今西錦司

西陣の織元

今西錦司は京都の西陣の織元「錦屋」の長男として、一九〇二年一月六日に生まれた。錦司という名は屋号の一字をとってつけられたものだが、それには当時織元のトップクラスとして栄えていた家の誇りと、家を継ぐべき長男への期待とがこめられている。今西は両親の期待にそむかないどころか、それをはるかに上まわる仕事を成し遂げてゆくが、それは京都の西陣の織元としてではなく、日本を代表する学者としてなされたものである。これはまったく途方もない転進のように見受けられるが、よく見てみると、今西の育ってきた環境が、後年の彼の業績に直接、間接に影響を与えていることが見出されるのである。この点については、今西自身もよく自覚しており、それは彼自身の書いた「私の履歴書」(「私の履歴書」、『今西錦司全集』第十巻、講談社、所収。本節の引用は断らないかぎり、「私の履歴書」による)のなかによく読みとることができる。以下それを参考にしつつ、今西の生い立ちについて述べてみたい。

織元「錦屋」では、今西の生まれた頃は、祖父母、父母、その他の親類、店の人たちを合わせて三十人ぐらいの大家族が一つ屋根の下に住んでいた。このような大家族のなかで、しかもその総領となる地位にあって育ったことは、今西の学問形成に大きい影響を与えている。たとえば、男女関係のことなど比較的オープンで、今西自身も「こういう大家族だと、どうもフロイトの学説なんかはあてはまらないのではなかろうか。たとえばかれの説だと、子どもが成長してゆく過程で父親が母親を独占していることに反抗心を起こす、それによっていままでの親への一方的な依存から独立心を持つようになるというのだが、これは核家族を前提としたものであり、私のように大家族で育った者には、そういうことは起こっていないのではないか」と述べている。この指摘は確かに重要なことである。

この大家族のなかで、その「総大将」である祖父に今西は同一視して大きくなる。このことは、後年、今西が山登りや探険隊の隊長として、あるいは、有名な霊長類研究グループのリーダーとして手腕を発揮してゆくための素地をつくったものと思われる。極めて日本的な西陣の大家族のなかで育ったことは、今西の学説に後述するような「日本的」な性格をもたせる要因となったことと思われるが、祖父は若いころに織物研究のためにフランスに行ったりして「進取の気性」に富んでいたとか、父親は息子に対して「芸者の腰に巻くようなものを作らずにもっと気のきいたことをしろ」などと言って、老舗を継ぐ必要のないことをほのめかしたりしたとか、どこかに日本人離れした性格が流れていることも見逃すことのできぬ大切なことである。

大家族と共に暮らしながらも、「そこからしばしば抜け出せる場所の用意されていたことは私にとってしあわせであった」と今西は語っている。座敷に続いた庭で、幼い今西はヒキガエルの棲み家やコオロギの隠れ家捜しに熱中した。また、上賀茂には祖父の建てた別宅があり、そこは庭が広かったので、そこで「人工の加わらない自然の片鱗」に接することもできたのである。小学校三、四年頃から昆虫採集をはじめたそうだから、生物に対する興味は早くからもっていたようである。片方で大家族と共に生きる生活、その一方で自然に触れて一人で楽しむ生活、このパターンは、今西の人格形成に大きい意味をもったであろうし、生涯にわたってずっと続けられた生き方であるとも言うことができる。

中学時代に母親と祖父が相ついで死亡し、父親は病気におかされたこともあって、織元の職をやめる。今西は第三高等学校にすすむが、その卒業前に父親がガンで死亡する。このため、彼は学生時代に大家族の家督を引き継がねばならなくなった。大学入学の際は京都大学の理学部にするか農学部にするかで迷ったが、「理学部は理屈っぽくて冷たいが、農学部は人間味があって一種のロマンチシズムが感じられる」ので、当時、誕生して間もない農学部に入学し、農林生物学科で昆虫学を専攻することになる。今西は既に山登りに熱中しており、それが農学部を選ぶひとつの理由にもなるが、山登りの件については後でまとめて述べることにしよう。

今西が自分の仕事を完成させてゆく上で、独立独歩、己の道を進んでゆく強さをもっていたことは大切であるが、優れた友人知己に恵まれていたことも見逃してはならない。その多くは山を通じての知合いが多い。特に西堀栄三郎は中学から大学までを共にし、山の仲間である上に、今西の二番目の妹美保子と結婚したので、極めて親密な関係となっている。今西の末妹の千鶴子は、これまた山仲間の四手井綱彦(物理学、京大名誉教授)と結婚している。今西は妹千鶴子の友人で、鹿子木孟郎画伯の娘である園子と結婚した。一九二八年、今西が二十六歳のときである。

大学卒業後、今西は大津臨湖実験所の無給講師となり、ひたすら研究に専念することになる。その機会に父親が買っていた下鴨の地所に家を建てて移り、西陣を離れ、核家族生活へと切りかえる。以後現在に至るまで今西はこの家に住んでいる。そこには自然生えのエノキやカジノキがあり、切らずに残してあるので、そこには「自然森」ができて、近所の子どもたちがそれを「今西の森」と称してセミ取りに来るとのことである。動物もいろいろと住んでおり、生物の生態を研究する人が住むのにふさわしい所となっている。
大学時代は昆虫の研究をしていたが、今西が生態学に惹かれるようになった契機を彼自身の言葉で伝えることにしよう（「霊長類研究グループの立場」、『私の霊長類学』講談社学術文庫、所収）。

わたしは谷ぞいの道を歩いていた。灌木の葉の上に、バッタが一匹とまっていた。そのとき思った――おれはいままで、昆虫をやたらに捕らえて、毒瓶で殺し、ピンでとめ、名前をしらべて喜んでいたが、この一匹のバッタが、この自然の中でいかに生きているかということについては、まるで何も知らないではないか。これでは情けないと思ったのである。たまたま卒業論文には、なにをやろうかと迷っていたときだった。わたしは生態学をやろうと決心した。

これは今西の特徴を見事に示している。バッタを他と切り離して、研究の対象として見るのではなく、「自然のなかに生きる」ものとして見てゆこうとするのである。現象を全体的に見ようとする態度はその後もますます発展させられて、今西の主張する「自然学」というところにまで晩年には到達するのだが、そのような傾向が既にここに認められるのである。このような態度で生物の生態を研究しようと努めることによって、今西は有名な「棲み分け理論」を構築することになる。その点について次に見てみることにしよう。

棲み分け理論

大学卒業後、今西はもっぱら渓流にすむカゲロウ幼虫の研究に熱中する。今西は晩年になって、この頃の十年間が一番学問に熱中した時期であったと述べているが、一九三〇年から四〇年まで、『京都大学動物学教室紀要』には、彼のカゲロウに関する研究報告が英文で連続して発表されている。今西はおそらく毎日のように賀茂川へ採集に出かけたのではなかろうか。そのような一九三三年のある日、彼の言葉によると、「その日何の前ぶれもなく、私がそこにすむ四種類のヒラタカゲロウの幼虫の棲み分けを、発見した」(「カゲロウ幼虫から自然学へ」、『自然学の提唱』講談社、所収)のである。彼はこのことを、「この発見も〝読書百遍意自ら通ず〟のことわざどおり、何回も何回もカゲロウの採集に行っていながら気づかずにいたのに、ある日突然気がついた。気がついてみると、なんということか、どこでもここでもちゃんと棲みわけしているのである」(「私の履歴書」)とも語っている。

棲み分けということについては、今では相当にひろく知られているので繰り返す必要もないだろうが、簡単に述べておこう。そのためには今西が大学生時代に信奉したクレメンツの植物に関する「遷移説」について述べねばならない。たとえば、シラカバという木は土地の肥えたところよりは、荒れ地のほうを選ぶ。しかし、毎年落葉を繰り返して腐植土が増してくると、その場所はシラカバに適さなくなり、その土に適した植物、たとえばブナが生えるようになる。この際、クレメンツは結局はブナがシラカバに対する生存競争に勝ったと考え、最終的にその場を占有した植物の社会を、極相社会と名づけた。つまり、植物社会は時と共に遷移を行い、ある種の気候のもとではある種の植物社会が極相社会となって最終的に存在すると考える。

今西はこのようなダイナミックな見方で自然を見ることに興味を覚え、クレメンツ流の見方で自然を見ていたが、たとえば、先ほどのシラカバとブナの例にしても、ブナに負けてシラカバが消え去ってしまうのではなく、確かにシラカバにとって不適当な土地はブナに譲るけれども、適当に他の荒れ地の方に移動して、そこに繁茂することになる。今西流に言うと、シラカバとブナはうまく土地を「棲み分け」て共存するのである。クレメンツはせっかちに、極相種としてひとつのものをあげようとするが、今西は多極相の棲み分けを考える方が現実に即していると考えるのである。

今西が見出したカゲロウの場合では、二種類の棲み分けが見出された。つまり、川の横断面にみられる流速の違いに応じた棲み分けと、川の縦断面にみられる上流と下流との棲み分けである。ここでは四つの領域に棲み分けているのであり、今西の言うとおり多極相になっている。この地上に多くの種類の生物が存在していても、それらはそれぞれ種ごとに自分に適した生活の場をもっており、その場に関するかぎり、その種がそこの主人公になる。それらの種はそのようにうまく「棲み分け」ているので、無用の競争や戦いを他とする必要がないのである。

今西のこのような考えをすすめてゆくためには、「種社会」という考えが必要となってくる。「種」というのは、一つ一つの生物個体を対象として分類学者がその異同によって類別を行い、生物社会の構成の基礎単位として設定したものである。従って、「種」は分類学者が観念的につくり出したものとも言うことができる。これに対して今西の言う「種社会」は種の個体全体をその中に含み、種社会を構成しているそれぞれの個体は、この種社会に対して帰属性をもち、常にその種社会の維持存続に貢献しているものである。このような種社会は棲み分けによってうまく共存しているのであり、後にも述べるが、このような考えによると、「進化とは種社会の棲みわけの密度化である」(「自然学の提唱――進化論研究の締めくくりとして――」、『自然学の提唱』講談社、所収)ということになってきて、ダーウィンの進化論とは決定的に異なったものとなってくる。今西にとって、この「種社会」ということは極めて重要な発見なのである。

今西は十年間にわたるカゲロウの研究をまとめて論文を書き、一九四〇年に博士号を取得した。また第二次世界大戦のために軍隊にとられ死ぬことを考え、「遺書のつもりで」、『生物の世界』を一九四一年に執筆した。これは既に述べた「棲み分け」、「種社会」などの考えを明らかにすると共に、後年に展開される今西進化論の萌芽も認められる重要な書物である。哲学者の上山春平はこの書物を高く評価し、『生物の世界』に後年に発表された『生物社会の論理』と『人間以前の社会』を加え、本尊と両脇侍から成る三尊仏にたとえたこともあるほどである。

今西による「棲み分け」とそれに伴う「種社会」の発見は生物学の分野における、まったく画期的な発展である。クレメンツに心を惹かれ、「まったくかれの説に従って自然を観察していた」ほどであったのに、それを乗り越えるところに今西の独創性が認められる。実際、人間は何かひとつのことを信じると、なかなかそれを改変できないものである。

今西理論の独創性は、本人も認めているように、日本的というか、少なくとも非西欧的な発想によっていることが認められる。有名な経済学者ハイエクとの対談の際に(E・A・ハイエク、今西錦司『自然・人類・文明』日本放送出版協会)、今西はそれをキリスト教という一神教と多神教との差として捉え、彼の考えは後者の特徴をもつことを明らかにしている。キリスト教の場合は、人間と他の生物との間に明確な区別をたてることが特徴的である。従って、社会や文化というとあくまで人間のものであり、動物や植物にまでその存在を認めることには、強い抵抗を感じるのである。またキリスト教文化においては、個人(individual)というものが極めて重視されるので、生物をみる場合も個体が重視され、個体が競争によって自分の生きる場を獲得してゆく、というように考えられやすいのである。

よく知られているように、ダーウィンの考えでは「適者生存」ということが言われる。ある環境にもっとも適した生物が生き残る、と考えるのである。これに対して、今西の棲み分けの考えでは、生物が個々に競争するのではなく、うまく棲み分けることによって共存するのである。今西は従って彼の考えを、競争原理に対する平和共存原理の優位としても説明している。

ダーウィンの進化論が発表されたときは、キリスト教会から強い反撥があったのは事実であり、わが国でもこの点にのみとらわれて、ダーウィンの進化論と言えば反キリスト教的と単純に考えられそうであるが、今西はむしろ、ダーウィンがキリスト教的な考えに影響されていることを鋭く指摘している。キリスト教においては、つねに正しいものが神によって選ばれる、神による選択という考えがある。これが自然の選択ということに置きかえられ、「神様はつねにエリートの味方をしているということだ。そのへんのところが、キリスト教徒である西欧人には魅力的なのか、今年はダーウィン没後、一〇一年目だが、いまだに共鳴者がたえない」（「自然学の提唱――進化論研究の締めくくりとして――」）と今西が嘆くことになる。このように、ダーウィニズムにキリスト教的な影響が認められることを明確に述べたのは、今西がはじめてではなかろうか。このように考えてくると、クレメンツの単極相論と今西の多極相論の差も、一神教と多神教の差とパラレルに感じられて、興味深い。

山を愛す

今西の生き方を論じる上で、山とのつながりを決して無視することができないであろう。今西は小学校時代は体が弱かった。ところが京都一中の遠足のとき愛宕山に登り、誰よりも早く登れたので体に自信をもち、中学生のときから登山グループをつくり、京都の北山に登るようになった。第三高等学校に進学後、西堀栄三郎、桑原武夫らと三高山岳部を再編し、山登りに情熱を傾ける。これは京大入学後も続けられるが、今西が山およびそれに伴う交友関係から受けたものは測り知れぬものがあると思われる。山についての今西の言葉を次に引用するが(いずれも「私の履歴書」より)、それらはおのずと今西の学風について語っているように感じられるのである。

自由を好むことと、山を好むこととは結びつく。……学問でも専門の分野をどこまでも深く掘り下げていく人があるが、私にはそれができない。閉所へはいることを好まず、いつでも広いところへ出ようとするからである。この傾向が一生涯つきまとっている。

山登りはつねに頂上という一つのゴールがあり、そこに到達することに一種の魅力がある。登りつめても自然を征服したというような気持ではなく、苦しさを乗り越えて目的を果たしたという喜びが先にたつ。

登って行くうちに方角が間違ったと思ったらただちに引き返さなくてはいけない。引き返すのはかっこうが悪いかもしれない。後退ということはいうはやすいが、なかなかできにくいことだ。

学問の世界で未知の領域を開拓するときも同じである。この道で行こうと仮説を立てて走り出したからには行けるところまで行かねばならない。しかし、行き詰まったと思ったときにはその道を捨てて、新しい道に移らねばならない。

今西の場合は山に登るときに自然を観察することが、すなわち自分の学問ともつながるのだから、山登り、あるいはその延長としての学術探険ということが、大きい意味をもち、生涯にわたって繰り返されることになるのである。

山登りをはじめた頃は、一九二四年の「薬師岳の新登路」を最初に、「雪崩の見方に就いて」などと山登りに関する論文やエッセイが多いが、それに植物分布の論文などがだんだんと加わってくる。「棲み分け」をカゲロウからヒントを得て、その考えに従って見ると、植物の見事な棲み分けが認められて嬉しかったことと思われる。

大学卒業当時からヒマラヤ遠征を狙っていたが、満州事変や日中戦争などによって計画は成熟せず、樺太、白頭山、内蒙古などに相ついで遠征登山、学術調査を試みる。一九四一年には、森下正明、川喜田二郎、梅棹忠夫、藤田和夫、吉良竜夫、中尾佐助ら若い人々の参加したポナペ島学術調査隊のリーダーとして七月から十月まで調査を行う。ここに名前をあげた人々は、周知のようにわが国の学界を背負う優秀な学者として成長してゆくのだが、このような人々に囲まれていることも今西の独創性を伸ばしてゆく上で、大いに役立ったことと推察される。その後、今西の下に形成される霊長類研究グループについては後述するが、おそらく今西の人間的魅力に惹かれて、このように多くの優秀な若手の研究者が今西のまわりに集ってきたのであろう。既に生い立ちのところで述べたように、今西のリーダーとしての素質は幼少期から磨かれていたのである。

ポナペ島から帰国してすぐ第二次世界大戦が始まる。しかし、その翌年にはポナペ組に他の学生を加え、北部大興安嶺縦断の探険に出かける。戦争中に若い学生がほとんどで、隊長が大学講師という陣容で、よくぞこのようなことが可能だったと思うが、どんなときでも、そのことをやり抜くと決めたときの今西の執念は凄く、その後のヒマラヤやアフリカ行きに至るまで、すべてをやり遂げてゆくのである。

大興安嶺の探険結果は終戦後、一九五二年に『大興安嶺探険』として刊行されている。一九四四年には張家口に西北研究所が創設され、今西は所長となり、先述した、森下、梅棹、中尾らを伴って行く。このとき副所長に石田英一郎がなっている。ここでは草原の総合調査を行い、動物社会における「群れ」という存在に注目している。カゲロウの研究からはまったく思いつくはずもないことだが、蒙古人の放牧する家畜の群れや、草原に住むカモシカなどを観察して、その感覚をつかんだのである。このことがおそらくその後の今西の研究の方向を定める上で一役買ったと思われる。

終戦後帰国しても、相変らず京大動物学教室の無給講師である。財政的には大変だったと思うが、だからといって安易に食べるための道を見つけようとせず、あくまでやりたいことをやり抜いてゆくところに今西の真骨頂がある。後年、京大人文科学研究所の教授になったとき、「お前は万年講師やからえらいと思っていたのに教授になったらもう人なみや」と今西の友人で概嘆した人があったらしいが、このエピソードは今西と今西を取りまく友人の在り方をよく示している。もっとも今西にしても、何度も学術調査の隊長となり、寄付を頼んであるいたり、外国人と交渉したりするのに、いつまでも講師ではやりにくくて仕方がなかったであろう。

蒙古での経験があったためか、今西は九州の都井岬の放牧馬の調査をはじめる。この調査において「個体識別」という方法を採用したことが大きい意味をもつのだが、この点については次節に述べることにしよう。一九五〇年今西は人文科学研究所の講師になるが、これは彼の友人の桑原武夫の計いによるところが大である。今西が山を通じての友人知己によって助けられたことは大きいが、このとき桑原が今西を人文科学研究所に呼んだことは、今西のその後の学説の発展に相当に寄与していると考えられる。桑原武夫がはじめた画期的な学際的研究に今西も参加し、ルソーの研究をしたり、心理学者の牧康夫らと共に「霊長類の文化とパーソナリティ」の研究に従事した。ここで得たことは今西が後に動物の文化《カルチャー》を考え出してゆく上で大いに役立ったであろう。

このあたりから今西の海外遠征の活躍ははげしくなってくる。一九五二年にはマナスル登山隊の先遣踏査隊長をつとめ、一九五五年にはカラコルム、ヒンズークシ学術探険隊のカラコルム支隊長となり、学生時代から念願のヒマラヤの山に接することができた。年齢的に見ても登頂までは出来なかったとしても、若いときからの夢であるヒマラヤの高峰を仰いで感無量のものがあったであろう。

今西のこのような行動を見てみると、彼の学問や思想が頭で考えただけのものでないことがよくわかるのである。今西のこのような面をよく示している事実として、どんな山でも頂上に達したとき、彼はバンザイを三唱する。このことについて彼は「「バンザイ」を大声で叫ぶことによって、身体にたまった俗気をいっぺんにはき出してしまうのである」(「私の履歴書」)と述べている。そこでは彼の体も心も一体となって、「バンザイ」という表現のなかにすべてがあらわされる。

一般に学者という人は、これほど端的にバンザイ表現ができないのではなかろうか。学者というと、どうしても頭と体が切れてしまって、頭でだけ考えることが多い。ところが、今西の学問には彼の全存在がかかっているのである。そこには何のケレンもない。今西の学説が独創的であると共に、日本的なものがそこに感じられるのは、身体をも含めて全存在がそこにこめられているからだと思われる。

今西の山登りはその後も続き、最近では千五百回目の登頂を祝ったとのことである。千五百とは気の遠くなるような回数であるが、既に引用した今西の言葉にもあったように、それによって「山を征服した」などというものでないことは明らかである。むしろ、そのことによって自然の偉大さを感じとることが大切だと思われる。今西は哲学者の藤沢令夫との対談で、自然に対しては人間が「つつしみ」を失わぬことが必要であると強調し、対談を次のような言葉でしめくくっている(『今西錦司座談録』河出書房新社)。

「ほんまに自然ちゅうものは、実に雄大なものですよ。弱小な人間はそこを見習わなければいかんですよ。一度じかに自然と対立してみるがよい。すると一個の小さい人間にとって、自然とはいかに大きな存在であるかということにふれますね。さっきのいましめ、つつしみが心のなかで自然に湧きあがってくるわけやね。山なんか、なんぼ小さいものでも悠然としているね。たいしたものですよ。自然はそう簡単に破壊でけるものやない。富士山をちょっと横へ動かせいうてもでけんでしょう。科学の進歩とそれにともなう科学の力を信頼するのはよろしいけれど、しかしね、いまのところはまだ、勝負は人間の負けですよ、勝てますかいな」

霊長類研究グループ

山のことで話がすすんでしまったが、もう一度京大動物学教室の無給講師時代にもどってみよう。一九四八年から今西は同教室の学生、伊谷純一郎、川村俊蔵、河合雅雄らを指導して、野生ウマ、シカ、ウサギなどの生態観察を始めている。さらにニホンザルの観察も始め、これらの結果は今西の編集による『日本動物記』(全四巻)として、一九五四年より一九五八年にわたって出版された。今西はこの間に『生物社会の論理』(一九四九年)、『人間以前の社会』(一九五一年)などを次々と出版し、広い読者を獲得し、わが国の多くの人々が、今西グループの研究に注目し出したのである。

今西を中心とする霊長類研究グループの特徴は、野生の動物の個体識別を行なったことと、それを長期にわたって観察し続けたことである。個体識別ということは、もともとアメリカの霊長類研究の先駆者カーペンターの考えのようであるが、それをこれほど大規模な集団に長期間にわたって行なったのは、今西グループが最初であろう。今西のグループが大きい成果を収めた背後には、やはり西洋の学者たちとの決定的な差が存在するように思われる。この点に関してはパメラ・アスキスの論文(パメラ・アスキス「霊長類学の行方」、『思想』一九八四年三月号)が興味深いので、それを参考にして述べてみたい。まずアスキスは動物の行動を記述する上での擬人主義について述べている。彼女は欧米においていかに動物の行動の「客観的」記述が大切と言っても、「威嚇する」、「なだめる」などの言葉は使わざるを得ない。これを「一般的な擬人主義」、「やむをえない擬人主義」と名づけている。これに対して今西グループの研究者は「明確な擬人主義」、「積極的な擬人主義」を用いるという。たとえば、「大胆な」とか「威厳のある」とか「不屈の」などという言葉でサルの行動が記述されるのである。擬人主義については、今西も進化論を論じた際に、「擬人主義の濫用は困るけれども、理にかなった擬人主義は、ある範囲内でこれを認めるというゆとりを持たさなければ、これからの生物学は衰弱してゆく一方になるのでなかろうか」(『主体性の進化論』中央公論社、一九八〇年)と述べている。

この点について筆者は次のように考える。ここにもやはりキリスト教的世界観の問題が作用しており、キリスト教においては人間だけが霊魂をもつ存在であり、その他の生物は霊魂をもたぬ存在として、たんなる物質としてしか扱われないが、日本人にとって人間と自然との関係は極めて密接である。従って、サルに接するときの態度が日本と西洋の研究者では異なってくるのである。このことは、日本の研究者の方がはるかに容易にサルの個体識別が可能であることにも関連してくるだろう。言うなれば、日本の研究者はサルに近い状態にまで自分の意識の在り方を変化させることができるのである。さて、そのような意識状態においてサルの行動を把握し、それを記述しようとすると、それはやはり人間の言葉で行うより仕方がないので「擬人的」にならざるを得ない。ただし、これは人間が動物を自分とまったく異なる存在として切り離し「観察」を行い、そこで人間の通常の意識のはたらきによって類推を行なって「擬人的」にサルの行動を記述するのとは、まったく異なっているのである。従って、前者のような場合は「理にかなって」おり、「積極的な」感じを与えるものと思われる。

今西のグループがこのような態度でサルを見てゆくとき、サルの文化やパーソナリティを認めるようになったのも、むしろ当然のことと言えるであろう。この点をパメラ・アスキスは「日本の霊長類研究者にとって、動物が心をもっているかという問いはあたり前すぎて議論のたねにならないのですが、欧米の研究者にとっては大いに議論しなければならないことなのです」と述べている。彼女は続いて、進化および種社会の考えにおいて日本と欧米の研究者に差があることを明らかにしているが、この点については次節に取りあげることにしよう。

霊長類研究グループが大きい成果をあげた要因として、前記のような「日本的特性」が存在することは大切なことであるが、グループ個人個人の極めて自由で独立な在り方ということも見逃すことができない。既に見てきたように今西の生き方に、まさにそのプロトタイプを見る感じがするが、グループの成員がまさにそのとおりで、お互いの意見を述べ、討論をする際になると、日本的上下関係への配慮などなくなってしまう。日本の場合は、集団の結束が固いときは、ややもすると下の者は上に従い、上から与えられるルールを守るという形になりやすい。確かに一枚岩の強さを誇れるにしろ創造性とは縁遠いものとなってしまう。その点、今西のグループはまったく異なっていて、日本人離れしているのである。この態度は公の場まで持ち越され、論文や書物を書く際にも、お互いの理論を批判したり反撥したりすることを遠慮なく行なっている。このような態度がグループ内を常に活性化し、創造活動を持続させていったものと思われる。

たとえば、伊谷純一郎編『チンパンジー記』(一九七六年)に今西が序文を寄せているが、これも序文としては型破りである。自分の弟子たちの仕事に対して、その内容に触れながら、なかなかよくやっているという類の序文ではなく、今西はそこに自分自身の見解をどんどんと述べ、伊谷と反対の意見まで遠慮なく書いてゆく。最後の最後になって、「ここまでは、本書の内容とはかならずしも結びつかないで、むしろ私が現在霊長類の研究にたいしていだいている見解をのべるのにもっぱらであったことを、ここでお断りしておきたい」と言う言葉があって、そこから少し序文らしい文が書かれている。もちろん、弟子の方も負けていずに今西をどんどん批判する。こと学問研究に関するかぎり、お互いに容赦はしないのである。このような点を、ある人がもちろん冗談ではあるが、「人情紙の如く薄く、団結鉄より固し」と表現したというエピソードがある。なかなか面白い表現である。団結が固いだけでは駄目で、そのなかに何らかのパラドックスを含まないと、それは創造的な集団にはなり得ないのである。

ニホンザルの生態の研究によって、今西グループは、サルの群れの順位制、その構造などを明らかにすると共に、サルの社会におけるカルチャーやリーダーのパーソナリティなどの存在を主張する画期的な発表を行い、国際的な評価も受けるようになる。この仕事を背景に、今西とそのグループは類人猿の研究へと乗り出してゆく。そのためにはどうしてもアフリカに行く必要があり、今西はまず一九五八年に、チンパンジー、ゴリラ調査のためベルギー領コンゴ(現、ザイール)に行き、一九六一—六二年には、第一次、第二次アフリカ類人猿学術調査隊長として隊員を引き連れて遠征する。このときは類人猿のみでなく遊牧民の調査も行い、だんだんと人類の研究へと足を踏み入れてくることになる。

このようにして霊長類研究グループは発展し、若い研究者も集ってくるので、研究者の養成も考えねばならないが、こちらの方も京大動物学教室の生態学の教授である宮地伝三郎と組んで着々と成果をあげていった。まず動物学教室に自然人類学講座を新設することに成功し、今西は人文科学研究所と兼任で、一九六二年に教授に就任する。またグループの人々と力をあわせて、京都大学の付置研究所として、霊長類研究所の創設に努力するが、これは今西が一九六五年に京大退官後に創設された。

今西の学問的業績は一般にも高く評価され、一九七二年には文化功労者に選ばれ、一九七九年には文化勲章を受章している。京大退官後には、一九六七―七三年と岐阜大学学長を二期にわたって勤め、大学行政の面についても力をつくした。まさに「功成り名遂げ」というところであるが、こんなところであっさり引退してしまわないところが今西の特徴である。彼はまだまだ学問に情熱を燃やし続けるのである。

自然学の提唱

既に棲み分け理論のところでも少し触れておいたが、今西は彼の見出した種社会と棲み分けということを土台として、新しい進化論を生み出すことを、晩年の大きい仕事と考えた。このため今西はダーウィンの『種の起源』をもう一度丹念に読み直したとのことである。ここで今西独特の読書法について桑原武夫から聞いたエピソードを紹介しておこう。人文研で桑原らが今西と共同研究をしたときのことだが、今西は洋書をゆっくりと途方もない発音で音読しているのだそうである。あんなことをしてと思っていると、研究会では今西が的確にその書物の本質を摑んでいることに気づかされ感心したとのことである。

今西グループの人たちはパスカルの言葉をもじって、自分たちは「考える足」だと言う。ともかく自分の足で歩いてみてから考える。頭だけで考えるのではない。今西の読書法は、どこか「自分の足で歩く」ところがあるのであろう。今西が批判するネオ・ダーウィニズムの論は頭だけで考えるとスンナリとはいってくるところがある。この落し穴を今西の「足」が見破ったように筆者は思えるのである。今西はエッセイストとしても広い読者を獲得しているが、今西のエッセイの魅力は、自分の体をはって書いている、というところではないだろうか。今西の『主体性の進化論』の「あとがき」には、「私は本書を学術論文としてでなく、一つの長大な随筆として書いた」と述べられているが、これはむしろこれまでの「論文」と「随筆」との間の単純な分割に疑問を投げかけているものと思われる。これまで一般の「論文」は頭で書かれ過ぎていると筆者は考えている。

今西は『主体性の進化論』をはじめとして、つぎつぎと進化論に関する著作を発表したが「自然学の提唱——進化論研究の締めくくりとして——」(以下の引用は「自然学の提唱——進化論研究の締めくくりとして——」による)という一九八三年に発表した論文にその要点がうまく述べられているので、それに従って要約してみよう。

現在われわれが見る生物的自然が、太古からあったのではなく、この地上のどこかに最初の生物が発生し、それが分化発展して今日の状態になったと考える点では、今西はダーウィンの説に同意する。このような分化発展過程が進化であるが、それをダーウィンは何らかの要因によって説明しようとする。そこに適者生存という理論ができてくるのだが、今西はこれに対して、進化を生物全体社会の発展の「歴史」としてとらえるのである。「生物的自然とは不老不死の、不死身の一大怪物である」と今西は考える。そして、ひとつの個体の生長の過程をみると、適切な時期がくれば「変るべくして変る」としか言いようのない変化が生じるように、この生物的自然全体も変るべくして変ってくる。このときに大切なことは、生物的自然の構成要素である種社会というものが変化するのであり、ネオ・ダーウィニストの言うように突然変異による個体の変化ということに進化の要因を考えようとしないのである。そして、ダーウィンの場合は生存競争という競争原理によって進化を説明しようとするのに対して、今西の場合は、棲み分けという共存の原理に従って進化が行われると見るのである。

ダーウィンの考えの背後にキリスト教的な「神様はつねにエリートの味方」という考えがあるのではないかと、

今西が指摘していることは先に述べたが、これに続いて彼は「ここにおいてダーウィニズムというのは、単なる理屈だけの問題でなくて、さきに私の心配しておいたとおり、なにか西欧人の心底にアピールするものがあるのでなかろうか。それは長い間にわたって培われた彼我のあいだの自然観のちがい、あるいは生物観のちがいといったようなものが、彼我のあいだの進化論のちがいとなって、反映しているのでなかろうか、と疑いたくなる」と述べている。

このような指摘は極めて重要であり、今後ともよく心に留めておかねばならぬことであろう。ところで、今西は進化について要因を考えることはナンセンスであることを主張した上で、「一原因が一結果を生むのに慣らされた自然科学的通念は、ここでは通用しないのである。それが歴史というものであり、歴史には要因論は場ちがいなのである。……進化を歴史と見る立場は、もはや自然科学と訣別するべき立場なのである。一大ドラマである進化と対面した私は、いさぎよく自然科学と訣別することになった」と宣言する。

そして、今西はあらたに「自然学」の提唱をする。つまり、彼は学生時代から一貫して「自然とは何か」という問いを問い続けてきたのであり、それは既成の××学というものにはまりこむ類のものでない。しかもそれはこれまでの自然科学の方法論に縛られるものではない。「自然学の探求に、自然科学的方法論を用いて悪いという理由はどこにもない。しかし、自然学の探求には、自然科学的方法論を用いるだけでは、到達できない一面がある。自然学は自然科学系列からはみ出した学問なのであろう。自然学には直観の世界も、無意識の世界も、取りこまれなければならないからである」と今西は主張している。

こんなのを読むと、老いてますます盛ん、と言うか、天馬空を行く、と言うべきか、今西の面目躍如というところである。あくまでも自由と独立を求め、既存の枠を破ってゆこうとする今西の姿勢には感心させられるし、その基本姿勢には筆者も賛成である。ただ、筆者としては、今西の言う「自然学」を、「自然科学との訣別」として提示するのではなく、自然科学の新しい方向を示すものとして提示していただいた方がいいように思う。確かに今西の言うように「自然科学的方法だけでは到達できない」こともたくさんあるが、それは既存の自然科学的方法と言うべきであり、それらを否定するのではなく、包摂する形で新しい自然科学の発展があると筆者は考えている。言うならば、これは今西の主張と同じ様なことを言っているのだが、そうする方がこれまでの研究成果ともつながってゆくし建設的であるように思う。哲学者の上山春平も、今西の論文に対するコメントとして、今西の論文内容に即した形であるが、筆者と同様の発言をしている。「どうも若い奴は生ぬるくていかん」と大先生に叱られそうであるが、このような配慮をしないと、せっかくの今西の価値が誤解や偏見によって曇らされてしまうことをおそれるからである。

　文化勲章も授与されたし、今西の価値は、わが国において十分に認められたと言える。筆者としては、今西説をもっと欧米の学者たちによく知って貰いたいと願っている。そのためには先に述べたような配慮も、あんがい必要と思われるのである。日本を動かす言論が世界を動かすものになるために、今後大いに努力していただきたいものと願っている。

物と心

——アメリカで考えたこと

しがらみ

春休みを利用して、ロスアンゼルスとサンフランシスコに約二週間、出かけてきた。一年半ぶりの訪米だが、これはこの前の滞米中に約束したことなのである。前回は、『昔話と日本人の心』で論じたことを中心にして講義をしたのだが、聴衆はほとんどユング派の分析家および訓練生であった。彼らはすごく面白がってくれたのだが、パーティで雑談しているとき、このような日本人の心に関する私の分析が一般のアメリカ人たちにも通じるだろうか、ということが話題となった。ところが、そこはアメリカ人で、では一度公開講演会を開いて反響を見てはどうか、ということになった。そこで、今回は一般の講演会(と言ってもユング研究所主催であるが)を企画してくれて、サンフランシスコで「日本人と西洋人の比較心理学」という題で講演をした。

またこれとは別に、専門家を対象として、ジョセフ・キャンベルと共に「西洋と日本文化における女性性」というタイトルでセミナーをすることになった。キャンベルというと世界的に名高い神話学者なので、ちょっとおじけをふるったが、何とかなるだろうと引き受けてしまったのである。これは前回サンフランシスコのユング研究所で講義した際に、主催者の一人が、「ドクター・カワイは日本のキャンベルのようだ」とお世辞を言ってくれたところから、このようなセミナーの企画が生まれてきたものらしい。セミナーは二日間で一日目はキャンベルが発表して私がコメントし、二日目は私が発表してキャンベルがそれにコメントを加えるというものであった。

わずか二週間の滞在であったが得るところが非常に多かったし、いろいろなことを考えさせられた。それらのことを私のあちらでの体験を交えて述べてみたいが、そのもっとも主要なポイントは「物と心」として焦点づけられるように思った。これは、ある国際的な集りで、日本人の演者がおきまりの日本礼讃をはじめ、「欧米の物質主義に対して、わが国は精神文化を大切にし……」などと話したのに対して、ヨーロッパの友人が、「日本の現在の経済的発展をどう説明するのか」と反論したことがずっと心に残っていたからかも知れない。エコノミック・アニマルという周知の蔑称は、日本人の物質優位性を強くなじる言葉なのである。

さて、ロスアンゼルスにまず到着し、そこらを歩いてみて、何とも言えぬ「身軽さ」を感じた。日本を出るまでは大変に億劫なのだが、いざ欧米の土を踏むといつも感じるこの軽やかな感じ、これを何と表現すべきだろうか。一番適切な言葉は、「しがらみ」からの自由ということだろう。日本に住んでいるとつい意識しなくなっているが、日本人を縛っているしがらみは何と強いものだろう。それは、物と心を混合してつくりあげたしがらみである。

私は空港で会った日本人たちが手一杯にぶらさげているみやげもののことを考えた。日本人の「つき合い」は、心のつき合いなのか、物のつき合いなのだろうか。

こんな点について、セミナー中にキャンベルが興味深い発言をした。日本人にとっては、物と心の分離は、欧米人ほど強くはない。この分離をあまりにも完全にやろうとした欧米の男性原理優位に対して、女性の原理をいかに復活するかを熱っぽく説くキャンベルは、従って、日本の文化に対しては相当に好意的である。日本の自動車をはじめ多くの工業製品が極めて高い性能を誇っている。しかし、これは、日本人が「物」を大切にしていると単純に言えることではなく、日本人は「物」をつくり出す上に「心」の鍛錬を見ているのだ、と彼は言うのである。私も大筋において意見は一致なのだが、ただ、彼の言うようにそこからすぐに日本は素晴らしいと言えぬところに、私のジレンマがある。

片子の運命

さて公開講演であるが、アメリカ人たちは原稿を読むことを嫌うし、私が原稿を準備する十分な時間もなかったこともあって、その場で自由に話すことにした。ユニテリアンの教会が会場で、有料(六ドル)であるからどのくらい来るかと心配だったが約三百五十人が来てくれて、ほっとした。話の内容はこれまでわが国で発表してきたように、日本の神話の中空構造に触れ、それをキリスト教神話と比較するときに、日本が中空均衡型であるのに対して、キリスト教国は中心統合型であることを指摘し、その長短について論じたのである。

ただ、一般講演であるので、日本神話の詳細を述べても聞いてもらうのが難しいと思ったので、私自身の欧米における体験などを交えながら、彼我の心理の異同について述べたのも、話の理解を助け、よかったようである。そして、私個人としては単純に日本がいいとか西洋がいいとか言えず、そのジレンマを抱え、そこから逃げ出すことなく生き続けることを現代の課題と考えていることを話した。

そのときに、日本の昔話の「片子」を用いて話をしたことが多くの人の心を強く捉えたようである。「片子」については詳細にそのうちに論じてみたいと思っているので、ここには重要な点のみを示すが、「片子」とは半分人間、半分鬼の子であり、それが人間世界に住みつくことができず、果ては自殺してしまうような、昔話には珍しい悲劇的な結末をもつ話なのである。

西洋で心理療法の訓練を受け、思想的には強く西洋の文化の影響を受けつつ、やはり日本人として抜き難い日本人性をもち続けている私は、自らを「片子」と同一視して物語を読んでいたので、片子の自殺という結末は極めてショッキングなことであった。

従って、私としては「片子」の類話をいろいろと調べ、異なる結末から今後の生き方に対するヒントを得ようとしたりした。さて、このようなことを話し続けているなかで、聴衆からの強い反応を感じるとともに、はっと気づいたことは、私は私自身の「片子」について語っているつもりだったのに、聴衆の多くの人が、それぞれ自分自身のなかの「片子」について考えているということであった。

ふと気がつくと、聴衆のなかにはユダヤ人もいたし、日系の二世や三世の人たちもいた。なかには涙を流している人たちもあった。聴衆との心の交流を感じ、私はもう少しで声をつまらせそうになった。話し終った後では実にたくさんの質問があったし、会が終ってからも個人的に話しかけてくる人が多く、とうとう主催者が気をきかせて、このあたりで切りあげて欲しいと皆に頼み、引きあげてもらう始末であった。それらのなかで、ある中国人の二世の方が、自分がここで生きていながら、何となく感じとっていたぴったりいかない感じに対して、「今日あなたは適切な名前をつけてくれた」ので、それを相手としてよく考えてゆくことにする、と言われたのが非常に嬉しく感じられた。

「お前は自分のこととして話をしていたが、われわれも皆自分のこととして聞いていた。人間であるかぎり誰も深刻な「片子」を心の中に持っているはずだ。西洋人たちは、たとえば、精神《スピリット》と物質《マター》との間の片子の問題をかかえているのだ」と言った人もある。

講演や質疑応答を通じて、私は自分の考えが——下手な英語表現にもかかわらず——日本人よりアメリカ人の方によく理解されるのではないかと思った。イメージやシンボルを通じての深層心理学的な分析は、はるかにあちらの方が通じやすい。あるいは「心」について論じることに欧米人は慣れているというべきだろうか。日本では、心のことというと「うさんくさい」と思われがちである。

エイズ

西洋の近代において、心と物との分離が明確に行われるようになった。そのような明確な分離が西洋の自然科学を生み出す基となったが、それは何も物質を尊んで「物質文明」を発達させたわけではない。中心に存在するのはあくまで神であり、神の摂理に従って、心も物も存在すると考えた。しかし、自然科学やそれに伴うテクノロジーがあまりにも発達してくると、神の座を人間の意識が奪うようになり、人間の意識的努力によって、すべての物を支配できるかの如き錯覚を起すようになった。かくて、神の姿が見えなくなった頃から、心と物との分離が病いとしての分裂と感じられはじめ、私の「片子」の話に対しても、そのような観点から反応する人がでてきたりした、と考えられないだろうか。

人間の意識的努力、自然科学の力に対する過信に対して、現在はいろいろとそれを戒める事象が生じているが、アメリカで大きい問題となっているエイズについても、そのような見方ができないであろうか。

アメリカにいる間、エイズのことがあれこれと話題になった。心理療法家たちは、これをいろいろな形での「心」の問題として考えさせられるからである。まず、エイズの恐怖のため、フリー・セックスということに歯止めがかかった点について、「心」の方がいくらフリーと思っても、身体的恐怖によって、その行為が抑制される。倫理観が変ることによって行動が変るのではなく、エイズという身体の事象が人間の心の動きを規制する。これは、人間の意識が何でも自由に支配できると考えたことに対する、身体の側からの強いしっぺがえしと見ることはできないであろうか。

ユング派の分析家シュタインは、私の前述したような意見に対して、実に興味深い意見を語ってくれた。アメリカの心ある人たちは、エイズを根絶するとか、同性愛者を排除せよなどと考えるのではなく、それは「たましい」にかかわることとして、その深い意味を探ろうとする態度で見ようとしている。

クラインは心身症の心理療法に関心があり、興味深い論文を書いている人だが、端的に言うと、彼は心身症をたましいの病いとして見ているのである。心と体、セックスとエロスなどの分裂を癒し統合するべき、たましいの存在に対して現代人があまりにも拒否的になりすぎたことに大きい問題がある、と彼は言う。エイズに免疫がないということは、心理的次元で考えるとどうなるか。彼は「影の意識化がないときは免疫がない」という。つまり、ある個人が自分の影の部分について、何も意識していないとき、それに対する耐性が弱くすぐに傷つきやすいのである。

西洋の文化があまりにも無視し、影の部分においやったもののひとつに、非個人的《インパーソナル》な男根神《ファリック・ゴッド》がある、と彼は言う。キリスト教文化によって完全に拒否され続けてきた、この影の神は現代のアメリカに同性愛の強い傾向をもたらしている。アメリカ人たちはエイズに結びつけて、この神をなお忌避し続けようとしているが、むしろ、この神に向かって頭を下げることを知るべきではないか。たましいの送り出してきたこの神にいかに接するか、ということがエイズに対するアメリカ人たちの解決を見出すことにつながるに違いない。シュタインの話はあまりにも浮世離れしていると思われるかも知れない。私も彼の深い思索を短い紙面によってどれほど伝えられたか心もとない気がしている。しかし、現代文化の状況は、よほど新しい次元に突き抜けた思考をしないかぎり、その閉塞性を破ることはできないのではなかろうか。

心の価値

質疑応答のなかで、日本の心理療法や分析の実状などを聞かれることも多かった。私もアメリカの事情を知りたかったので、いろいろと意見の交換を行なった。日本における家庭内暴力やいじめの問題や、子どもの自殺などはある程度報道されているので、それに対して日本ではどれほど専門家がかかわり、どのような対処をしているか、に彼らの関心がある。これに対して、わが国では未だ心理療法家やカウンセラーというものの資格が決められていない実状を話すと、「日本では心の価値ということは、あまり認められないのか」という素朴ではあるが、こちらとしてはまたもや「物と心」について考えさせられる質問が出てきた。

登校拒否や家庭内暴力など、多くのことが「心」の問題であることは明らかだ。それであるのに、どうして心に関する専門家を育て、それに適切な報酬を払わないのか、というのである。アメリカでは多くの州で、このような心理療法にも保険が適用されるが、そのためにはその適用を受けるものの資格が明確に定められているのである。

これに対して私は次のように考えてみた。おそらく、欧米においては、物と心の分離が明確なので、物の価値と同じように心の価値ということも相当明確に判断されるのではないか。従って、心に関する専門家とか、その価値が適切に評価されるのである。この点、わが国では、物と心の分離があいまいであるので、「心」のみを取り出して論じることや、その価値をきめることに一種の後ろめたさを感じ、適切な評価が行われにくい。従って、それは時に途方もなく高くなったり、ほとんど無になったりする。これは現代のわが国の医療体制で、どうしても薬という物を中心として価値判断が行われ、あるいは検査にしても、そこに使用された物によって値段がつき、診断や適切な医療に伴う「心」は、何ら価値判断にはいらないことにもつながっているのである。

日本では伝統的には、心の問題は家族や友人などによって解決させられることが多かった。しかし、最近のようにだんだんと西洋化がすすみ、まさに「片子」の悲劇があちこちに生じてくるようになると、これは専門的に訓練された人でなければ、とうてい援助できなくなってくる。最近では、わが国でも多くの人がこれは心の問題だと自覚しつつ、それではいったいどこに専門家がいるのか、ということで困っているのである。こんな点を考えると、やはり、日本でも欧米なみの専門家の資格を考えるべきと思われる。

心の問題は何にでも関連するので、監督官庁をどこにするかという困難さがある。ところが、カリフォルニア州では教育、医学、福祉などすべてにまたがり統一した委員会があるので問題はないとのことであった。彼らは分離もうまいが統合もうまいのである。なんでもあいまいに融合する日本は、かえってセクショナリズムに悩まねばならない。このような点になってくると、やはり、日本人はまだまだ西洋に学ばねばならないと思われる。

生命と宗教

「生命と宗教」という、非常に大きくて重い課題を考えるにあたりまして、まず最初に、私は宗教家でも生命科学の専門家でもなく、一介の心理療法家であることを明らかにしておきたいと思います。だから、日々の人間生活に関係の深い職業にあるものですので、私の話を、宗教家のような非常に深遠な言葉とか、生命科学の驚くべき発見などではなく、ごくありふれた日常のエピソードから始めたいと思います。

歓迎会と鯛の骨

どんなことかと言いますと、それは、一九六五年、私がスイスのユング研究所における三年間の留学を終えて帰国してきたときのことです。当時は三年間も外国で勉強するということは大変なことでございまして、私が帰ってきますと、それを祝って、両親をはじめ多くの親類縁者が集まりまして、歓迎会を開いてくれました。当時、私は天理に住んでおりましたので、この天理の市で歓迎会をしてくれました。日本ではこのようなときに、お祝いとして鯛を食べる習慣があります。この鯛というのは、めでたいことの象徴として日本では考えています。私の母は鯛が大好きですから、喜んで食べておりました。ところが、鯛の骨が喉にささり、そのため医者のところに行かねばなりませんでした。鯛の骨は強く、それが深くささっていたので大変でしたが、ともかく医者の力で事無きを得ました。

私がスイスから帰国したこと、母の喉に鯛の骨がささったこと、これは何の関係もありません。「何の関係もありません」と私は今申し上げ、皆さんはおそらく賛成されたと思いますが、「関係」があるとか、ないとか言っておりますす「関係」ということについて少し考えてみたいと思います。

分割は「失う」こと

西洋の文化あるいは西洋の国々が世界に進出したときにモットーとしたのは、"divide and rule"(すなわち、分割することと支配すること)ということだったと言われています。これはもともと帝国主義的な意味合いをもって用いられましたが、このことはあらゆることに適用できると思います。つまり今日、われわれが生活してゆく上では大いに頼りとしている近代科学の基礎に、この考えがあるとも言うことができると思います。その自然科学の力によって、例えば、いまの例でしたら、鯛の骨がどのようにして母の喉のどの部分にささったのか、それをどのように除去することができるか、そして、それは生命に関係のないことだと説明することはできます。しかし、外ならぬ私という人間が三年ぶりにスイスから帰国し、そして母もそれを喜んでいるときに、その祝いの象徴としての鯛の骨がなぜ母の喉にささらねばならなかったのか。こういうことについては、自然科学は何も説明してくれません。母と私と鯛の骨とは完全に divide され、そこには rule を見出し得ないと、自然科学は宣言するのです。

私はここで、この divide する、分けるということについて少し考えてみたいと思います。いま例えば、一つの線分、たとえば〇から二までの線分を、一のところで分割したとします。すると、片側は〇から一までと言えます。しかし、他の線分は一から二までと言うと、一が両方に存在してこれはおかしいので、左の端を一からとは言えません。たとえば、ここで左端を一・一からなどというとおかしいことは誰でも気づくでしょう。しかし、分割を明確(definite)にしたいと思うとき、われわれはその端に明確な名前をつけねばならないと思うのです。このことは、数学における連続体の問題で、連続体というものは、明確に両端に名づけられる形では分割できないのです。もし明確に名づける分割を行うと、無限のものが必ず失われてしまうのです。

「いのち」は分割を拒否する

私はここで、人間存在はひとつの連続体であると言いたいのです。その連続体である人間存在を、心と身体という明確なものに divide するとき、「無限のもの」が失われるのではないでしょうか。明確に名前のつけられる心と身体に分割するかぎり、何か無限のものが、そこに失われる。その明確な分割によって失われるもの、あるいは連続体をして連続体たらしめているもの、それを私は「たましい」とか「いのち」とか呼んでみてはどうかと考えます。ここに今、言いましたような「いのち」というものは、非常に不思議なものであります。それは極めて大切でありますが、それ自体を取り出してみることは不可能なのであります。それ自体を取り出すということはできませんけれども、分けたかぎり、失われる「無限なもの」ということになる。だから、「たましい」とか「いのち」ということを考える場合に、それは、言うならば分割(divide)というはたらきを拒否する存在であります。

このように「いのち」ということを考えますと、近代科学の“divide and rule”というモットーとは逆に“not divide and co-exist”(分けないで、共存する)というモットーによって生命ということを見る見方が生じてくるように思います。ここで私は、ちょっと横道のようですが、ニーダム先生が中国の科学の研究をされましたときに、中国では非常にはやくから科学が進んでいた。その中国の科学は西洋の、当時の西洋のレベルをはるかに越えているものであったということをいろいろと調べられました。それに付け加えて、中国の科学の場合は、存在ごとつながっているところに目を向けるところが多くて、波動とか西洋では絶対に考えられなかった電磁波などを中国人は非常にはやくから知っていた。ところが、西洋の考え方として、分割していって最後に原子とかアトムということを考える考え方は中国人はなかなかもたなかったのだ、ということを本に書いておられたことを私は思い出すわけであります。だから、分けるか分けないかということは自然科学における非常に大きな問題を提起していると思います。しかし、私はその問題をもう少し宗教的な面で考えていきたいと思います。

ところで、今もみましたように、“not divide and co-exist”(分けないで、全部共存する)という考え方でみますと、さきほどのエピソードにおきまして、私のいのち、母のいのち、鯛のいのち、それらは分ける(divide)ことができなくて、そこに共に存在しているという見方で、あのエピソードを見ることができないだろうかと思います。もっとも、ここでは鯛は既に死んでしまっているので、「いのち」はないと言われるかもしれませんが、この点についてどう考えるかは、後で述べたいと思います。

“divide and rule”という言葉のなかにある“rule”は「支配する」という意味と「規則」という意味の両方があ

ります。これは規則を知ったものは支配ができるという考えを前提としていると思います。自然現象のなかに存在する多くの規則(rule)を見出すことによって、人間は自然を相当に支配(rule)できるようになってきました。生命科学は、人間の生命に関することで、今まで divide することは不可能と思われていたことも divide することに成功し、そこに多くの rule を見出すことができたのです。そしてついに、人間は生命をも rule できるのではないかとさえ考える人もでてきました。私はここで divide するという意味で、例えば、最近の自然科学の発達によって、子どもを産む時に男と女を産み分けることができるという成果が発表されたことを思い出したわけです。つまり、われわれは子どもが生まれることに関するルールを知ることによって、今度自分の家に生まれる子を男にしようとか女にしようということに関して、われわれはそれを支配することができます。しかし、それがどういう意味をもつのか、その事象がどういう意味をもつのかということに関しては、われわれはもっと考えねばならないと思っております。

神に接近する近代科学

ところで、"divide and rule" は何も科学のことと限っていないと思います。私はこれはキリスト教の場合も重要なことではないかと思います。私はキリスト教徒ではありませんので、詳しいことを言って失敗をすると困りますので、あまり言いませんが、キリスト教においては、神と人間ははっきり分かれている。そして、人間と人間存在以外のものもはっきり分かれている。こういう考えがあったというのが、私はヨーロッパにおいて近代科学が発達してきた一つの要因ではないかと思っているのです。ただそこで、divide し rule する主体として、神という存在を置くとき、それは宗教ということになると思います。そして、西洋における科学の凄まじい進歩は、その神の位置に人間が限りなく接近してゆくこととして読みとることもできると思います。しかし、divide し rule する主体として、神という、人間がそのすべてを理解することのできない存在を立てることは、その分割なり規則なりが人智によってすべてを知られることはないという考えに立っていることを示しています。

上覚の鱠の話

ところで、東洋においてはすでに述べましたように、“not divide and co-exist”というモットーが強いように思われますが、このような考えによりますと、先に話をしましたエピソードにおきまして、私と鯛の骨と母とは、簡単に divide できない存在ということになります。実のところ、わざわざ私個人のこのようなエピソードを話しましたのは、最近に日本の古典を読んでいて、そのなかで上覚という坊さんが、魚の骨——といっても鯛ではなくて、この際は鱠ですが——が喉にささって死んでしまう話を見つけ、私は非常にショックを受けたわけであります。それで、随分以前の自分の母の喉に鯛の骨がささったことを思い出したというわけです。そして私は何か、そのエピソードと上覚というお坊さんの話が関係しているように思いますので、これからそれについて申し上げます。

いまから申し上げます上覚というお坊さんの話を簡単に要約します。これは日本で十一世紀頃に書かれました『今昔物語』に記載されている話です。

昔、京都の北の「かみついづも寺」という寺に上覚という僧が、妻子と共に住んでいました。ある時、上覚の夢に死んだ父親が出てきます。父親は大変に年をとり杖をついています。そして、翌日の午後二時に大風が吹いてこの寺が倒れるだろう。自分は寺の下の狭い水たまりに住んでいる鯰として生きているが、寺が倒れたときに庭にとび出てくるだろう。そのとき、子どもたちが打ち殺そうとするが、自分を助けて加茂川に放って欲しい、と言います。上覚は目を覚ましてから、こんな夢を見たと話します。ところで、その翌日は本当に大風が吹き、午後二時に寺は倒れます。そのとき夢のとおりに、大きい鯰が出てきて、上覚の前に来ます。上覚はそれを見るや否や考える間もなく、鉄の杖で頭を突きさして殺してしまいます。鯰を料理しようとするので、妻は「この鯰は夢に見た鯰だのに、どうして殺したのですか」とつらく思うが、上覚は平気で「他の人ではなく、息子の太郎や次郎などがたべると、亡き父も喜んでくれるだろう」と言って、息子たちと一緒に食べます。「なかなか味がいいのは、亡父の肉だからだろう」などといって喜んで食べているうちに、大きい骨が喉にささり、上覚は苦しんで死んでしまいます。上覚の妻は気味悪がって、それ以後鯰を食べなくなったということです。

これが鯰の骨が喉にささって死んだ人の恐ろしいお話です。

私はこの話を読んだときに大変にショックを受けました。私は深層心理学を専門にしていますので、もちろん有名なエディプスの神話を知っております。だから、「父親殺し」のテーマがでてきても、それほど驚くことはないのですが、この話はあまりにも、予想外の話の展開を示すもので驚いてしまったのです。井筒俊彦先生はギリシャ悲劇の例を挙げられまして、カオスの方からのコスモスに対する反逆が劇的に語られているということを仰っしゃっておられますが、ギリシャ神話と日本のこの鯰の話を比べますと、非常におもしろい。そして、この話を深層心理学的に解釈することは、非常に興味深いことですが、今回はそれに立ちいらないことにします。ここで私が強調したいのは、鯰を単なる一匹の魚として見るのではなく、それを父親の生まれ代わりとして見ることによって、ある現象がまったく異なって見えてくるということです。上覚が自分の夢を誰にも話していなかったら、彼は魚の骨がささって死に、まったく気の毒だったということになるでしょう。ところが、彼が夢を語っていたばかりに、その事象がまったく異なった意味合いをもってきます。

日本の「母」に敵対する西洋

ここで、私の母の喉にささった骨について考えてみましょう。残念ながら、われわれは誰も夢を見なかったので、われわれはその鯛が誰の生まれ代わりであるかは知りませんでした。しかし、私がスイスから帰国したことの祝いとして、それがもたらされたことを考えると、私がヨーロッパという文化圏からもたらしてきた何かの「いのち」は、日本の母を殺そうと意図したのではないか、というように、この現象を読むことはできないでしょうか。実際、日本という国は極めて母性の強い国であり、あらゆる現象の背後に母なるものの存在を認めることができると言っていいくらいであります。例えば、先程の話でも、上覚は死んでしまいましたが、その息子と母というものが残されているわけです。つまり、息子とその母というものが非常に重要な意味をもちます。そして、私が西洋で学んだことの重要なことの一部は――すべてとは言いませんが――確かに、日本の母なるものに明らかに敵対的なものであったと思います。

これ以上の深読みはやめますが、ここに死んだ鯛の骨にひとつの意図を認めること、いうなれば、その鯛を「いのちあるもの」として認めることによって、今までばらばらに分割されていた事象が、ひとつの意味のもとにまとめられると思うのです。私はこの現象を体験して、日本の母なるもの、および個人として私の母に対して、私がどのような「意味」をもってヨーロッパから帰国してきたのか、どのように今後は共に生きてゆくことになるかを深く考えさせられたのであります。つまり、この一つのエピソードが私にとって帰国後、私がどのような仕事を行なってゆくかについて教えてくれたとさえ考えることができます。私はここで骨が母に痛みを与えたということを非常に象徴的に考えたいと思います。痛みということは意識の始まりと言っていいんじゃないでしょうか。日本の母たちに意識せよということ、意識の重要さを、その骨は告げたのではないかというふうに、私は考えます。

全体としてひとつの「いのち」

十一世紀の日本においては、輪廻の思想によって魚を父親の生まれかわりと見ることにより、ある事象に意味を見出すことができました。私はそれを大切なこととして取り上げましたが、私は別にここで皆さんに、今日の夕食に食べられる魚の前生は何かと想いをはせていただいたり、あるいは菜食主義者になっていただきたいというようなことをおすすめしたいとは思っておりません。近代科学の知を私は否定するものではありません。このマイクロホンを使ったり、あるいは同時通訳の機械を使いながら、近代科学を非難するような、あまりに矛盾したことはやりたくないと思っています。残念ながら私は輪廻ということを簡単に信じることもできません。ニーダム先生は、われわれは宗教を考える上においても、近代の科学のもたらした知というものを入れ込まねばならないということを言われました。しかし、すべての事象に対して“divide and rule”の方法によって対処してゆくのではなく、あくまで分割を避けて、全体としてとらえてみようとする努力は払ってもいいのではないか、と思っています。そのために、たとえ料理されて私が食べようとしている魚でさえ、やはり、「いのちあるもの」

として考える、そして、いのちあるものが他のいのちあるものを食べることによって生きながらえようとしていること、について考えてみることに意味があると思うのです。言うならば、私と、私をとりまくすべてのものを区別することなく、すべてが全体としてひとつの「いのち」あるものであると見ることによって、私はそこから意味を引き出そうとするのであります。このような態度を宗教的と呼ぶことができないでしょうか。

私がここに「宗教的」と申し上げたことは、私は今まで述べてきたような態度によって「いのち」を考え、その不可解ないのちのはたらきが、自分の合理的判断によって簡単に理解できないものであっても、棄て去ることをせずに、あくまでもそれと正面から取り組むことによって、自分にとっての意味を引き出そうとする態度のことを指しています。そして、私はこのような「宗教的態度」をもって、この世界の事象を見ることが必要であり、それによって、私にとってのコスモロジーが出来あがってくると思うのです。

夢のお告げ

鱠殺しの話によって、中世の日本人は仏教の説話においてさえ強欲な話ばかりしていたと思われると困りますので、もう一つ、魚にまつわる話を同じ『今昔物語』のなかから選んで話してみたいと思います。これは、聖武天皇が東大寺を造営したときの開眼供養に関する話であります。（外国から来られたお客様たちは、奈良の東大寺の大仏さまを見られましたでしょうか。その東大寺にまつわる話であります。）聖武天皇は大仏の開眼供養の法会において、誰を読師（法会において経題や経文を読む人）にするかで思い迷っていました。あるとき聖武天皇は夢を見ます。夢にひとりのやんごとなき人が現われ、「開眼供養のその日の朝、寺の前に来る者がいるが、僧俗、貴賤を問わずその者を読師にするように」と告げました。天皇はそれを信じ、開眼供養の日の朝、寺の前に使いをつかわして見張らしていると、一人のみすぼらしい老人が鯖をいれた籠を荷なってやってきました。そこで天皇は彼に法服を着せ、読師としようとしましたが、老人は、「自分は鯖を持ち運ぶのを仕事としている者で、とうていこのような役割にふさわしい者ではありません」と断ります。それでも天皇はこれを許さず、その老人を読師として高座に登らせます。老人は鯖を入れた籠を高座の上におき、籠を荷なってきた杖を堂の前に突き立てました。供養が終りますと、老人は高座の上で、かき消すように姿を消してしまいました。

天皇は、これは夢のお告げによるものだから、あの老人も只者ではなかったのだろうと思い、籠を見ると、鯖が変じて八十巻の華厳経になっておりました。天皇はそれを見て感激して涙を流し、「自分の願いの誠実さに応えて、仏が来て下さったのだ」と言い、ますます信仰が厚くなったとのことです。そこで、聖武天皇はこのことを記念して、毎年この日に華厳経を講じて一日の法会を行うことにしました。それを華厳会と言っています。なお、あの老人が堂の前に突きたてた杖は、今もそこにあるが、その長さも伸びず、葉もつかず、いつも枯れた姿のままであるとのことです。

これが『今昔物語』にある話ですが、前の上覚の話では、鯰が亡き父の生まれ代わりであったということでしたが、今度は、鯖が変身して、華厳経という有難いお経になったという話です。人間が魚になったり、魚がお経になったりと自由自在に変化しているところが、興味深く感じられます。なお、東大寺は華厳宗に属しており、華厳経はその宗派がよりどころとしている最も大切なお経であります。ここでは、仏教において不浄のものと考えられている魚が、お経という有難いものに変化しているところが、特に印象的であります。

逆説的な態度が必要

この話において、もうひとつ注目したい点は、老人の重要性ということであります。つまり、ここでは僧でもなく貴人でもない、ひとりの老人が華厳経という大切な経をもたらす役割を演じています。聖武天皇は、「夢のお告げによるのだから、只者ではない」と言ったり、「仏が来て下さったのだ」と言ったりしています。この老人を仏の顕現であるということもできるでしょう。しかし、この老人が仏教において不浄とされる魚を、あちこちに持ち運ぶ仕事に従事し、それを毎日毎日繰り返し、年を老いてゆくうちに、仏になっていったと考えることも出来るのではないでしょうか。何か人と異なること、偉大なことを成し遂げるというのではなく、単純な仕事を日々繰り返すことによって仏になってゆく。つまり、年をとるということを若さからの衰退として見るのではなく、その人にとってのライフサイクルの完成として見るのであります。ここで「完成」という言葉を用いましたが、本当はもう少し適切な言葉を探し出すべきかも知れません。ここにライフサイクルの完成と申し上げたことは、別にある人が完全無欠の人になったという意味で言っているのではありません。鯖を運び歩いている老人が、年と共に、外から見て解るほどの著しい変化を示し、立派な人になっていったというのではなく、彼はある意味では別に以前と同じ、一人の老人に過ぎないとも言えるように思われます。

この点については、この物語において、老人が堂の前に突き立てていった杖が「長さも伸びず、葉もつかず、いつも枯れた姿のままである」という結びの言葉が、それを示している、と私には思われます。正直なところ、私はこの物語を読んでいまして、「老人が杖を突きたてた」というところで、これが素晴らしい木になって花盛りになるのではないか、などと推察しておりました。鯖が有難いお経に変化するくらいですから、杖から花が咲くことぐらい、わけもないことと思われます。しかし、そのようなことは生じませんでした。鯖が華厳経に変るという不思議な話の結びとして、枯れた木が枯れたままである、と聞かされることによって、この物語全体の現実性(reality)がぐっと高まってくるように、私には感じられました。私には、この物語は、「枯れた木は枯れた木であるように、鯖は華厳経であり得る」といっているように思われるのです。

人生における「老い」や「死」を考える上において、それを「人生の完成としてみる」と言っても、枯れた木は枯れた木のままであるという事実を忘れて、それを語ることは、あまりにも一方的に過ぎると私は考えています。老いることは老いることであるし、死は死である。しかし、それはまた、先程も申し上げましたように、ライフサイクルの完成としても見える。私は人間というものは極めて逆説的な態度をとることによってのみ、老いや死の問題に立ち向かうことができるのではないかと思っております。

新たな出発点――天理国際シンポジウム

ところで、鯖は華厳経に変化しました。この華厳経に説かれている思想は、私にとっては、このシンポジウムのテーマ、コスモス・生命・宗教、ということに極めて密接に関連しているように思われます。ただ華厳思想ということに関しましては、井筒俊彦先生や、玉城康四郎先生などが非常にお得意の分野でありまして、それらの先生を前にして、私がそれについて語るようなことは、あまりにもおこがましくて、残念ながらそういうことはできません。言うならば、私が先程から言っております分割をせずに共存するという考えを徹底的に推し進めていった思想というふうに簡単に言えると思います。

私がここに、日本の中世の話を引き合いに出しまして、人が魚になったり、魚がお経になったりする物語をお話しておりますけれども、これは私にとっては、井筒先生がいわれます東洋思想において、ものとものとの境界が本質的には存在しないと言われたことに対応しているというふうに考えられます。井筒先生が哲学的に精密な言葉によって語られたことを、これらのお話は一見馬鹿げたように見えながら、その本質を生き生きと物語るものであると考えます。そして、本質的には、魚も人もお経も区別されないのに、それが区別されたものとして、われわれの前に立ち現れることについて、つまり、"not divide and co-exist"ということと、"divide and rule"ということ——この二つをどのように折り合いをつけるかということに関して、非常に巧妙な説明を与えてくれているものが華厳哲学であるというふうに、私は考えます。私はこのシンポジウムについて考える上において華厳経に示されるコスモロジーが大きい意味をもつものであると考えましたので、その魚が華厳経に変化する話を取り上げたわけであります。

華厳経はインドから(インドの方もおいでですが)中国を経て(中国の方もおいでです)、そして、おそらく韓国も経たと思いますが、そうしてわが国に伝えられてきたものでありますが、本日は、それらの国々からの学者がここに来て下さっております。しかも、シルクロードの終点とも言われておりますが、この天理の地において、私がこの華厳経に触れることによって、この講演を終わりにしようと思っておりますけれども、こういうことになりましたのも、天理教的な表現によりますと、ひとつの「いんねん」と言うことができるのではないでしょうか。

私は今、天理をシルクロードの終点というふうに申し上げましたが、実は天理の地におけるこのシンポジウムは、実は新たなる出発点になるのではないか。そのシルクロードはどこに向かっていくのかということは、興味深いことでありますけれども、今までシルクロードを伝わって、ここまで流れてきたものを踏まえて、ここにあらたにインターナショナルな集まりをもち、それを出発点としてこのシンポジウムが動き出すんではないかと思います。

講義とお話

ユング研究所の講義

「私はここに講義をするために来たのではありません。お話をするためにやって来たのです。」このような言葉で、チューリッヒのユング研究所での私の講義をはじめた。この五月に、私はずっと前からの約束だったため、学生部長という職にあるにもかかわらず、特別のはからいで、「日本神話の元型的構造」という題で連続講義をするために、一か月間の外遊を許可されたのである。また、後述するように、これも以前からの約束で、ローマ、パリにおいても、この間に講義をしてきた。ローマではイタリア分析心理学協会のユング派の分析家たちに講義を行なったし、パリでは、森有正が教授をしていたので日本にもよく知られている東洋語学校において、日本文化に関しての講義をすることになっていた。

ユング研究所は、昭和四十年に分析家の資格を取って以来、何度か訪ねて行ったが、講義をするのは今回がはじめてである。これまでは私が訪問するのは休暇中になってしまうので講義をする機会がなく、ぜひ、春か秋の講義の開講期間中に来て欲しいということで、今回の企画になったのである。講義は日本神話についてであるが、これは昭和四十年に私が研究所に提出した資格論文が「日本神話における太陽の女神の像について」というのであり、その内容に大きくかかわるものである。もちろん、その後、私の考えも変化したり発展したりしてきたが、今から二十年以上前に書いた日本神話について、とうとう西洋の人たちに講義を出来るようになったか、といささか感無量のものがあった。この間に、このようなことを可能にするような変化が、世界に、日本に、私個人に、いろいろと生じていたのである。

さて、冒頭に述べた「講義」と「お話」ということであるが、私は次のように考えたのである。日本の神話は素晴らしい。世界の神話には凄いものが多いが、その中にあって、日本神話も何ら遜色がなく、注目すべき特色を多くそなえている。ただ、私が神話に注目するのは、あくまで自分自身の内的体験とのかかわりからである。というよりは、そもそも神話というものは、そういうものだと考えている。古代のギリシャ人にしても、太陽が球形の火の塊りであることは知っていた。それでも、それを四頭立ての馬車に乗った英雄の像として「物語る」ときに、彼らの世界観、人生観がそこに込められていたのである。

このように考えると、神話について「講義」するときは知的理解が先行して、大切な内的体験とのかかわりが失われてしまう。後者に重きをおくなら「お話」の方が適切である。もっとも、そこには語学力という壁があるので随分と迷ったが、下手であろうと、こちらの意気込みは伝わるはずだと腹をきめ、講義の原稿を作らず、勝手に「お話」をすることにしたのである。

なかなかの冒険であったが、これは成功したようである。どのくらいの人が聞きに来るかと心配だったが、教室いっぱいに六十名くらいの人が来て、ほっとした。日本人が十名近くいて、これにはびっくりしたが、この人たちは私の講義の成功を陰から大いに支えてくれた。大げさに言えば、オリンピックに出場した日本選手が好成績を収めてくれるように、というくらいの気持で応援して下さっていたと思う。聴衆の希望で、予定外に、「日本人の自我について」という講義を特別に追加することになったし、来年も講義して欲しいという署名が五十数名集って、研究所に提出したとのことだから、まずよかったと喜んでいる。

かつて、神話学者のケレーニィに会ったとき、神話を何度も何度も読んでいると、心のなかに詩が生まれるから、その詩を書けばよいと言われたが、私は詩は苦手なので、お話を語ったわけである。これも、ケレーニィの言わんとするところを、私なりに二十年後に実行したことになったと言えるだろう。

イメージの力

私の好きなユングの言葉に、イメージは生命力はあるが明確さに欠け、理念は明確さはあるが生命力に欠ける、というのがある。お話はイメージを伝えるのに強力であるが、明確さに欠ける。そこでユング研究所の講義において「お話」をすることにしたものの、ひととおり話し終った後では、自分なりの考えに従って、その話の「構造」を図示したり、他の文化の神話との比較などを適当に加えていったが、これも好評のようであった。お話が成功するためには、話手が心のなかで、何らかの意味で、その話の構造化を行なっていなくてはならないが、それをどのような形で、いつ提示するか、あるいは、しないのかというのも非常に微妙な問題である。うっかり、それに熱心になりすぎると、せっかくのイメージの力を壊してしまうのである。

これと類似の問題が、私がイタリアの分析心理学協会で講義をしたときにも生じたように思われる。演題は「転移における深い次元について」というので、専門的なものであり、これは講義の原稿を英語で書き、先に送付しておいてイタリア語に訳して貰うようにしたのだから、こちらの方はまさに「講義」と言えるだろう。しかし、私が講義をすると、自然に「お話」的要素が混入してくるのである。

ノイローゼの治療というと、ノイローゼになった心理的な原因や、心のメカニズムを解明し、それを患者に伝えて、その問題を解決してゆく、ということが考えられる。このことも大切である。しかし、実のところ、私が治療において非常に大切にしているところは、患者の心の深くに存在している自己治癒力とでも言うべきものに頼り、そのはたらきによって患者自らが治ってゆくという点である。このとき、患者の心の深層のはたらきは、イメージとして表現されてきて、そこに示される夢や、患者の表現する絵画、箱庭などが重要となってくる。このような意味深い表現が生じるためには、治療者・患者間に深い次元での関係が成立することが必要であり、そのような点について私は論じたのであった。

前述のような考えに立つと、患者の心のメカニズムとか病理とかについては「講義」がしやすく、後者の場合のようなイメージの力については「お話」を語ることになりがちになることは、よく理解していただけると思う。私としては、この両者ともに大切であるが、前者の場合の方が、いわゆる「学問」的形態をとりやすいので、つい後者の方が無視されがちになるように思っている。そこで短時間の講義となると、後者の方に力点をおいて話すことになり、お話的要素が強くなるのである。

イタリアは面白いところで、講義の開始が午後九時半で終了十一時半、それからパーティになって、パーティ終了が深夜の二時ということになる。ところが、講義の草稿を先に送っていたこともあって、会長のアイテ博士が、講義の前に討論したいと申込まれ、八時から九時半まで二人で討論し、それを録音して学会誌に掲載したいということになった。アイテ博士は、前述の考えに照らして言えば、むしろ、患者の病理や心のメカニズムの解明などを大切にする方のタイプなので、徹底的に論戦してみたかったのであろう。

このような議論は下手をすると水かけ論になるのだが、私はその点を考えて、箱庭療法による治療例を提示することにしていた。何しろ、患者さんたちの作った箱庭——イメージの表現——がスライドですぐに示せるので、これは非常に強力である。イメージの直接的に訴える力が大きくものを言うのである。この作戦は大いに成功したようである。

イタリアから帰ってから、国際箱庭療法学会の会長をしているカルフ女史の研究会においても講義をしたが、その際にアイテ博士との討論のことを話をすると、一同大いに興味を示していた。カルフ女史は、箱庭のイメージの自己治癒力を強調し、どちらかと言えば、病理などにはあまり注目しない方のタイプである。私はどちらも大切と思っているのだが、今回、イタリアで相当につっこんだ議論をしたので、どちらも大切などというあいまいな表現ではなく、両者の関係について相当詳細に考えてみる必要性を痛感させられた。この点は専門的なことになるし、暫く時間をかけて考えるべきものと思うので、これ以上の論議は差し控えておくが、人文科学とか学問とかいうことの根本にもつながってくる大きい問題であると思われる。

以上の点もあって、イタリアでの私の発表に対しては、つぎつぎ質問があり、発表の仕甲斐があったし、こちらも得るところが大きかった。副会長のビアンカ・ガルーシ博士はむしろ私の意見に近く、このような発表があってよかったと喜んで下さった。彼女の家で十一時半から開かれたパーティも素晴らしく、楽しかった。一回の話では残念で、何回か連続で講義をして欲しいと言われたが、機会があれば要望におこたえしたいと思った。箱庭療法というのは、スライドで示せるので、語学力の不足をカバーできるところに大きい利点がある。

虚と実

パリでは、東洋語学校での話なので、日本語で話をしてフランス語に通訳していただくことになった。講義の題目として、こちらからいろいろあげておき、先方の希望をお聞きしたところ、私がまさか選ばれることはあるまいと思っていた「明恵の『夢記』について」を希望してこられたので、まず驚いた。こんな特殊なことに関心をもたれることはあるまいと思っていたが、あちらの教授方にお会いして話し合っているうちに了解がついた。あちらの日本文化研究のレベルが非常に高く、一般的なことについては既に豊富な知識をもっておられるので、これまでにあまり聞いたことのない内容のものを選ばれたわけである。

通訳して下さったマセ教授は京大に来ておられたこともあり、日本の神話に造詣が深く、日本語はまったく流暢で感心させられた。拙著の『明恵 夢を生きる』を既に読んでおられた。何しろ、明恵の話は、夢の解釈の問題に日本仏教の特殊性がからんでくるし、私自身の考えを相当大胆に主張したものだから、短時間の講義でどこまで理解して貰うかが心配だった。そのことをマセ教授に相談すると、そんなことを気にせずに自分のアイデアをどんどん話してくれるといいとのことだったので、これに勇気づけられて遠慮なく自分の考えを述べた。質問時間が短くて、どれほど理解して貰ったかはわからないが、聴衆の反応から相当な関心をもって聴いている様子は感じられた。それに、質問が非常に鋭い、いい質問で、これは大変嬉しかった。

フランス人で明恵を専ら研究しているフリデリック・ジラール博士も聴きに来られ、講演後、私を招待して下さったオリガス教授、マセ教授、国立科学研究所で日本の政治、行政などを研究しているセイズレー博士などと共に食事をして話し合うことができたのは非常に嬉しいことであった。この方たちは、日本語がぺらぺらで、フランス語のできない私は大助かりであった。この方たち、および当日はお会いできず他日に会った、ヴィエ教授(前京都日仏会館館長)も、京都にできた国際日本文化研究センターには、非常に強い関心をもっておられ、共同研究を行なってゆこうとの意欲を示しておられた。私もいろいろと現状を説明し、将来はぜひとも何らかの共同研究をしたいと申し上げた。

それにしても、明晰さを大切にするフランスにおいて、十二世紀の日本の仏僧の夢について講義をしたりすることが可能となったのだから、世の中が随分変ったと言っていいだろう。近代の合理主義や啓蒙主義が「虚」として見棄てたものが、今、次元の異なる「実」を伝えるものとして見直されようとしているのである。そして、虚のなかにある実を伝えるものとしての「お話」ということも、「講義」と同等に評価されていいのではないか、と私は考えるのである。

こんなことを考えながら、フランスからチューリッヒへと向かう飛行機のなかで、ヘラルド・トリビューン紙に目を通していたら、何と驚いたことに、五月十八日付の同紙の一面に、「本当のところ、一週間に十三回うそをつくのは何ら悪くない」という見出しの記事が出ているのである。

ダニエル・ゴールマンという記者の署名入りの記事で、彼が最近のアメリカ精神医学雑誌の論文を参照しつつ書いている。「ある研究者たちは、子どもの最初のうまくいったうそは、精神的成長へのマイルストーンと見なしている」などということが述べられ、「ある研究によると、大人は平均して週に十三回うそをつく」という結果も報告されている。これにはもちろん、自分自身の生活を破綻させるほどの常習のうそは病的である、ということも抜目なくつけ加えられているが、「うそをつくことは、人間を他の種から区別する能力である」というような、うそ礼讃がながながと書かれている。

「うそも方便」などということを聞きなれている日本人にとっては、何をいまさらと思えることかも知れないが、キリスト教文化圏においては、うそをこのように正面から取りあげて論じることは画期的なことである。キリスト教文化圏においては、性とうそはタブーであった。性については、フロイトがそれを果敢に取りあげたことは周知のことであるが、現在は「うそ」に対して精神科医がメスをいれようとしている。

このことは、既に述べてきた「お話」の価値の見直しと無縁ではないだろう。お話＝うそ＝無価値という単純な公式を信じている「学者」は、いまでも多いのではなかろうか。それに対して反省をうながすために、アメリカの精神科医のなかのある人たちが、「うその効用」についての研究をはじめた。しかし、それを説得的なものとするためには、統計的研究を行い、「週十三回のうそは正常」などと発表しなくてはならぬところに、何かもの悲しい感じを抱かされる。そもそもこのようなうその「調査研究」において、回答を全部信じているところなど、いじらしい感じさえする。

この研究成果を踏まえ、実験学校において生徒たちに週十三回うそをつくように指導すると、生徒たちの精神衛生が以前よりよくなった。そこで教育委員会はうそのつき方を道徳の時間に指導するよう各学校に要請……というあたりになると「お話」の域をはるかにこえて、週十三回の範囲も突破してしまうようなので、この辺で私の話も終りにしたい。

教育学の科学性

教育学の科学性について考えるためには、まず、教育という現象をよく見ることが大切である。いかなる科学も、その対象とする現象をよく「見る」ことからはじまっている。こんなことは当然のことのようだが、教育学の場合、まず出発点から考える必要がありそうに思う。と言うのは、教育学者と言われる人で、「教育学」の研究はしているが、「教育という現象」はあまり見ていない人があるように感じられるからである。それらは「教育学」というよりも「教育学学」になりかねないのである。いかに古い教育史の素材を調べているにしても、それは現在の教育という現象を見る視点との重なりのなかでなされてこそ、教育学としての意味をもつことになるだろう。

教育という現象を見ると、①それはすぐれて人と人との関係において成立するものである。②人間の「個性」ということを無視しては考えられない。この二点に気づくであろう。この特徴は、教育学の科学性を考える上で重要な問題となってくるのである。

かつて、知能の発達遅滞児に対して、ある種の薬物が効果がある、という研究があった。これはおきまりの「科学的」手続きをもってなされた。薬物服用群と対照群とが厳密な手続きによってつくられ、薬物服用前と服用後に、知能指数の比較が行われる。すると、その結果、服用群の方に知能指数の上昇が統計的に有意の差をもって認められたのである。ところが、この薬は、有効な薬としてその後あまり使用されなくなった。実際に使用しても効果がないことがだんだんと明らかになったからである。つまり、最初の「研究」のときは、薬物服用群に対しては、親の期待が高まったり、子どもたちも自分たちは「選ばれている」という気持をもったりしたため、そのようなことが「効果」を発揮したので知能指数が上昇したのである。しかし、それをその後にひろく使用しはじめると、前記のような効果が消失するので、意味がなくなったのである。

このようなことは、いわゆる「新しい学習法」というものができあがってくるときに、よく生じていることではないだろうか。科学的な「手続き」は厳密に行われているにしても、それがどのような現象に対して行われているのかという反省がない場合は、まったく見当違いの結論を得ることになってしまうのである。これはまた多くの「新しい」教授法や学習法が、はじめのうちはもてはやされ、そのうちに消え去ってゆく事実をも説明しているものと思われる。

教育という現象を見るとどうであろうか。授業の現場を見てみるとどうであろうか。算数の時間。「太郎は毎時4㎞の速さで隣村に歩いてゆく。15分遅れて毎時5㎞の速さで歩き出した次郎は、いつ太郎に追いつくか」という類の問題が与えられる。皆が計算しているときに、一人浮かぬ顔で考えこんでいる生徒がいる。どうしたのかと教師が言うと、その子は、「隣村まで行く道は曲り角などがあるはずなのに、先生は一直線の道を描いていますが、あれでいいのですか」と尋ねる。確かに、黒板には、村から村への道が一直線に描かれ、太郎4㎞などと記されている。先生は少しあきれた顔をして、「馬鹿なことを考えているな」と言い、クラスの子どもたちも、どっと笑う。例の子は不満と恥ずかしさの入り交じった顔をして引き下がる。

おそらく、この経験によって、この子は「算数はわからない」とか「算数は嫌い」と思うようになるだろう。

とすると、このようなときに教師はどのように対応すべきだったろう。考えてみると、この子はむしろ極めて「数学的」な疑問を提出しているとも言える。先生がそれに喜んで「数学的」に説明しようとしても、クラスの生徒たちはおそらく興味を示さないだろう。

教師は授業をすすめてゆくための「教案」をもっている。それに従って授業をすすめてゆこうとしているとき、まったく思いがけない考えや質問などが生徒から発せられる。それを無視すると先にすすめるが、だからと言って、それにかかわっていると授業がどちらの方向に向かってゆくかわけがわからなくなる。しかも、その発言をした生徒が、いつもは黙っているのに、そのときに限って質問をした場合だったらどうするのか。なかなか簡単に、「〜すべきである」という答は出てきにくいであろう。しかし、教師としてはその一瞬に答を見つけねばならない。

このようなとき、教師が教案に基づいてどんどん授業をすすめてゆくと、そのうちに生徒は、先生が何か質問すると、先生の意向に沿って答えることがだんだんうまくなってくる。そうなると、一見、授業はスムースにすんでいるように見えるのだが、そして、うっかりすると、それは「上手な」授業と見られたりさえするのだが、生徒たちの「個性」を育てるという観点から見ると、問題があると言わねばならないであろう。

前述したような例において、唯一の正しい答はない。先生と生徒それぞれの個性や状況によって異なってくる。それでは、人間の個性ということを強調する限り、一般的・普遍的な答もないし、「科学」の対象にならないのだろうか。

ここで「科学」について少し考えてみよう。自然科学は十九世紀から今世紀にかけて急激な発展をしてきたが、その方法論として近代科学がとってきたことは、観察者と観察される現象との間に明確な切断を入れ、観察者は現象を「客観的」に観察し、そこに因果関係を見出す、という方策を用いた。これは、観察者の在り方がかかわらないという点で、「普遍的」な法則がわかり、因果関係を利用して、人間がその現象を「支配」する、という利点をもたらした。このことは技術の開発と結びつき、人間は現代、以前には考えられなかったほどの、便利な生き方をするようになった。

近代科学の方法論があまりにも有効なので、人間はそれを拡大して何にでも、いつでも適用しようとしすぎるようになったのではないだろうか。

教育においても「科学的」というときに、すぐに近代科学の方法論によって、人間が人間を「操作する」方法で、便利で効率のよい教育をしようとし、それによって人間関係がギスギスしてくる、ということが生じていないかを反省する必要がある。近代科学の方法は、まず、観察者と現象を「切断」することを前提としているので、そこからは、「関係性」というものが失われる。人間が物に対してそれを操作するときにはそれでもいいだろうが、人間が人間に対するとき「関係性」の失われたところで、どういうことが行われるのであろうか。

従来、教育を「科学的」に研究するという場合、近代科学の方法論によって、その方法は大いに厳密になされるとしても、その結果を教育の実際問題に生かそうとすると、何かそぐわないようなことが生じることが多いと感じられたのは、前記のようなことが関係していると思われる。あるいは、「科学的」に研究する対象としては、いつも生徒が選ばれ、生徒をどのように操作すれば効果的結果を生むかを考えようとしたのではなかっただろうか。もし、これがある程度成功したとしても、本来の教育の意義に照らして考えると、それに対しては疑問も生じてくるのではなかろうか。

もし従来の「科学的」研究がそれほど正しく効果的であるものなら、生徒のみを対象とせず、むしろ、大学教官の在り方とか、大学教育などについてもどんどん行うべきであるのに、そのようなことがあまりなかったのは、研究する側と、研究される側に明確な区別をおき、研究する側は一種安泰な地位に自分を置いてきたためではなかろうか。「関係性」を考えつつ研究しようとするならば、研究する側の人間の在り方についても、相当に考える必要が生じてくるはずである。

以上のような点を単純に考える人は、そこですぐに科学否定にまで飛躍することもあるが、それは一方的に過ぎる。まず、従来の科学的方法によって研究し得る対象は、教育の領域にも存在する。生徒に対して画一的に知識や技術を得させることを必要とするときなど、そのような研究は大いに役立つであろう。教育の制度を考えるとき、人間なり子どもなりの「一般的傾向」について考えておくことも必要であろう。しかし、そのような科学的研究が「唯一の正しい」ものであると考え、それをもってすべてを律しようとしたり、他の方法論を排除したりしないようにすることが必要である。用語は適切でないかも知れないが、研究にもハードな研究とソフトな研究があり、両者ともに大切なのである。

それでは、ソフトな科学的研究とはどうなるのか。それは、近代科学の方法とは異なり、人間関係の存在を前提として出発するのである。ただし、そのときに、観察者となる人間はどのようであり、人間関係の在り方はどのようであるかなどを、できる限り対象化する目を持ちつつ、研究者は人間関係を「切断」するよりも、むしろ、それに積極的にかかわりながら、教育という現象を記述することを心がけるのである。

方法論は近代科学とは異なっている。しかし、そこに生じてきた現象を忠実に見ること、そこから得られた結果から、もし理論体系をつくるとしても、それをドグマ化しない、という点において、科学としての根本姿勢を保とうとするのである。

例を最近に発展してきた文化人類学にとって見よう。文化人類学が非近代的社会の「研究」を行おうとして、その文化を「外側」から見ている限り、その社会の風習や儀式などは、実に変わったものであり、馬鹿げてさえ見えたのである。しかし、研究者がその「内側」に出来る限りはいり込み、その文化に参加しつつ観察すると、それらの「意味」がわかり、たとえば、イニシェーションの儀式の意味などがわかってくると、それは現代人に対しても深い意味をもつことが明らかになってきたのである。

観察者が現象の外に立って見た「普遍的」事実は、ただ変わった事実のみが明らかになっただけであった。それに対して、一人の研究者が、自分の存在をそこに投げ入れ、その「個性」を通じて見出してきたことは、立派に「普遍的」な意味をもってきたのである。個を除外して得る普遍性と、個を通じて得られる普遍性という考えをもってくると、後者の場合は「人間知」につながることが多いことに気づかれるであろう。

教育の科学は、人間知の科学として発展してゆかねばならないのではなかろうか。もちろん、それには、ハードな面とソフトな面とがある。しかし、従来はハードな面のみが、「唯一の正しい」科学として幅をきかせすぎ、学問としては立派であるにしても、実態に当てはまりにくいということが生じていたように思うのである。

蛇足ながら、人間知の科学である、保育学、家政学、看護学など、あるいは、心理学のなかの臨床心理学などは、これまで大学における研究がハードに傾きすぎ、現場の人々との結びつきを失うことになっていなかったかを反省する必要がある、と思われるのである。医学と医療との関係においても似たようなことが言えるのではなかろうか。医療の実際においては人間知を必要とするものであり、それは人体に関する知識とは異なるものである。

このようなことは、これまでも考えられていたが、実際的なことは「学問」ではない、学問なり研究なりは「厳密」に行われねばならないのだ、というようにも考えられていた。しかし、以上に述べてきたような方法論的考察を踏まえるとき、人間関係や個性の存在を前提として出発する「科学」を考えるべきであるし、ハードとソフトはお互いにその存在価値を認めつつ協力し合っていけるのではないか、と思われるのである。

真理はひとつなのか、多数なのか、それはわからないにしても、自分が現在知っていること、信じていることを「唯一の正しいもの」ときめこむことが、どれほど愚かであるかは、最近の世界の状勢を見るとよくわかることである。絶対に正しい信念をもっていたフセインもうまくゆかなかったし、宗教を否定して、唯一の「科学的」で正しい世界観をもって国家を運営しようとした国にも破綻が生じた。

教育の科学においては、個性をもった研究者が自分の個性をとおして見た「教育という現象」について語ることが必要になる。それは「唯一の正しい」こととして提出されるのではないが、教育を発展させてゆく上での示唆を多く与えるであろうし、何よりも、教育に関係する人たちに「新しい意欲」をもたせるものになろう。個性を通じてなされた研究は、それを知る人の個性にはたらきかけ、そこに新しい個性の発動をうながす力をもつのである。それは、子どもを操作するよい方法を提供する、というのとは根本的に異なる研究である。

先に文化人類学の研究を例にあげたが、教育の領域においては、文化人類学者のように「内側」から現象を見る研究が少ないように思うのだがどうであろう。「内側」といってもそれにはいり込んでしまっている人は、駄目である。外の人間があえて内にはいり込むというところに「研究」の目が生まれてくる。

そのような意味で、日本の学校に一年間、二年間、外からはいり込んで研究するようなことをすると、随分と意味のある「科学的」研究ができるのではないかと思う。もちろん、その研究者の姿勢は従来の近代科学とは異なるものでなければならない。このような、「科学的研究」を日本の高等教育を対象として行うと、日本の教育ということだけではなく、学問の進歩という点で大いに貢献できるように思われる。新しい科学的研究は、既に述べたように、まず自分自身を知ることからはじまるわけだから、小学生に効果的に教える方法を研究するためには、小学生を対象とする前に研究者そのものを対象として研究をはじめる覚悟が必要と思われるのである。

臨床心理学の将来

一　心の問題

臨床心理学は極めて実際的な学問である。心のいろいろな問題に悩んでいる人に対して有効な援助をする、という目的のなかから、その学問が生まれてきた。とすると、臨床心理学がだんだんと発展すると、人間の悩みの解決法も改善され、そのうちに人間は悩むことも少なくなって、臨床心理学もだんだんと不要になってゆくのだろうか。実のところ、問題はそれほど単純ではない。人間の悩みの在り方そのものが社会の変化と共に変化してゆくものだからである。

身近な例をあげてみよう。老人問題ということが最近はよく論じられるようになったが、もう二十年も以前は今ほどではなかった。これは人間の平均寿命が急に伸びたために生じてきた問題である。「人生五十年」などと言っているときだったら、現代のような老人問題に悩むことはないだろう。あるいは、最近はその症状が増加してきたと思われる拒食症にしても、一昔前は極めて稀なことだった。食べることに必死にならねばならぬような社会では拒食症など生じないのである。社会の変化につれて、新しい悩みがつぎつぎと生じてくるのが、人間社会の特徴である、と言ってよさそうである。臨床心理学は、常にそれに対応できなくてはならない。

動物にも神経症が生じることが実験動物学の研究によって明らかになった。しかし、それは動物を何らかの意味で不自然な状況におくことによって生じるものである。まったく孤立状態にするとか、狭い空間に閉じこめるとか。このことは人間になぜ神経症が発生するかを説明してくれる。つまり、人間は「不自然」な生き方をしているからである。かつて、分析心理学者のユング(C. G. Jung)は「人間の性質《ネイチャー》は自然《ネイチャー》に反する」と言ったという。人間の性質はそのなかに反自然的傾向をもっているのだ。そのために他の動物に比して、比類のない文化・文明を築きあげてきたのだが、その代価として、「心の悩み」をもつのである。

人類の文明は今後ますます発展するであろう。われわれが生きているこの五十年ほどの間の生活様式の変化を考えても、その程度は相当なものである。そのような変化に人間の心がうまくついてゆけるかどうか。そのギャップがひろがるほど心の問題は多くなるであろう。それに対して臨床心理学は対処できねばならない。

心の問題という取りあげ方をしたが、今後の非常に大きい課題は心身問題であろう。近代における目ざましい科学・技術の発展は、いわゆるデカルト的切断、精神と身体の明確な区別を前提として生じてきたものである。このような考えを基にして西洋医学が発展し、多くの病気の予防や治療の方法を見出すことができたし、人間の寿命も長くなった。しかし、このような考えによって従来の病気をおさえこんだ分だけ、人間は心身症に悩まねばならなくなったのではなかろうか。精神科医の成田善弘はこの点について、「老化や死が人間にとって避け難い運命であるごとく、心身症もおそらく人間の運命であって、いかに医学が進歩しようとも心身症を一掃することなどということは不可能であろう。一掃するどころか、医学の進歩が心身症をつくり出しさえするのである」(1)と明言している。

このような心身症の治療に対して、臨床心理学は何らかの援助をすることができないであろうか。それは「心身」の問題であるから、心のみを対象として考えてみていては意味がない。心身を切断せずに全体として人間を見ることを臨床心理学が心がける必要がある。そのような意味で、将来の臨床心理学においては、何らかの身体的アプローチも行われるようになることだろう。ここで言う身体的アプローチは、心身を区別した上での身体的な面と心理的な関係を考えることのみならず、心身を全体としてみる立場に立って、身体を見る方法も考えることになる。

既に論じたので繰り返さないが[2]、現在、境界例が増加してきて臨床家を悩ませているのも、前述したような「切断」を強力に押しすすめてきた近代の思考に対する、自然の側からのしっぺ返しと見ることもできる。臨床心理学はここにおいても、これまでとは異なる次元の考え方を開拓する必要を感じることであろう。

家族関係をはじめ、多くの人間関係において心の問題が多く生じるのは、「関係」という点について、われわれが考え直すべきことを示していると思われる。近代の自然科学を基礎とするテクノロジーの急激な発達によって、人間は自分が他を支配し、思いのままに操作する、ということが可能であると思い過ぎるようになったのではなかろうか。マニュアルどおりに「正しい」方法ですると、機械がちゃんとはたらいて、思いのままに操作できる。このようなテクノロジーによって、人間生活は大変便利になった。このために実に多量のエネルギーが節約できるのである。

このような方法があまりにうまくゆくので、人間は自分の子どもを立派に育てる育児法があるとか、マニュアルどおりに正しく行うと、老後が楽しく生きられるとか、の錯覚を起こす人が多く出てきたのではなかろうか。しかし、人間はものではない。生きている人間が生きている人間を完全に操作したりはできないのである。もし、正しい育児法などがあるのだったら、臨床心理学者の子どもはすべて立派に育っているはずであるが、実状はそうでもなさそうである。

心の問題の解決は近代科学・技術の方法で、すべてうまくゆくとは言えないところに、問題の難しさが存在している。したがって、臨床心理学はそれとは異なる方法論を見出してゆかねばならない。

二　新しい科学

近代の科学がテクノロジーと結びついて発展してくるとき、その方法の基礎として、現象の観察者と観察される対象の明確な切断ということがある。そのようにして「客観的」に現象を観察して、現象の間の因果関係を見出すと、それはテクノロジーと結びついてくるのである。その現象は観察者と関係がないので、そこに見出される法則が普遍性をもつ、という点が強力なのである。そして、「〜すれば〜になる」ということが必ず成立するのだから、それはテクノロジーと結びつきやすいのである。

このような方法論による科学・技術があまりにも有効であったので、それに対する人間の信頼感が高まり、ついには科学的でないことは信頼できないとか、科学によって説明できない現象はまやかしであるとさえ考えるようになった。しかし、これは明らかに論理の飛躍である。人間に関する現象のなかで、近代科学の方法によって説明できないことは多くあり、それは「偶然」として棄て去られている。しかし、それは何と名づけるにしろ、ある現実として実際に生じた現象であることは疑いないのである。

次に、臨床心理学において大きい問題となることは、ある個人の人生観、世界観が重要な対象となり、そのことは本人の報告を通じてしか知り得ない、ということであろう。つまり、ある個人の主観の世界を取り扱わずに臨床心理学を成立せしめることができないのである。たとえば突然に事故で子どもを失ったために抑うつ症になっている人は、その人が死ということ、そして他ならぬ自分の子どもの死ということをどう受けとめるかが問題なのである。

その上、そのような人に対するとき、対する人の態度によって、その人の在り方も変化することが認められる。このことは心理療法を可能にする大切な要件と言っていいであろう。現象と観察者の間に切断が行われず、観察者と現象とは互いに作用し合うのである。ここで、観察者がいわゆる「客観的」観察をしようとすると、そのような態度そのものが相手となる人の行動に影響を与えるであろう。ここに、参与的観察者(participant observer)という概念が生じてくる。

このようなことのために近代科学の枠組をこえる必要が生じてくるが、問題をさらに複雑にすることとして、「意識の次元」という問題が加わってくる。近代科学においては観察者の意識を日常の意識に限定し、それによって認知されることこそ「現実」である、という立場をとってきた。しかし、これまでは「異常」あるいは「病的」として退けられていた、いわゆる「変性意識状態」(altered states of consciousness)において認知される「現実」もそれなりに意味をもつ、と考えられるようになってきたのである。瞑想や催眠や、ＬＳＤのような薬物を用いる方法や、いろいろな方法によって人間は変性意識を経験し、そのような意識によって「現実」を認知するのだが、それは日常の現実とはずいぶん異なるのである。

このような意識の状態においては、いわゆる超常現象を経験することが多くなる。このような「意味のある偶然の一致」の現象に対して、ユングは共時性(synchronicity)の原理ということを提唱している。たとえば、夢の内容と外的現実が一致するような場合であるが、それは因果的に説明不可能ではあるが、ともかくそのような一致(coincidence)の生じた事実を認め、そこに「意味」を見出そうとする考えである。

以上述べてきたことは、端的に言うならば、西洋近代に確立された「自我」を中心とする考え方を、超えようとするものと言うことができる。そのような考えを前面に打ち出したものとして、トランスパーソナル心理学という運動が一九六〇年代の終り頃から生じてきている。これは、ヒューマニスティック心理学を提唱していたが、それにあきたらなくなったマズロー(A. H. Maslow)などがあらたな呼びかけをしたもので、一九七二年に第一回の国際トランスパーソナル心理学会を行なった。その後もこれは発展してきて、一九八五年には第九回の学会が京都で開かれて、筆者もこれに参加した。

トランスパーソナルな運動が、何とかして近代自我中心の自然科学のパラダイムを超えて、新しいパラダイムを探し出そうとしている姿勢には共感するが、やはり新しい運動の常として玉石混淆の感があるのが残念である。特に、方法論的にあいまいになり、共時的現象を偽の因果律に変えて、「〜すると〜になる」というテクノロジカルな発想に結びつける安易さがあり、そこに危険性を感じる。近代自我を超えることを目指していても、どこかにそれを引きずっているので、方法論的混乱を起こしてしまうのである。

このような反省は必要であるが、われわれが「人間」を対象としての科学ということを考えるとき、それは厳密には「対象」化することは不可能であり、観察者が現象とかかわることに積極的意味を認めて、新しい科学を確立することを考えねばならない、と思われる。これは近代科学の域をはみ出ているが、あくまで現象を大切にして、新しい現象が見つかったときは、それに適合しない理論を改変してゆく、という姿勢をもっている上で、固定的な教義に縛られる宗教とは異なる、と言っていいだろう。

臨床心理学は前述したような意味での、人間の学としての新しい科学の建設に大いに貢献するものと思われる。ただ、このような科学はテクノロジーと結びつくものではないことを認識する必要がある。近代科学の方法論は、誰でもマニュアルどおりにすれば望んでいる結果が得られる、というテクノロジーと結びつくところにその魅力をもっていた。しかし、そのようなテクノロジー的発想を人間にも適用し、他を操作しようなどと考えることによって、現代人は他との関係性を失い、それによる心の悩みを多くもつようになったのである。したがって、現代に生きるわれわれとしては、その点について反省し、新しい人間の科学の確立を目指すのであり、テクノロジー的ではなく、個々の場合に応じて何らかの発見を必要とする発見的(heuristic)な技法の発展についても努力しなくてはならないのである。

三　わが国の現状

未来を語るためには、過去・現在の状況を把握する必要がある。新しい科学の建設などと大きいことを言ったが、わが国の臨床心理学の現状を見ると、現実的に解決しなくてはならない問題が山積していることに気づかされる。最近(一九九二年五月)渡米したときに、カリフォルニア心理専門職養成大学(California School of Professional Psychology)のスタッフの人々と会う機会があったが、これは心理専門職養成のための大学院大学で、大学院生数が約二千人と聞き驚いてしまった。もちろん、これはカリフォルニア州全体にブランチをもつ大学院大学であるが、これに比べると、日本で臨床心理学を学ぶことのできる大学院の数は何と少ないことだろう。スタッフの数も比較の問題にならないであろう。

臨床心理学に対する社会からの期待は、わが国においても年々高まってきている。それは臨床心理学を学ぼうとする学生や大学院生の急激な増加によって示されている。しかしわが国の大学の社会の変化に対応して動く速度の遅さのため、そのようなニーズに応えられる大学があまりにも少ない、というのが現状である。もっとも十年前と比較しても、社会からの要請の強さによって、徐々にではあるが、臨床心理学の講座や学科が大学に増えつつあるが、アメリカ合衆国の現状と比較すると、その差はあまりに大きく、今後の努力が望まれる。

臨床心理士の資格の問題も、欧米先進国に比して相当な遅れをとっている。日本臨床心理士資格認定協会が一九八八年三月に発足し、続いて文部省の認可を受けた財団法人として、一九九〇年八月より活動をはじめ、現在(一九九一年末)においては、三四八六名の有資格者を出すようになった。このような事実は「専門職」としての臨床心理士の存在について、社会の認識を高め、かつ、臨床心理の仕事に従事するものの自覚と責任を強くすることに意義があったと思われる。しかし、国家認定の資格を得ることが、今後の課題であり、今後もこのために努力を続けねばならない。

西洋においては、近代において精神と身体の分離が明確になされたため、最初は身体を取り扱う医学が発達したが、その後遅ればせながら、フロイト(S. Freud)やユングなどの深層心理学の誕生によって、「心」のことを身体と区別して独立に取り扱う学問や治療法が発展してきた。したがって、心のことを心のこととして論じるのにさほどの抵抗がない。これに対して、わが国は心と身体(もの)との区別があいまいであり、このことは、人間を全体的に見ようとするときに利点ともなるが、心のことを心のこととして論じたり、それが「職業」と結びついたりすることには抵抗を感じてしまう。「心理」というだけで、どこかうさんくさいと感じるような傾向が認められるのである。

このような傾向は一般的には弱くなってきたが、アカデミックな領域においては、まだまだ強く残っている。西洋近代の科学観を守ろうとする姿勢が堅く、そのために臨床心理学を「学問」として認めることに抵抗があり、このことも臨床心理学が大学内に入ってゆくのを難しくしている一因となっている。幸いにも、中村雄二郎による「臨床の知」(3)の提唱などにより、臨床心理学の学問的基礎が確実に示されるようになってきたことは喜ばしいことである。臨床心理学者はこのような点についてもよく考え、自分の立場をアカデミックな領域において明確にしつつ、その地歩を固めることを意図しなくてはならない。

中村雄二郎が「臨床の知」としてあげたことは、保育学、看護学、社会福祉学などとも通じるものであり、このような領域の人々とも歩調を合わせて、独自の学問体系を打ちたてるように心がけてゆくべきであろう。

わが国の日本心理臨床学会において、事例研究を研究発表の中心とし、それに他学会とは比較にならない長時間を当てるようにしたことは画期的なことであり、その意義は非常に高いと言うべきである。近代科学においても、何らかの例を発表することには意義が認められていた。その例が極めて特異であるとか、その例によって今まで用いられていた一般法則を否定するとかの場合に、それは意義あると思われる。しかし、臨床心理学における事例研究の意義はそのようなことにとどまらない、もっと異なる側面をもっている。

たとえば、不登校の事例について発表されるとき、そこに語られる「事実」がそのまま、次に不登校の子どもに会うときに役立つなどということではなく、その事例に示された治療者とクライエントのかかわりや、クライエントの心の理解などということが、その発表を聴く人々の内面に作用し、何らかの「動き」を伝え、それは次にそれを聴いた人が心理療法を行う際に――不登校の子どもに限らず――役立ってゆくのである。「事実」がそのまま伝えられて、知識を豊富にすることに役立つのではなく、「体験」を支える基本的な心の動きが伝えられてゆくところに意義がある、と思われる。

このような、個より普遍に至る道について、臨床心理学を学ぶ者はよく理解し、事例研究がどのような意味において「研究」として意義をもつかを理解すべきである。したがって、それはともかく事例を発表すると事例研究、になる、という安易なものでないことも知るべきである。

このような事例研究に関する考えは、臨床心理学の領域外においても適用されるはずで、教育学の稲垣忠彦、佐藤学らによって、この方法が授業研究にも用いられ、成果をあげているのは注目すべきことである。臨床心理学の将来として、このような他領域の人々との共同研究が盛んになることもあげられるであろう(4)。

なお、筆者が会長をしている国際箱庭療法学会では、前述したような意味において事例研究を重視することが認められ、学会発表の中心になっている。今後、このような点を日本の経験に基づいて、国際的に広めてゆく努力をすることも必要であろう。

わが国には、心身一如的な観点から、宗教の修行などとも結びつき、心と体の問題を全体として考える方法を伝統的にもっている。このような方法を活用し、西洋から伝わってきた心理療法の方法と統合してゆくことは、臨床心理学の未来の発展に大いに寄与するものと思われる。このことについて、今後は真剣に取り組むべきであろう。

四　研究方法の拡大

先に「心身一如」的な観点を導入することを述べたが、心身問題というのは今後の医学、哲学、宗教学の領域において、重大な問題となることが予想される。近代は心と身体の明確な切断という方法論によって自然科学を発展させてきたし、今後その方向も続けてゆかねばならないが、他方、心と体の切断をせず、人間を全体として見てゆく方法論も探ってゆかねばならないであろう。この際、注意しなくてはならないのは、心身一如などと言いつつ、結果的には体のことが原因で心が変化するとか、その逆の関係などを言いたてて、近代的な方法論によりかかって、偽科学的な理論を構築しないことである。

心と体の問題に迫る重要な手段として、イメージということがある。ここに言うイメージとは単なる外界の模像などではなく、無意識界において、むしろ自律的に生まれてくるもののことを言っている。これが一般に体験されるものとしては夢があるが、絵画や箱庭などによって表現されることもある。あるいは、古来から東洋の宗教的修行に用いられる「観想」におけるイメージも、この種のものとして考えることもできる。これは、他から与えられたイメージについて想をこらすのであるが、そのようなイメージは宗教的天才の体験によってもたらされたものと考えられ、もともとは自律的に発生したイメージと考えていいだろう。

イメージの研究は心と体の問題に迫る重要な手段であると述べたが、実のところ、イメージは宗教、芸術においても極めて重要なことであり、今後このような研究において、臨床心理学が貢献できるところが大となるだろう。これまで病跡学という分野があり、主として精神医学者が著名な芸術家、宗教家、科学者などの「病跡」を明らかにすることに努めてきた。筆者がここで考えているのは、そのような病理的側面よりも、むしろ、これらの人々の創造性の本質にかかわるような観点から、発言することができるのではないか、と考えるのである。そして、その際に、われわれが臨床の仕事において接するイメージに関する経験が役立ってくると思われる。

既に述べた「臨床の知」という考え方に立つならば、生きている人間を全体的に見ようとする態度を養うためには、そのようなことを可能にするような「態度」を訓練によって身につけると共に、神話・昔話、宗教、あるいは文化人類学の知見などをよく、自分のものとすることが必要であり、臨床心理家養成のためのカリキュラムなどにおいても、このようなことを大いに考慮すべきであろう。そのようにして、臨床心理学が「人間学」における実際的な経験を豊富にもち、それを集積してゆくならば、他の領域との協同研究に大いに力を発揮してゆくことであろう。

ただここでもっとも注意すべきことは、われわれは臨床の実際に携わり、そのひとつひとつの経験が自分の身についたものとなっているからこそ、学際的研究に役立つのであり、臨床心理学に関する書物を読み、そのような知識を借りて発言しようとするものではない、ということである。臨床の実際は相当なエネルギーの消費を要求する。したがって、実際的なことを避けて、単なる本読みをして「臨床心理学」や「深層心理学」という立場で発言してみても、あまり意味はない、と思われる。自分のよって立つ基盤についてよく自覚していなくてはならない。

なお、先に「事例研究」の意義について述べたが、いわゆる近代科学的な方法論と異なる観点に立って事例研究を重視する方向は――既に教育学における例をあげておいたが――おそらく他の学問領域にまで及んでゆくに違いない、と思っている。そのような意味でも学際的研究に臨床心理学は貢献するところがある、と思う。

事例研究との関連であるが、「物語」(story)ということが、学際的研究のひとつの鍵となり、そのことに臨床心理学が貢献することが考えられる。事例の報告というのをひとつの「物語」としてみる、というとすぐにそれは「虚構」なのかなどと考える人は、物語に対する浅薄な理解をしている、と言わねばならない。生命科学の第一線で活躍している中村桂子は、「生命誌」という考えを提唱し、「生命」ということの理解に物語が必要であることを主張している。[5]

これらのことを見ると、「物語」は今後、主体と客体、生命あるものとないもの、自と他、意識と無意識などなど、それにこれまで言われてきた、理科系と文科系、などを「つなぐ」はたらきをするものとして重視されることであろう。そのような分野においても臨床心理学の寄与がまたれることと思われる。

いろいろ大きいことを述べてきたが、それにつけても思われるのが、前節に述べたように、わが国の臨床心理学の研究、訓練の場の貧困さである。これは一朝一夕で克服できることではないが、われわれ臨床心理学を専門にする者がそれぞれ地道な努力を結集することによって可能となることであろう。今後ともそのような努力を続けてゆきたいものである。

注

(1) 成田善弘『精神の科学6 心身症と心身医学』岩波書店、一九八六年。
(2) 河合隼雄「現代と境界」、『生と死の接点』岩波書店、一九八九年、所収。〔本著作集第十三巻所収〕
(3) 中村雄二郎『臨床の知とは何か』岩波書店、一九九二年。
(4) 稲垣忠彦他『シリーズ 授業』全十巻・別巻一、岩波書店、一九九一―九三年。
(5) 中村桂子『生命誌の扉をひらく』哲学書房、一九九〇年。

人間環境の内と外
――自然と癒し

「自然治癒」としての箱庭療法

まず私がしております「箱庭療法」から話を始めたいと思います。箱庭療法にはいろいろな事例があるわけですが、そのなかで非常にインパクトを受けた箱庭があります。その一つの箱庭のイメージからここでの話を引き出していきたいと思います。

喘息で困っておりました小学校二年生の女の子がいます。大変な喘息で、すぐ学校を休んだりしなくてはならないような子どもです。もちろんいろいろな治療法を受けましたが、どこでも成功しない、と言うので、なんでもいいから少しでも役に立ったらという気持で箱庭療法を受けることになりました。この箱庭療法をされた方は岡山の小学校の先生で、平松清志という方です。この方は小学校の先生ですが箱庭療法の治療者としても非常に能力の高い方です。

箱庭療法のことをご存知ない方もあると思いますので、簡単に説明しますと、箱があって、そこに砂が入れてありまして、いろいろな小さいおもちゃがあって、それを使って「何かそこで作って下さい」と言って作ってもらうわけです。

　私が考えておりますのは、この箱庭療法の根本的な思想というのは〝自然治癒〟ということだと思います。自然に治るということです。治療者がその病気を治すというのではなくて、来られた患者さんのなかに自然に治っていく力がある、その自然治癒の力を最大限に利用しようというのが箱庭療法です。だから、これを非常に不思議に思う方が多いのですが、われわれは「どうぞ箱庭を作って下さい」と言うだけで、作ってもらっていると、その人がその箱庭の世界に表現していくものが非常に創造的な活動になって、その人の創造活動が引き出されるにつれて自然に治ってゆくというわけです。自然に治るのでしたら勝手に治ればいいように思うのですが、自然に治っていくというプロセスを進めていくためには、治療する人とされる側との人間関係がなければならないというところが非常に大切なところなのです。

　このごろ日本では学校にいかない子がたくさんいます。不登校の子どもに箱庭療法が非常に有効である、と聞いたおかあさんが、箱庭療法の用具を家に備え付けられまして、子どもに、「毎朝これ作りなさい。これを作ると治るから」というように強制的につくらされたけれど治らなかったという話があります。これは実際にあった話です。これは何か箱庭療法というものが、薬を飲めば治るのと同じように錯覚しておられるのですが、まったくそんなものではありません。おかあさんに箱庭療法を強制されて治るのでしたら、強制されて学校へ行った方がよっぽどはやいと私は思います。そうではなくて、自由な自然な表現を許容する人間関係のなかでそれが満たされているということが大事なのです。

ところで、ここで取り上げますのは、その子どもさんが三回目においた箱庭です。実は二十五回箱庭をおいて治ってくるのですが、三回目においた箱庭が非常に印象的でして、治療した平松先生は、この三回目の箱庭を見た時にこの子は治ると確信したと言っておられました。われわれもそういう気持を持ちました。

どんな箱庭を作ったかといいますと、木を植えまして、その木に囲まれて、真ん中に池があります。池といっても小さなもので、この子は泉と言ってたらしいのですが、その池のなかに白鳥が三羽、これから飛び立って行こうといった感じで置かれています。そしてその周囲にシマウマとか、それからウサギとかが置かれています。四隅には花がきれいに置かれています。そして、はじの方に女の子が二人いるのです。そんな箱庭をおきました。そして、本人がどんな説明したかというと、「これはまだ人間の知らない森である」と言ったそうです。人間が知らない森だ、といいながら人間が二人入ってきているのです。このことは非常に大切です。

この泉は「癒しの泉」なのです。人を癒してくれる泉です。そしてそこへ、疲れ果てた動物が来ているのです。これがおもしろいのですが、この動物は「人間にいらないと思われた動物」なのです。要するに卵を産まないからこのニワトリはいらないとか、働かないからこのロバはいらないとか、そういう、人間がいらないと思ったような動物が、ここへ来て、そしてこの二人の女の子によって「癒しの泉」で手当てを受けて、みんな癒されていくのである、という話をするのです。その話を聞いて、平松さんは、「これは治ると思った」というのです。このイメージを見て、これは、ここで取り上げている問題を本当にそのまま出してくれているように思いまして、それについて話をしようと思ったわけです。

近代医学と「心身症」

まずはじめに、この子もそうだったのですが、喘息ということについて話をしたいと思います。喘息というのは、ご存知のように、「心身症」と言われています。こころの病気とも断定しがたいし、からだの病気であるとも断定しがたいからです。この心身症というのが最近は子どもに増えてきまして、小学校の三年生の子どもでも、このごろは胃潰瘍になったりといったように、以前では考えられない問題が増えてきています。この心身症が増加してきたということについてはいろいろな説があると思いますが、私自身は、やはり近代医学に、その責任の一端があるのではないかと思います。というのは、近代医学というのはこころとからだというものを非常に明確に切断して、分けるのです。こころとからだは別で、からだの方をひたすら治していこうと考えたのが西洋近代に起こった医学であり、これは大成功をおさめます。伝染病はなくなっていきますし、外科的な手術によって助かる人もたくさん出てきました。化膿している部分に抗生物質を与えて治すとかいったように、目覚ましい働きをしてきたわけですが、こころとからだを完全に分割して考えるということによって、われわれが失ったもの、つまり、これはこころの問題である、これはからだの問題である、とは分けられない問題をだんだん近代医学が押しやって、何か心身症というものをつくり上げてきたような気がします。

これは私だけがそういっているわけではありません。例えばお医者さんでも、成田善弘という方がおられますが、その人の書かれた心身症の本を見ますと、心身症は、人間にとって現在の近代医学を推し進めていくかぎりは、これはもうなくならない、と明言しておられます。これはわれわれが現在置かれている状況そのものだと思うのです。われわれは近代科学を背景とするテクノロジーというものによって、どんどんいろいろなことを進めてきたわけですが、その背後にこのような〝切断する思考〟、つまり、こころとからだとか、私と私以外のものといったように、切断して物事を考える考え方というものがある、そのことによって成功したことの裏側として心身症というものがあるということなのです。したがって心身症を身体的なものとしてだけ治療してもなかなかうまく行かないのです。また、なかには非常に単純に誤解する人がおられまして、それは身体の病気ではない、だからこころに問題があると短絡的に考えられまして、喘息の子を見ると、「おかあさんはどんな人ですか」とか、「おとうさんはどんな人ですか」とか、それから、「友達はいますか」とか、まるでなにか普通言われているような意味のこころの問題を話し合って解決していくと喘息が治るように言う人がおられますが、私はそうは思いません。そんなこころの問題で治るのだったら、「心身症」と言う必要はなく、「心症」とか言えばいいのですが、そう単純にはいかないのです。

心身症に有効な箱庭療法

そのちょうど真ん中のあたり、こころからもからだからも手のとどきにくいところに迫る方法として、箱庭療法は、私は非常に適切な方法ではないかと思うのです。箱庭療法はからだを使っていますし、しかも、出てきたものは、言語的にも、こころの問題としても把握できるということで、一つのイメージとして浮かび上がってくるものが意味を持っているのではないかと思うのです。

そのイメージというのは、その小学校二年生の女の子は、だれかが作れと言ったわけでもなく本当に自然に作り上げたものです。そのなかに、いま言いましたように「癒しの泉」というイメージが出てきて、そして、私はこれを聞いていて思ったのは、動物たちが疲れ果てて癒されようとしているというのは、私のこころのなかの動物的なもの、私が人間として、言語的にいろいろなことを考え、いろいろなことをやっている時に、私も動物ですから動物であらわされるような面も持っていると思うのですが、その辺が非常に疲れ果てている、これがなにかで癒されなければならないということです。

それから「人間にいらないと思われた動物」といった表現があったのは、非常におもしろいと思うのです。私がたとえば一所懸命になって論文でも書こうとするとします。論文を書くことが私という人間にとっての仕事であると思うと、その時にからだを動かしたいとか、そこらを走ってきたいとか、テニスをしたいなんていうのはいらないことである、だからテニスをやめて論文を書こうというようなバカなことを思うから、全然書けないのですが、そういう錯覚をみんなおこしている時に、私の動物的なものは疲れ果てている。それをそのまま放置すると、だんだん「心身症」的なものにおいやられるはずなんだけれども、ここで癒される泉というものがあると思うのです。

そこで、私が非常におもしろく思ったのは、「人間にいらないと思われた動物」というテーマは、連想される方もおられると思うのですが、『グリム童話』の「ブレーメンの音楽師」のなかにあるわけです。あのなかではブレーメンの音楽師たち、つまり、卵を産まなかったニワトリや、働かなかったロバとかいった動物たちがうまく組んで、そして泥棒を驚かして宝物をとるところがありますが、あれは何も泥棒じゃなくて、人間がいらないと思った動物たちこそ、人間を「わっ」と驚かして、われわれがその驚きによって心身症になっていると思うと、すごく心身症がわかりやすい気がするのです。そんな驚かしにこないようなもっと深い領域に癒しの泉があるというように考え、それが子どもの表現のなかに、出てきたと考えるとわかりやすいと思うのです。

極端に変わる日本人

この疲れ果てた動物、あるいは私のなかの疲れ果てた動物的なもの、本能的なものが、森の中のだれも知らない泉によって癒されるというようなイメージを見ますと、だれでも、「自然というものは素晴らしい」と思うはずです。ただこの場合、特にわれわれ日本人が気をつけなければならないのは、自然というものを、急に大切であるというように思いだすと、極端に変わってしまって、だから「人工的なものはすべていけない」、電気も水道も全部だめだというほどの、非常に極端に、近代的なもの、近代科学の否定に走る傾向があるということです。よく、「近代科学という悪いものがヨーロッパやアメリカから来たけれども、日本は本来素晴らしい自然を持っている」というように、非常に短絡的な発想で、「自然に帰れ」と、そればかり言う人があります。私が非常におもしろいと思いますのは、その、「自然に帰れ」というように大声で言う人が、飛行機に乗ったり新幹線に乗ったりしてあっちこっち日本中をまわっておられるので、どうも話が合わないのではないかなと思うのです。

神を上回ったチッソ

そうした時に、われわれとしては、そこで言っている自然というものが、どういう意味で言われているのかを反省すべき必要があると思うのです。その反省を、非常にショッキングな形で私が受けましたのは、いまから十年以上前になりますが、私も出席しました上智大学で行われた日本人の宗教心についてのシンポジウムでした。

その時に鶴見和子先生が行なっておられた水俣の研究の話が出てきました。石牟礼さんとか、それから、社会学的な調査をされました宗像先生とか、そういう方の話を聞いたのですが、私が非常に感心したのは、鶴見先生もそうですが宗像先生は、水俣を調査に行ったとか水俣を研究に行ったとかいうのではなく、水俣に入って、同じように生きておられることなのです。まさになかに入っているのです。つまり切断がないのです。水俣というものがあって、水俣から切れた存在としての社会学者、水俣から切れた存在としての宗教学者が、外から水俣を見てるのではなく、水俣に入り込んで一緒に生活をされるのです。

そして漁民の方と生活をしておられるとわかるのは、水俣の自然そのものが、何といいますか、一種の絶対性というか、そういうものを持っていて、つまり、これは宗像先生が絵を描いて示されたのでよくわかるのですが、きれいな海があって、太陽が出て、沈んでいく、それをずっと見ているだけで、「ああ、私は守られてる」と思うのだそうです。「ああ、私はここに生きてて、しかも永遠にここに私はいるのだ」ということが、その毎日毎日の仕事のなかで完全に確信される、というのです。だから言ってみれば水俣の自然というものは、その人たちにとっての聖なるもの、と言っていいようなものであったということがわかるわけです。

ところが、その自分たちを守ってくれている聖なるものと思っていた海から出てきたものを食べて、たくさんの人が病いに倒れ、あるいはなかには亡くなる人も出てくるわけです。この時にたしか石牟礼さんがおっしゃったと思うのですが、すごく印象に残っているのは、そうすると、水俣病になられた方がみんな、それをたれ流しにした会社であるチッソの社長に会いたいと言われるのです。そうするとチッソの方では、被害を受けた人が、補償問題とか、そういう問題でせめ込んでくるというように思われるのですが、そうではないのです。水俣の人がどう思っているかというと、こんなことをしたチッソの社長は、おそらく神様のような人だ、そのように思うわけです。何故かというと、自分たちがいままで大事にしていた神を上回るパワーを持っているからです。つまり神と思っていた自然を完全に他のものにかえることのできた一人としてその人は、おそらくその力をもってすればわれわれを全部すぐに癒すことができる力を持っているに違いない、という非常に素朴な考え方です。一目でいいからそういう方にお会いしたいと水俣の人は思われたそうです。

宗教を「守って」いる日本人

私はこれを聞いて、こんなことを連想しました。私は神そのものについて話をする資格もありませんし、神そのものについては話はできません。けれども、一人一人の人間が、自分のこころのなかにこういうものを神様であるとか、こういうものが絶対的なものであるということを思い描き、それがその人にとって非常に大切なものになってくると言えると思うのです。水俣の人たちにとっては、水俣をとり囲む自然というものがそういう役割をしているのです。ところが、その時に、ある一人の人間が、科学技術の方法によって、全部因果的に物事をかえていって、その人の意志によってすべてかえていくということができる。そのことによって水俣の自然はかわっていくわけです。だから、水俣の人はその人を神様ではないかと思った。それはなにも水俣のことでなくても、ある一つの存在がすべてを完全に支配してかえることができるといった形で神をイメージするということも可能であると思うのです。そのように考えますと、私はヨーロッパやアメリカで発達して日本に入ってきた、近代科学というものの背後に、唯一の神がすべてを支配していくという、そういう考え方があったのではないかと思うのです。そして、そういうイメージがはっきりと水俣のなかで、日本の非常に曖昧な「自然にさえ包まれておれば安心ですよ」という考えにぶつかったのではないかと思うのです。

日本では、平気で、「私は宗教を信じていない」という人が非常にたくさんおられるのですが、宗教を信じていないと言いながら、実は守られているのです。そのことを自覚してはいないけれども私はそれは宗教だと思います。

あれがあると落ち着く

そのことを明確に言いたいための一つのエピソードを申し上げます。

実は、私は、最近、隠れキリシタン、つまり、キリスト教が入ってきて後ずっと弾圧を受けながら、隠れてキリスト教を信じていた人たちがおられますが、この隠れキリシタンの人の研究にいってきまして、いろいろな人にお会いしました。そのなかで、あまり詳しくは言えませんが、ずっと隠れキリシタンでこられた家の方とお会いしまして、私が「いまはどうしておられますか」と聞きましたところこともなげに、「ああ、私はもう何も全然信じてません」と言われたのです。「先生、神も仏もないですよ」と、非常にはっきり言われるのです。私が、「えっ」と言うと、「そうでしょ。そんなね、近代的になにもかも進歩した世の中で、神や仏を信じるなんてことはありえない。だから私にはもう神も仏もないんです」と明確に断定されましたので、私は「ハア」と言うほかなかったのですが、見ましたら、その部屋に神棚が祀ってあるのです。そしてその神棚に、ちゃんと榊と灯明もあがっているのです。いつも拝んでおられるに違いないと思い、「あれは何ですか」と聞いたのです。そうすると、その方はニコニコして、「先生、あれがあったら落ち着きますやろ」と、こう言われたのです。そしてその次がいいのです。「新教はあれがないから私嫌いなんですよ」と言われたのです。新教というのはカトリックのことですが、というのは、自分たち隠れキリシタンは、古来からの宗教を守ってきた時に、文明開化とともに〝新しい〟宗教カトリックが入ってきたけれども、新教は、神棚を持っていないからいやなんだ、というわけです。そして「自分たちはあれを持っているところが違う」、「あれがあると落ち着く」と言うのです。

見直すべき日本人の自然観

私はこの話をスイスでみんなに喜んでもらうためにしたのです。ところがふと考えますと、「あれがあったら落ち着きますやろ」という時に、主語がないのです。英語で言おうと思うと、「もしあれがあれば、〝私が〟落ち着く」と言うか、〝私の家族が〟落ち着くと言うか、〝宇宙が〟落ち着くと言うか、〝あなたが〟落ち着くと言うか、何か言わなければならないわけです。

ところが日本語の場合は、それがありません。「あれがあったら落ち着きますやろ」「ああ、落ち着きますなあ」と二人で意気投合しているのですが、何に投合しているのかわからない、そういう非常に曖昧なかたちの安定感をわれわれは持っているのです。よく日本語では文章のなかで主語を省略すると言う方がおられますが、私は省略じゃないと思います。〝主語〟がはっきりわかっていて、それを言わない時は省略というべきですが、その方が私に「あれがあったら落ち着きまっせ」と言われた時は主語は意識されていないということです。この、主語というものが意識されなくて、落ち着きという状態だけが呈示されて、しかもそのなかで、われわれはよろこんでいるというのは、日本人が自然が素晴らしいと思っている時と似ていると思います。

ところが、ここが大切なのですが、そういう曖昧なかでわれわれが喜んでいた自然というものは、日本人がまた、一方でその反省なしに西洋からとり入れたテクノロジーを日本人が使ってチッソという会社を作り、自らの手で全く破壊してしまった、ということなのです。だから、なにも西洋のと言う必要は全くなく、われわれ日本人自身がなんとなく輸入してきた方法によって、日本の神、自然の神と言っていいですが、そういうものを殺してしまったという自覚は、非常に必要なことではないか、と思います。したがって、われわれ日本人は、「自然というのは大切です」とか、「だから、自然によって癒される」と言っている時に、もう一度考え直さないと、われわれがここで本当に全部、建物から、服から、何から何までやめてしまうくらいの生き方を選択するならともかく、この近代科学の恩恵を受けていくことを続ける限り、日本人の自然観を根本的に見直さなくてはならない、というのが私の考えです。

世界にある白鳥のイメージ

次に話をかえまして、その池のところに白鳥が飛び立っていくというイメージが、非常にきれいで、なにかこう、将来性があると言いますか、要するに、傷ついた疲れた白鳥が癒されていくのだ、という感じがあって、感激したのですが、その白鳥のイメージについて話をしたいと思います。といいますのは、白鳥の乙女、スワン・メーデンと言いますが、この白鳥の乙女というイメージは、世界中にあると言っていいくらい広範にあります。ヨーロッパ、ロシア、そして日本でも、『風土記』などにあります。西暦七一三年に各地方に『風土記』を提出するようにという命令が下ったのですが、『古事記』ができたのが七一二年ですから非常に古い時代です。その時代に『風土記』ができてきまして、残念ながら全部は残っていません。残っていても、ちゃんと残っているものと、断片だけが残っているものとがあるのですが、この『風土記』の中に白鳥の話があるのです。

どんな話があるかというと、非常に典型的な話で、これは外国にもあるような話ですが、近江の国現在の滋賀県の『風土記』に、あるところに八羽の白鳥がとんでくる、この白鳥というのは、実は天女なのです。天女が白鳥になって湖におりてくるわけです。ところが、ある男性がそれをそっと見ていまして、自分の犬を使って、天女ですから羽衣というのを持っているのですが、その羽衣を一つ盗ませるわけです。八人は姉妹で、その一番末娘の羽衣がとられてしまいます。七人の姉さんは飛び立ってしまうのですが、末娘は羽衣がないために飛ぶことができず、残るわけです。そしてもう帰れないというので、いまの男と結婚し、子どもができます。子どもは男二人女二人できるのですが、その内にその天女が、羽衣の隠してあるところを探しだして、天に帰ってしまい、男は一人むなしく床をまもりて眺めていた、といったことで終わりになるのです。

仏教によって消えた白鳥

白鳥の湖はご存知だと思いますが、そういう話にもあるように、白鳥が乙女になったり、乙女が白鳥になったりというように、男性から見れば、本当に限りなく美しく、そしてどこかつかみがたいような、また、へたにつかまえても、喜んでいるうちにいなくなるような、そういうイメージとしての女性像というものは、世界的に大切にされているのです。それが日本でも『風土記』にあるのです。ところが『風土記』以後にたくさんの日本の物語が出てくるのですが、白鳥の物語が消えてしまうのです。『風土記』以後の、『日本霊異記』とか、『今昔物語』、『宇治拾遺』といったいろいろな物語が出てきます。私はそういう物語が好きで、読むのですが、そこに白鳥の物語がなくなってしまうのです。羽衣の話はご存知のように謡曲などに残ってきますが、いわゆる説話集には全然これが残らない、これは何故かという問題があります。

ここからは全く私の独断です。そういうことを言った人はありませんが、私が独断的に考えているのは、恐らくこれは仏教の影響ではないかというように思っています。何故かといいますと、後から出てくる説話というのは、すべて仏教説話なのです。仏教の考え方が非常に強くなるのです。その仏教の考え方の根本というものは、まさに主語がないといいますか、個というものが消えてしまうのです。まさに無の思想ですから、個人というものではなく、もっと全体としての存在というものが大事になるわけです。

そうすると、ある個人、たとえば私という個人が、私の人生をどのように生きるか、ということもまさに無の世界です。仏教的に言うと、私が大学の教授になろうが、お金を儲けようが、なにをしようが、そんなことはすべて私のはかない、それこそイリュージョンと言っていいんでしょうか、幻覚であり、問題外であって、もっと全体に流れているカルマと言いますか、そういうのが大事になってくるのです。そうすると一人の男が、一人の女を愛するというようなことは、もうほとんど価値を失ってしまったのではないかと思います。したがって一人の男性にとってなんとか近づいて獲得したい女性としての白鳥というイメージが、仏教がくるとともに消えうせたのではないかというのが私の仮説です。全く違うことを言われる人もあるかもわかりません。

一人一人にある神

私にとってはこれは非常に残念なことです。やはりそういうのもあってほしいと思うのです。ともかく、日本では、白鳥は消えてしまいました。その消えてしまった白鳥がここへ出てきたと思うと非常におもしろいのです。新しい日本人のこころには、白鳥は非常に大きなイメージをもって出てきているのではないか、つまり、私が言っていいます日本の根本的な自然のイメージがかわりつつあることの一つではないか、というように思えるのです。

どういうことかと言うと、個として生きる、人間が一人の個人として生きる、という意味でです。私はしかし、そちらの方がいいという気持はありません。ただ、そういうものも入り込んできているということです。そして、いま言いましたように、個人として「私が」と言う場合には、私の背後に一人の神がいると思った方が非常にわかりやすいのです。日本のように神さんがあっちこっちからきていろいろ言われたりすると、何をしていいかわからなくなりますが、唯一の神が「河合隼雄これをやるべし」と言われたら、私も非常にいきやすいという意味では、あるいは個を確立するというイメージを持つ限りは、唯一の神を持つ方が私としてはわかりやすいのです。

矛盾のなかにある癒しの泉

ところが、さきほどの「これがあったら落ち着きますなあ」と言った人が個ではなく、全体としての宇宙的なひろがりの中の落ち着きを言っているとしたら、私はこれは背後に一人の神を持つのではないと思うのです。そんなことを考えますと、非常にむずかしい問題が一枚の箱庭の中に入ってきていると思うのです。それが最も象徴的に語られているところが、この子が、この森は人間のまだ知らない、誰も知らない森だと言っておきながら、動物たちを治すために二人の女の子が入ってきているというところにあると思うのです。これを、「いや、小学校二年の子どもだからいい加減なことをやっているんでしょう」というような見方を、私はしたくないと思います。というのも、こういう非常に深い、「癒し」というか、ヒーリングに関係するようなイメージというのはほとんど年齢をこえてしまうからです。大人が作ろうが子どもが作ろうがもうほとんど年齢差はないといっていいくらいの重みをもっているように私は思っています。だから「小学校二年生の子が作ったから」、などと「いい加減な」言い方ではなく、これは絶対意味をもっていると言いたいのです。

私は、これは矛盾しているんだけれども、この矛盾を許容することによってこそこれが「癒しの泉」になったのではないかと思っているのです。どういうことかというと、「自然に治るんだ、自然の癒しの泉なんだ」と言いながら、誰か治してくれる人が治してくれるのだという、矛盾が許されているということなのです。ただ、ここでおもしろいのは二人の女の子ということです。これが白い髭を生やしたおじいさんとか、それから英雄ではないというところが、なにかちょっと違う感じがします。しかも、女の子というところが、単純に言えないイメージだとは思うのですが、やはり人間が知らないというところに人間が入ってきて、そしてその人間たちは癒す活動をしているということを許容しなければならないと思うのです。

とはいえ人間が癒すんだから、じゃあ、どこでも人間に治してもらおうということでもないのです。人間の知らないところで行われているというのですから。だから、そういう非常に不思議な矛盾の許容された一つのイメージというものが、その子を実際に癒していくのです。事実、その子は喘息が治っていくのです。本当に、すごい喘息だったのですが。療法は二十五回かかるのですが、治っていくわけです。ところがその治療者の人は何もしていないのです。小学校の先生ですが、ただはたで見ているだけなのです。それができるというのは素晴らしい先生なのですが、そういうのを見ていて私が思ったのは、われわれが考えている、「内なる環境と外なる環境」とか、「人間と自然」とかいったものが矛盾しない非常に整合的な一つのアイデアとか、一つのイデオロギーとか一つの教義とかいうようなもので単純に答を見出し得ない状態に、いまきているのではないかというように私は思っています。

そうすると答がないのか、とは思いません。ある人にとっては、ある時答が分かった、つまりその子にはあったわけです。しかし、この子にとって人間の知らない森で二人の女の子が治してくれるというイメージが非常に強力に作用したからといって、このイメージによってすべての喘息の人を治すということは決してできない、という、そういう時代がきているのです。そうではなく、やはり一人一人が、自分の内的な物事、それから外から来る、いろいろな物との間に立って、自分のなかで、そういうある程度の矛盾を許容しても、働きとして意味のあるものを見出していくことによって癒しというものが進むのではないか、というように考えています。

解　題

■物語と人間の科学

これは私の講演を収録した書物として一九九三年に出版された。講演をするときは、私は聴衆の反応を見ながらほとんど即興的に話すことが多いが、ここに収録したものは、文字化されることを最初から意図して、やや「講義」に近い形で話されたものである。第二章の「コンステレーション」は、京都大学を去る際の最終講義としてなされた。

これは講演ではあるが、私の心理療法の経験を踏まえて、人間の科学はいかにあるべきかについて、相当に突っ込んで思い切った説を述べている。私の現時点での考えをもっともよく伝えてくれるもの、ということができる。従来の科学が、主観と客観、精神と身体、意識と無意識などを明確に区別し、現象の継時的因果関係の追究に努めてきたのに対して、「人間」を研究するためには、新しい科学として、今まで区別していたものをつなぎ、共時的な現象把握にも目を向けねばならない。そのとき、「物語」というのがキーワードとして浮かびあがってくる。従って、そのような物語の意義を明らかにすると共に、物語に関してのいろいろな考察がここに述べられている。

隠れキリシタンに関するものは、一九九二年にエラノス会議で発表したことを基にしている。第五章「アイデンティティの深化」は一九八五年のものであるが、ここに述べた考えの先駆的な意義をもつものとして収録した。

■ユング研究所の思い出

チューリッヒのユング研究所で資格を取って十年後の一九七五年に、資格試験に際して経験した印象的な思い出を述べている。このことは「私という人間が分析家として一人立ちしてゆくためのイニシエーションの儀式」とさえ感じられた、と書いているが、今から考えてみても、私が日本人の分析家として生きていくための原体験であったとも言える。

これだけのコンステレーションが出来あがるのだから、ユング派の分析家になるということは、やはり意義深いことだと思う。

■ユングと深層心理学の現在

ユング心理学を深層心理学全般のなかでいかに位置づけるかについて、極めて簡単ではあるが深層心理学の諸学派の発展の歴史をたどりながら、ユング心理学の特徴を明らかにする形で述べたものである。そして、ユングが現在になってなぜ注目されるようになったかを現在の状況との関連において述べ、ユング心理学を「科学」として考える点における問題点を論じた。

■説話の論理

説話の論理について、一般によく知られている、いわゆる「藁しべ長者」の話を例にとって述べた。

数ある中のひとつの話ではあるが、日本の説話において展開する重要なポイントをよくそなえていて、夢や偶然を尊重し受けいれる態度、「待つ」ことの重要性などがよく示されている。そして、最後に述べた受動から能動への「転回点」というところは、説話の論理としてのみならず、日本人の心性全般について考えるときも重要なことと思われる。

■日米のアイデンティティ

一九八五年にロスアンゼルスのユング研究所で講義をしたときのことを語ったエッセイである。この後の他のエッセイにも示されるように、私が欧米人との接触によって多くの刺戟やヒントを得、どのようにして現在考えているような「人間の科学」の構築を目指していったか、その過程が窺われるものである。欧米人と相対していると「日本人のアイデンティティ」について考えざるを得ず、そのことは、そもそも日本人にアイデンティティがあるのか、アイデンティティとは何かなどと考え続けることを要請する。このエッセイにヒントのように述べたことから、後に本著作集のあちこちに収録されている評論が生まれてきたと言うことができる。

■今西錦司

今西錦司先生は、私の兄雅雄にとってはもちろんだが、私にとっても大切な人である。私の考えている「人間の科学」の研究に関する方法論という点で、先駆的な業績をあげ、それを世に認めさせた人である。

今西先生は「人間」としての魅力を十分にもった人で、それについてもいろいろと書きたいことはあるが、ここではもっぱら、その先駆的業績の背後にある新しい方法論の発見の方に焦点を当てて論じている。このような日本の創造的な人々を組織的に研究してみるのも意義あることだろう、とかねがね考えている。

■物 と 心

「日本人のアイデンティティ」のエッセイを書いた一年半後にアメリカを再訪したときのエッセイである。先にアメリカ滞在中、『昔話と日本人の心』の英訳をしたが、そのときに「片子」の話について詳しく調べて考える必要性を痛感した。帰国後「片子」についての考えを深め、アメリカで発表した(「片子」については本著作集第八巻参照)。人間のなかに存在する厳しい分裂の悲劇についてそれは語っている。ここではそれを「物と心」のこととして考えてみた。

■生命と宗教

一九八六年に奈良県天理市で行われた「コスモス・生命・宗教」と題する国際シンポジウムにおいて行なった基調講演である。参加者には、ジョセフ・ニーダム、井筒俊彦といった大先生をはじめ錚々たる学者が多く、随分と緊張した。緊張したと言っても相変らず「鯛の骨」の話など砕けた話をした。ただ思想としては思い切ったことを言ったので参加者の反応が気になった。ニーダムさんに、「あの divide and rule を自然科学のことに使ったのは適切で面白かった」と言っていただいて、ほっとしたのを覚えている。

■講義とお話

チューリッヒのユング研究所で、一九八八年に日本の神話について連続講義をしたときのことを踏まえ、「お話」の効用について述べた。この頃から「物語」を人間の科学における重要なものとして考える態度が固められてきたように思う。

「物語」とか「お話」は女子どものこととして軽く見られがちだった。しかし、その方がむしろ真実を伝えるためには効果的であると思う。それにしても、飛行機のなかで何気なく読んだヘラルド・トリビューン紙に「うその効用」が説かれていて驚いてしまった。

■教育学の科学性

「学」という名前がつくと、どうしても現実から遊離する傾向が見られるが、「教育学」も例外ではない。そこで何とか教育の現象を実際に研究しようとする試みがなされるが、そこにも落し穴がある。「科学的」に研究して普遍的な知識を獲得しようと焦るあまり、教育においてもっとも大切と思われる、「関係性」や「個性」に対する無理が生じる。それではそれらを入れ込んだ教育学における科学はどうなるのか、という点について考察した。

■臨床心理学の将来

臨床心理学はわが国においても急速に発展しつつある。本文中に述べているように欧米の先進国に比べるとまだまだ不十分な点が多いが、日本心理臨床学会の会員が六千名をこえるという事実が、それをよく示している。その将来と言うと考えねばならぬ点が多くあるが、もっぱら方法論のことに絞って述べた。従来の科学的心理学者から、臨床心理学は科学ではないとか、もっと科学的研究をすべきだ、との批判を受けることが多かったためである。それに答えつつ臨床心理学の進むべき道をある程度示すことができたと思う。

■人間環境の内と外

奈良県天理市において開かれた国際シンポジウムにおいて行なった講演である。箱庭療法における印象的なひとつのイメージを頼りとして、内なる環境と外なる環境、東洋と西洋の問題について語っている。箱庭療法のなかのひとつの作品を素材として講演を組みたてることは、はじめて行なったが、これは成功したように思う。ここに問題として提示した「白鳥」のテーマは今後も追究してゆきたいと思っている。

初出一覧

序説　物語の自己実現　書下し。

I

物語と人間の科学　一九九三年七月、岩波書店刊。

II

ユング研究所の思い出　『図書』一九七五年四月、岩波書店。『母性社会日本の病理』一九七六年九月、中央公論社刊に所収。

ユングと深層心理学の現在　『現代思想』臨時増刊『総特集＝ユング』一九七九年四月、青土社。

説話の論理　『國文學』一九八四年七月、學燈社。

日米のアイデンティティ　『図書』一九八五年一月、岩波書店。

今西錦司　『言論は日本を動かす』一九八六年三月、講談社刊。

物と心　『図書』一九八六年六月、岩波書店。

生命と宗教　『G-TEN』一九八七年十二月、天理やまと文化会議刊。

講義とお話　『図書』一九八八年八月、岩波書店。

教育学の科学性　『IDE―現代の高等教育』一九九二年一月、民主教育協会刊。『対話する人間』一九九二年六月、潮出版社刊に所収。

臨床心理学の将来　『臨床心理学』第五巻、一九九二年九月、創元社刊。

人間環境の内と外　『人間環境の内と外』、一九九三年六月、天理やまと文化会議刊。

■岩波オンデマンドブックス■

河合隼雄著作集 12
物語と科学

1995年 2月10日 第1刷発行
1998年11月4日 第2刷発行
2015年11月10日 オンデマンド版発行

著 者 河合隼雄《かわいはやお》

発行者 岡本 厚

発行所 株式会社 岩波書店
〒101-8002 東京都千代田区一ツ橋 2-5-5
電話案内 03-5210-4000
http://www.iwanami.co.jp/

印刷/製本・法令印刷

ISBN 978-4-00-730321-0 Printed in Japan